U0635405

"新标准"学前教育专业系列教材

幼儿艺术教育与活动指导

（第二版）

编著 黄瑾 林琳

华东师范大学出版社
上海

图书在版编目(CIP)数据

幼儿艺术教育与活动指导/黄瑾,林琳编著. —2 版.
—上海:华东师范大学出版社,2020
ISBN 978 - 7 - 5760 - 0471 - 7

Ⅰ.①幼…　Ⅱ.①黄…②林…　Ⅲ.①学前教育－艺
术教育－幼儿师范学校－教材　Ⅳ.①G613.5

中国版本图书馆 CIP 数据核字(2020)第 122331 号

幼儿艺术教育与活动指导(第二版)

"新标准"学前教育专业系列教材

编　著　黄　瑾　林　琳
责任编辑　李　琴　蒋梦婷
版式设计　徐颖超
封面设计　庄玉侠
封面图　武柳均
插　图　阿　福

出版发行　华东师范大学出版社
社　址　上海市中山北路 3663 号　邮编 200062
网　址　www.ecnupress.com.cn
电　话　021 - 60821666　行政传真 021 - 62572105
客服电话　021 - 62865537　门市(邮购)电话 021 - 62869887
地　址　上海市中山北路 3663 号华东师范大学校内先锋路口
网　店　http://hdsdcbs.tmall.com

印 刷 者　上海龙腾印务有限公司
开　本　787×1092　16 开
印　张　15
字　数　374 千字
版　次　2021 年 1 月第 2 版
印　次　2022 年 6 月第 4 次
书　号　ISBN 978 - 7 - 5760 - 0471 - 7
定　价　38.00

出 版 人　王　焰

(如发现本版图书有印订质量问题,请寄回本社客服中心调换或电话 021 - 62865537 联系)

Chubanshuoming 出版说明（第二版）

本书是学前教育专业教学用书，全书分为理论篇、实务篇和案例篇三部分。

理论篇探讨了艺术的起源与发展、儿童艺术及其基本特点、学前儿童艺术教育的地位与作用等问题，旨在使读者了解学前儿童艺术发展以及艺术教育的基本理论知识。

实务篇从学前儿童音乐教育和美术教育两方面展开，阐述了基本的教学内容和方法等。

案例篇选取了多所幼儿园教师的实际教学案例，涵盖了大中小班不同年龄阶段的音乐教育、美术教育活动设计。

理论篇和实务篇每章的最后设计了思考题，供读者在学习本章内容后回顾与思考。

华东师范大学出版社

2021 年 02 月

Qianyan 前 言（第二版）

　　《幼儿艺术教育与活动指导(第二版)》是适合学前教育专业学生学习的一门必修课教材,也可供幼儿园在职教师进修使用,本教材力图将理论性与实用性相结合、系统性与操作性相结合。通过本教材的学习,可以使学习者在系统了解学前儿童艺术发展以及艺术教育基本理论问题的基础上,获得对于幼儿园艺术教育及活动设计与实施的充分认识,掌握艺术教育实施的基本技能和策略,以达成对儿童艺术学习与发展的支持与引导。

　　本教材在编写过程中,围绕国家新颁布的《3-6岁儿童学习与发展指南》以及学前教育专业课程标准之要求与精神,尤其针对目前幼儿园课程改革与实施中的转型与变化,结合中等层次师范教育,关注教育实践的定位与性质,在阐述基本理论和艺术教育基本内容、方法的同时,选取了一些活动案例,其中既有专门的艺术活动基本模块的案例,也有整合、渗透在主题背景下的综合艺术活动案例,旨在通过案例的分享与分析,为学习者提供更多的分析样例以及借鉴和拓展的补充资料。

　　本教材由黄瑾、林琳编著。其中,黄瑾负责理论篇、实务篇之音乐教育的编写;林琳负责实务篇之美术教育的编写。另有张励、邱磊、王晓棠参与了书中部分内容的编写,上海市黄浦区荷花池幼儿园的宋青、李文娟、黄颖岚等老师为本书提供了大量音乐活动设计案例,上海市普陀区大风车幼儿园刘琪、张亚芳老师提供了美术活动案例。在此一并表示衷心的感谢!

编　者

2021 年 02 月

MULU 目 录

理论篇

第一章　艺术与儿童艺术概论
第一节　艺术的起源与发展　2
第二节　艺术的本质与基本特征　5
第三节　儿童艺术及其基本特点　6

第二章　学前儿童艺术教育的基本理论问题
第一节　学前儿童艺术教育的地位与作用　10
第二节　学前儿童艺术教育的价值取向　15
第三节　学前儿童艺术教育的目标　16

实务篇

第三章　学前儿童音乐教育的基本内容——歌唱
第一节　学前儿童歌唱能力的发展阶段与特点　26
第二节　学前儿童歌唱活动的基本问题　29
第三节　学前儿童歌唱活动设计与指导　39

第四章　学前儿童音乐教育的基本内容——韵律活动
第一节　学前儿童韵律活动能力的发展阶段与特点　53
第二节　学前儿童韵律活动的基本问题　55
第三节　学前儿童韵律活动设计与指导　62

第五章　学前儿童音乐教育的基本内容——打击乐演奏
第一节　学前儿童打击乐演奏的发展阶段与特点　65
第二节　学前儿童打击乐演奏活动的基本问题　67
第三节　学前儿童打击乐演奏活动设计与指导——整体感知　72

第六章　学前儿童音乐教育的基本内容——音乐欣赏
第一节　学前儿童音乐欣赏能力的发展阶段与特点　74
第二节　学前儿童音乐欣赏活动的基本问题　76

第三节　学前儿童音乐欣赏活动设
　　　　计与指导——多感官参与　79

第七章　学前儿童美术教育的
　　　　基本内容——绘画
第一节　学前儿童绘画能力的发展
　　　　阶段与特点　　　　　　84
第二节　学前儿童绘画活动设计　88
第三节　学前儿童绘画活动指导　97

第八章　学前儿童美术教育的
　　　　基本内容——手工
第一节　学前儿童手工制作能力的
　　　　发展阶段与特点　　　　103
第二节　学前儿童手工活动设计　104
第三节　学前儿童手工活动指导　111

第九章　学前儿童美术教育的
　　　　基本内容——欣赏
第一节　学前儿童欣赏能力的发展
　　　　阶段与特点　　　　　　118
第二节　学前儿童美术欣赏活动
　　　　设计　　　　　　　　　120
第三节　学前儿童美术欣赏活动
　　　　指导　　　　　　　　　124

案例篇
第十章　歌唱活动案例选编
例1：这就是我(小班)　　　　132
例2：巴啦啦棉花糖(小班)　　133
例3：好听的电话铃声(小班)　135
例4：欢迎来我家(中班)　　　139
例5：我爱吃蔬菜(中班)　　　140
例6：京歌大家唱(大班)　　　142
例7：老鼠娶新娘(大班)　　　144

第十一章　韵律活动案例选编
例1：糖果舞会(小班)　　　　147
例2：逛公园(小班)　　　　　149
例3：动物摇摆舞(中班)　　　151
例4：超级马里奥(中班)　　　153
例5：白雪公主——洗刷乐(大班)　155
例6：快乐洗衣(大班)　　　　158
例7：欢乐草原(大班)　　　　159

第十二章　打击乐演奏活动
　　　　　案例选编
例1：啪啪啪面包树(小班)　　161
例2：可爱的小蚂蚁(小班)　　163
例3：蜜蜂Party(中班)　　　　165
例4：快乐的小木匠(中班)　　167
例5：好玩的声音(中班)　　　169
例6：小闹钟(大班)　　　　　171

第十三章　音乐欣赏活动案例
　　　　　选编
例1：春天里的瓢虫(小班)　　174
例2：喜羊羊与灰太狼(小班)　175
例3：变化的天气(中班)　　　177
例4：狮王进行曲(大班)　　　178
例5：猫和老鼠(大班)　　　　180

第十四章　整合式音乐活动
　　　　　案例选编
例1：神秘的礼物(小班)　　　183
例2：快快慢慢(小班)　　　　185
例3：青蛙唱歌(中班)　　　　187
例4：春姑娘的歌(大班)　　　189
例5：蔬菜汤(大班)　　　　　190

第十五章　绘画活动案例选编

例1:热闹的花草地(小班)　　192

例2:宁静的蓝色(小班)　　193

例3:独一无二的我(中班)　　195

例4:机器人(中班)　　197

例5:梦里的江南水乡(大班)　　199

例6:谁是第一名(大班)　　200

第十六章　美术欣赏活动案例选编

例1:波点南瓜(小班)　　202

例2:灿烂向日葵(中班)　　204

例3:彩色梦(中班)　　205

例4:春之圆舞曲(大班)　　207

例5:京剧脸谱(大班)　　208

例6:欧姬芙的花(大班)　　210

第十七章　手工制作活动案例选编

例1:好吃的蛋筒冰淇淋(小班)　　212

例2:妈妈的包包(小班)　　213

例3:这是什么形状(中班)　　214

例4:秋天的菊花(中班)　　215

例5:克里奥尔的舞者(大班)　　217

第十八章　综合美术活动案例选编

例1:秋天的树(小班)　　219

例2:云朵面包(小班)　　220

例3:翩翩蝴蝶(中班)　　221

例4:落叶跳舞(中班)　　223

例5:有趣的水果面具(中班)　　224

例6:海底总动员(大班)　　224

例7:美丽的瓶花(大班)　　226

视频资源索引

 扫描列表中对应的二维码，
即可获取相关示范课视频。

这就是我（小班）/ 132

巴啦啦棉花糖（小班）/ 133

好听的电话铃声（小班）/ 135

我爱吃蔬菜（中班）/ 140

老鼠娶新娘（大班）/ 144

动物摇摆舞（中班）/ 151

白雪公主——洗刷乐（大班）/ 155

欢乐草原（大班）a / 159

欢乐草原（大班）b / 159

啪啪啪面包树（小班）/ 161

理论篇

第一章
艺术与儿童艺术概论

　　艺术是通过一定的物质材料和手段（如：绘画用颜料、纸、布、绢等，雕塑用木、石、泥、铜等，音乐用经过组织加工的声音、音响等），展现自己独特的艺术语言（线条、形状、色彩、音色、旋律、肢体动作等）来塑造艺术形象，并表达作者对客观世界具体事物的情感和美化生活的一种形式。作为人类特有的一种文化现象，艺术是人类感受美、表现美和创造美的重要形式，也是人们表达自己对周围世界的认识和情绪态度的独特方式。[①]

第一节　艺术的起源与发展

一、艺术的起源

　　关于艺术的起源，古今中外的哲学家、美学家和文艺理论家们形成了许多不同的解释，其中影响较大的有以下四种。

（一）模仿说

　　模仿说认为艺术来源于对客观的自然界和社会现实的模仿，这或许可以算作是最古老的一种说法。早在两千多年前，古希腊哲学家德谟克里特就认为艺术是对于自然的"模仿"。亚里士多德更认为模仿是人的本能："艺术模仿的对象是实实在在的现实世界，艺术不仅反映事物的外观形态，而且反映事物的内在规律和本质。艺术创造靠模仿能力，而模仿能力是人从孩提时就有的天性和本能。"继古希腊哲学家后，达·芬奇、狄德罗、车尔尼雪夫斯基等人都不同程度地继承和发展了这一学说。直到19世纪末，模仿说仍然具有极大的影响。

　　在模仿说看来，所有的艺术都是模仿，差别只在于模仿使用的媒介不同，虽然如今在艺术起源方面仍坚持模仿说的美学家已经不多了，但模仿说还是有一定的价值，因为它揭示了人类一种比较原始的心理倾向，这种倾向与艺术是相通的。

（二）游戏说

　　这种说法主要是由18世纪德国哲学家席勒和19世纪英国哲学家斯宾塞提出来的，人们也因此把游戏说称为"席勒-斯宾塞理论"。他们认为，艺术活动和审美活动起源于人类所具有的游戏本能，人的这种"游戏"本能和冲动，就是艺术创作的动机。在这种无功利、无目的、自由的艺术活动中，人的过剩精力得到了宣泄，同时也获得了快乐，即美的、愉快的享受。

（三）巫术说

　　这种理论在19世纪末20世纪初逐渐兴起，后来影响越来越大。巫术说的代表人物有泰

---

① 教育部.3－6岁儿童学习与发展指南.

勒、弗雷泽、雷纳克等。巫术说认为,艺术起源于人类早期原始文化的图腾歌舞、巫术礼仪等。按照这种理论,原始人在洞穴中创作的壁画虽然有许多在我们今天看来是美丽的动物形象,但他们当时却是出于一种与审美无关的动机,即巫术的动机。例如,这些壁画所处的位置之所以在洞穴最黑暗和难以接近的地方,是因为这些壁画不是为了欣赏而制作的,而是史前人类企图以巫术为手段来促使动物繁殖或保证狩猎成功。

图 1-1　史前洞穴壁画

(四)表现说

表现说认为艺术起源于艺术家的主观想象和情感的表现,情感表达是艺术最主要的功能,也是艺术发生的主要动因。这种理论在东西方都有着悠久的历史,持此理论的代表人物主要有英国诗人雪莱、俄国文学家托尔斯泰,还有欧美的一些现当代美学家。在他们看来,原始人所有的艺术活动只有一个最主要的推动力,那就是他们通过各种艺术来表达情感,从而促成了艺术的产生和发展。

应当承认,以上提到的理论和说法都从某个角度、某个侧面探讨了艺术的产生。它们有一定的合理性,有助于揭示艺术起源的奥秘。但是,它们却忽略了艺术产生的最根本原因。艺术的产生归根结底离不开人类社会的实践活动。艺术是人类文化发展的必然产物,其起源是一个多元多因的、漫长的历史过程。

二、艺术的产生和发展

艺术的产生和发展是与人类历史的产生和发展同源共生的。人类社会还处在原始社会时就产生了原始艺术。原始社会的人们在强大的自然力面前感到自己软弱无力时,便转向对外部力量的依赖和祈求,从而产生了原始的宗教。于是,艺术品成为崇拜对象的替代物。这在新石器时期的艺术和近代原始民族的艺术中是有很多例证的。

现已发现的人类最早的美术遗产中,最重要的是旧石器时代晚期人类的一些装饰品,如:我国现已发现的"山顶洞人"佩戴过的石珠、穿孔砾石、鹿牙、鱼骨等。原始人类还用赤铁矿作颜料,把装饰品染成红色。这些都足见原始人对美的追求和创造才能。同样,原始社会的音乐也是从人类社会生活的各个非审美领域中萌发并逐步分化、再综合起来的,它是一种叫做"乐舞"的集音乐、诗歌、舞蹈为一体的艺术形式。

图 1-2　穿孔砾石、鹿牙等装饰品

当人类社会由原始社会进入奴隶社会以后,人类的艺术也随之发展。埃及的金字塔、雕刻和绘画,希腊、罗马的古典艺术(如:举世闻名的维纳斯雕像、克里特早期的彩陶、罗马附近的庞贝古城遗迹等)都已达到较高的艺术水平。进入封建社会后,拜占庭艺术、基督教艺术(罗马式艺术、哥特式艺术)逐渐兴起。欧洲文艺复兴时期,又出现了达·芬奇、米开朗琪罗、拉斐尔等艺术巨匠。17 世纪,欧洲巴洛克艺术盛行。

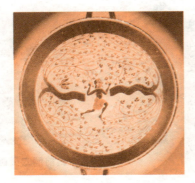

图1-3　克里特彩陶(1)

图1-4　克里特彩陶(2)

图1-5　庞贝古城遗迹(1)

图1-6　庞贝古城遗迹(2)

18世纪,欧洲洛可可艺术备受欢迎。再以中国古代音乐艺术的发展轨迹来看,大致经历了雅乐音乐时期、清乐音乐时期、燕乐音乐时期和俗乐音乐时期。早在先秦时期就出现了由朝廷制定的"雅乐"和流行于民间的俗乐"郑卫之音",并且乐器也较原始社会有了更大的进步和发展,出现了堪称我国古代最庞大的乐器——编钟;到了汉魏时期,音乐进一步得到发展,北方的相和歌以及南方的清商乐都达到了很高的艺术水准;而隋唐时期在大量吸收西域音乐的基础上,更出现了新俗乐"燕乐",各类音乐艺术形式获得了更为充分而自由的发展;宋元明清时期音乐的一个重要发展特征就是音乐中心的转移,从以宫廷音乐活动为中心转向世俗的民间音乐,尤其是元杂剧及南北曲、昆曲的诞生……

　　到了19世纪,当人类社会进入资产阶级革命时期后,在艺术形式方面得到了更高度、更细致的分化和发展,诞生了歌剧、芭蕾舞剧、音乐剧等综合音乐、戏剧、美术、舞蹈的新的艺术形式,同时也出现了新古典主义艺术、浪漫主义艺术、现实主义艺术等各种不同的艺术流派,呈现出精彩纷呈、繁荣发达的发展局面。以西方近代音乐的发展为例,这个时期不但涌现了许多著名的音乐家,创作了一系列优秀的音乐作品,还产生了各具特色的音乐艺术流派:以海顿、莫扎特和贝多芬为代表的古典乐派,推崇理性和情感的统一,追求艺术形式的完美和严谨,注重创作手法上的对比、冲突和发展;以舒伯特、李斯特、肖邦、勃拉姆斯等为代表的浪漫乐派,强调激情,强调抒发主观情感、表现个性;以格里格、德沃夏克等为代表的民族乐派,主张音乐鲜明的民族风格和民族特色,主张将传统音乐成果与本民族音乐密切结合起来;等等。

　　进入20世纪,艺术更是发展到一个新的顶峰,现代艺术的发展既遵循着不断分化、不断融合的规律,同时艺术形式本身也在不断地吸取外部新的生命动力,成为相对独立的艺术形式,展现出更广阔的发展天地,也诞生了更为缤纷缭乱的现代艺术流派,呈现出繁荣的发展态势。

第二节　艺术的本质与基本特征

一、艺术的本质

艺术的本质是指艺术这一事物的根本性质，以及艺术与其他诸如政治、经济、哲学、宗教、文学等的内在联系。这是许多思想家、美学家和艺术家们很早就意图探索的问题。

首先，艺术具有社会本质。艺术来源于社会，能全面地反映社会生活。艺术家对于题材、表现对象和表现手法的选择并不能规定艺术的本质，但他们的任何选择都是在某个方面，以某种方式反映社会生活的。艺术不仅可以反映社会的经济关系、生产关系和阶级关系，也可以反映处在一定社会生活中的人们的政治观点、法律观点、道德观念、宗教观念、哲学思想和文艺思想，以及人们的各种梦想、幻想、情感、情绪、愿望、审美趣味和审美理想等。

其次，艺术具有认识本质。艺术是社会生活的反映，实际上就是人们对社会生活、对世界的一种认识。而所谓艺术作品，是"社会生活在人类头脑中反映的产物"，所以艺术其实是人类对社会生活或对世界的一种认识的物化形态。艺术认识世界、反映社会生活的方式是运用视觉或听觉形象进行创造性想象活动，认识的重点是事物的特征、个性和美，以高度概括的、具体可感的视觉或听觉形象揭示事物的本质。

再次，艺术具有审美本质。艺术既能反映现实美，又能创造艺术美。所谓现实美，是指现实中各种事物的美，分为自然美与社会美两大类。自然美是指自然界中存在的美，即自然事物的美；社会美是指人类社会关系中的美，即社会事物的美。如：音乐反映社会生活，但不是对社会生活的直接描绘，而是音乐家把个人对社会生活的理想、态度、体验等高度概括、提炼并通过有组织、有意识的具体音响形式加以表达的结果，它是一种社会审美生活的主观反映。同样，美术作品也是美术家根据美的现实而创造出来的，具有艺术美，这是一种"艺术生产"，是一种自由的精神生产和审美创造。

二、艺术的基本特征

（一）形象性

形象性可以说是各艺术门类共同的特征。不论是美术、音乐，还是文学等艺术形式，其形象性都有其自身显著的特点。美术作品的形象性往往表现得更为突出和直接，体现为形象的直观性、确定性和可视性。文学作品中的形象是不能凭感官直接把握的，需要通过语言这一中介，再经过读者的联想与想象才能得以实现。对于歌曲或是标题性音乐，人们可以借助歌词和标题文字说明来确定音乐作品所反映的内容；而对于无标题的纯器乐，往往更多地需要借助个人的生活经验、音乐经验、艺术修养、认识能力等，通过联想再造形象，因而，这种音乐形象往往能体现出个人的、个性化的水平和特点，表现出人在听觉感受能力上的明显差异。由此可见，形象性作为艺术的共同性特征，在不同的艺术形式中既可以表现为直接可感知到的形象，也可以表现为通过其他媒介间接展现的形象，从而通过作品传达出形神兼备、情景交融的意境。

（二）情感性

我国先秦时期最有代表性的音乐论著《乐记》曾给音乐下过这样的断语："凡音者,生人心者也。情动于中,故形于声,声成文,谓之音。"也就是说,音乐是用声音来表达情感的艺术。同样,美术也是一种通过视觉表现手段来展现和抒发画家对自然、社会中美好事物的态度和情感的艺术形式。相对而言,音乐是以有组织的、在时间上流动的声音为物质材料来塑造音乐形象,并诉诸听觉的艺术;文学是通过语言文字符号的形式来描绘和表述概念及思想情感的;美术、雕塑等造型艺术则是直接、逼真地塑造具体事物或生活图景来抒发和表达情感的。因此,以情动人、以情感人正是艺术的魅力所在,也是艺术基本特征的表现。

（三）审美性

艺术具有其独特的美学特性,主要表现在形式美与内涵美两个方面:①形式美,无论来自线条、构图、色彩等绘画要素,还是体现在音乐上的音区、力度、节奏、旋律、音色、织体、曲式、和声等音乐要素,它们均体现了艺术作品的整体艺术结构和独特的艺术审美特征;②内涵美,是由创作主体按照一定的审美目标、审美实践要求和审美认识的指引,根据美的规则所创造的一种艺术美,这种艺术美是艺术家根据美的现实,运用独特的艺术语汇而创造出来的。

（四）材料的特殊性

艺术的表现和创造都是以一定的材料为载体的。音乐是以声音为物质材料,根据声音的高低、长短、强弱、音色等特性,构成节奏、节拍、速度、力度、旋律、调式、和声、织体、曲式等音乐表现手段和组织形式来表现人的内心情感并反映一定的社会生活的。美术是以颜料、纸、布等物质材料为基础,通过美术家独具风格的表现,将线条、色彩、构图等美术语汇加以艺术化表现来展示客观世界或表达审美感受的。

第三节　　儿童艺术及其基本特点

艺术对各个年龄段的人来说都具有无穷的魅力,对儿童更是如此。艺术能丰富儿童的生活,调动儿童的心智、感官、肢体,挖掘儿童的潜能。儿童进行艺术创作的过程是一种展示个人体验、表达情绪感受与观念的方式,它反映了儿童对周围世界的认识、情感和思想。

一、儿童艺术的基本认识

（一）儿童艺术发端于艺术输入

儿童充满着好奇心和探索的意愿,展现在他们眼前的不仅有色彩斑斓、五彩缤纷的图案和景象,还有不绝于耳、丰富多变而美妙的声音。我们常常听到孩子们在游戏、玩耍的时候本能地哼着歌;也常常看到蹒跚学步的婴儿一听到音乐就扭动身体,手舞足蹈;还不会准确拿握画笔的孩子在纸上洋洋洒洒地"涂鸦"……可以毫不夸张地说,艺术是孩子自发的表现,是孩子自由天性的展现。热爱艺术,正是儿童的天性使然。

儿童的生活环境中充满了颜色、声音、运动、符号,虽然并没有谁统一地要求他们如何去做,但他们的艺术发展却体现出令人惊讶的跨文化的普遍性:孩子们都愿意,甚至是无意识地用"涂鸦"来表达自己的所见、所想、所感,这几乎是每一个儿童的天性;儿童好想象、爱幻想,对于一些形象生动、富于变化的音乐旋律与节奏、结构工整、短小、旋律优美、朴素的童谣,他们不需借助任何外部工具,张嘴就能模仿。正是因为幼儿知觉和感觉系统协同作用的发展,使得他们在早期的艺术活动中已经表现出了自由、大胆而充满生命力的特征。

(二)儿童艺术关乎个体的自我表达

儿童艺术是儿童自我表达的一种语言。艺术可以使他们把自己的想象、愿望变成可见的作品表达出来。其中,绘画就是幼儿表达自己对周围事物的感受和内心意愿最主要的方式之一,儿童的画、泥塑、雕塑、手工作品以及其他表征物都可看作是儿童的一种语言。这种语言表现了儿童对外部世界的感知、理解、建构,以及他们内心的情绪波动。虽然混沌、不合乎逻辑,但却代表了儿童对周围世界的初步认识和把握,并且也是儿童成长的一种需要。艺术是幼儿朴素地表现和探索生活的需要,幼儿在观察模仿事物的过程中(如:学习小动物走路的姿势与叫声)已经逐渐出现了与实物分离的初始而稚拙的艺术符号,这正是儿童艺术个体创作的开始。

(三)儿童艺术融于生活

艺术来源于生活,儿童在生活中有许多机会接触艺术。儿童在生活中观察、模仿,感知生活中丰富的艺术材料,为艺术感受与表达奠定基础,因此,为幼儿创造有艺术感的生活环境是至关重要的。

要使儿童艺术教育回归生活,就要将知识技能本位的艺术教育变成体验本位的艺术教育。艺术的核心是审美,审美作为人把握世界的一种方式,是以体验的方式存在的。体验是主客体高度融合的状态,它诉诸人的情感,是即时的、真实的、独特的。每个儿童都是一个独特的生命体,有其自身的气质、性格、禀赋和生活经历。同样的事物或作品,会激活不同儿童独有的生活体验,这种体验可以用不同的语言、形象、声音、肢体动作等来加以表达。要使儿童艺术教育回归生活,还要充分利用本土文化资源。儿童的生活非常切实地根植于他所处的文化土壤,每一个地域所特有的风俗民情潜移默化地影响着一个人的人格。儿童艺术教育呼唤本土文化,应从生活中去获取教育的资源。要使儿童艺术教育回归生活,更要将艺术教育与儿童特有的、热爱的生活方式结合起来。

(四)儿童艺术源于儿童游戏

艺术与游戏,在儿童生命的初期具有同一性,或者换句话说,儿童艺术的本质是儿童游戏,儿童艺术和儿童游戏的关系可以形象地用"蝴蝶"和"蛹"的关系来比喻,正是在儿童游戏("蛹")的不断滋生和孕育成长中,才"破茧而出"形成了儿童艺术("蝴蝶")。

儿童艺术教育应通过游戏的方式来设计、组织艺术活动,使儿童在游戏中得到快乐和成长,发挥创造的潜力,并实现个体的完满人格。

(1)以游戏精神为宗旨,以情感为切入点培养儿童的自主创造能力

具体而言,教师的职责在于为儿童创设一个感知丰富的环境,提供一切能使儿童获得良好感受与体验的机会,并给予儿童充分享受"艺术"这一游戏本质的自由——使儿童将自己不同的经历、情感和体验重新组合,赋予新意,并以属于儿童自身的独特的游戏方式表现出来。

(2)以游戏精神为指导,重新审视与定位儿童艺术教育的框架设计

儿童艺术教育在目标、内容及组织形式等方面,均应打破传统的以技能技巧为重、以示范模仿为主、偏离儿童日常生活的艺术教育框架,充分体现游戏的内在追求。具体而言,在教育

目标上,儿童艺术教育应以培养自由和谐的审美人格为终极目标,使儿童能以游戏的心态参与感受美、表达美与创造美的过程,提升儿童对美的敏锐感受力、丰富想象力和直觉理解力,提升儿童的审美情趣;在教育内容上,应选择那些贴近儿童生活、儿童感兴趣、能促使儿童进一步发展的内容作为素材,并创造性地将美术、音乐、舞蹈、戏剧等多种艺术形式整合为一体,允许儿童自由选择感兴趣的艺术领域并加以创造性表达,或直接将儿童感兴趣的表演游戏、角色游戏、建构游戏等作为艺术教育的内容,使儿童在游戏的过程中充分体验艺术的美;在教育组织形式上,不论是专门的集体艺术教育活动,还是日常区域化的小组或个别艺术活动,都应以游戏的形式组织实施,同时尤其要注重创设游戏化的审美教育情境,帮助并激发儿童自主地与环境中的艺术符号互动。

　　(3)以游戏精神为依据,重构与创新儿童艺术教育的评价模式

　　儿童艺术教育评价应摆脱功利主义的束缚和对成人的评价标准,着重将作品的呈现过程及形式以是否体现儿童的感受与体验、想象与创造等作为主要且根本的评判依据。具体而言,在评价的指导思想方面,教师应明确儿童艺术教育并非为了培养未来的艺术家而刻意进行的专业艺术技能训练,而是考察艺术教育是否激发儿童对艺术的兴趣、提升其审美体验与审美批判的能力;在评价原则方面,艺术教育是尊重儿童个体差异的教育,应根据儿童发展的状况和需要对每个儿童的艺术表现与艺术潜力进行合理的评价;在评价方法方面,游戏精神的实质要求评价者关注儿童日常生活中对美的感受力、表达力与创造力,关注教师在艺术教育活动中是促进还是阻碍了儿童对美的自然、自发的追求,以及是否了解儿童艺术发展的内在法则,最大限度地激发儿童的审美与创造热情,促使儿童真正享受并达到在艺术中游戏的愉悦境界。①

二、儿童艺术的基本特点

(一)愉悦性

　　艺术之所以能打动人的情感世界,是因为其本身具有强烈的愉悦性和感染力。对于一件优秀的音乐作品或视觉艺术作品,人们在欣赏它的时候会直接诉诸审美情感,令人仿佛进入一个奇特的世界。各种各样使人感兴趣的事物,丰富多彩的优美境界,都活灵活现地展现在人们的眼前,使人们的心里洋溢起一种难以名状的喜悦,精神振奋,心情舒畅,这就是艺术的愉悦性和感染性。

图1-7　音乐活动中的孩子

我们不难观察到,在音乐活动中,孩子们的表情自始至终都处在愉快、欢乐的状态之中。这是因为儿童好动的天性在音乐活动中得到了满足,从而获得了快乐。同样,成人常常对儿童不经指导就开始画画且乐此不疲、陶醉其中的行为倍感疑惑,事实上,这正是源自他们自身感受到的轻松和愉悦。

(二)教育性

　　艺术不仅具有愉悦性和感染力,而且还有育情冶性、潜移默化的教育作用。利用儿童艺术的愉悦

---

① 李琳.儿童艺术的游戏本质及其教育启示.学前教育研究,2013年第8期.

性、娱乐性特点,可以引导儿童在玩中学、乐中学,而寓教育于愉快的艺术感受和表现、创作活动之中,更能使儿童学有所得。这便是儿童艺术教育性的体现。

曾经有学者说过:"对于受到更大激励的儿童来说,几何图形不光是可见的概念,而且还是外在世界的客体,是神秘力量的象征。成人几乎再也理解不了一对有意义的直线会有怎样惊人的力量。但对于成长中的儿童来说,他所得出的简单轮廓——与一切低于人类的动物形成对照——即意味着一个完整的世界。"①儿童艺术的教育性可以从儿童在艺术活动中所获得的发展得到体现。因此,艺术是对儿童实施审美教育的一条重要途径。对儿童实施的审美教育,不能以抽象的说理去灌输,而应以直观的艺术形象去打动儿童的心灵,唤起儿童内在的审美情感,使他们在美的感受和熏陶下受到潜移默化的审美教育。

(三) 个体性

对于儿童而言,艺术也是其个体发展的一种表现。不同年龄阶段的儿童对外部世界的认识和体验是不相同的,表达自己情绪和情感的方式也是各有差异的,这就是儿童独特个性的表现,而艺术正能反映儿童的发展水平和个体差异。即使上百个儿童在一起聆听同一首音乐作品,每个儿童的心理活动和听觉感受也是各不相同的。这种差异受儿童认识发展水平的制约,也受个人情感、个性等发展状况的影响。每个儿童都会自觉或不自觉地进行感知、想象、理解等具有个性化的心理活动。同样,美术也是儿童自我表现的一种方式,每个人都有表现自我、与人交流的需要,由于儿童尚不能自如地运用语言文字这种成人约定俗成的符号系统,他们便会运用其他一些符号系统来表现自己、满足自己,美术就是这些符号系统中的一种。儿童是天生的艺术家,"人世间能与真正的艺术家媲美的只有儿童",这句话并不过分。

由此可见,儿童艺术在一定程度上反映着儿童的认知、情感和个性发展的状况。同时,正是因为儿童艺术是儿童发展的一种个体化表现,使得儿童艺术活动在唤醒儿童的主体意识、促进儿童的主体性发展上具有特殊的教育价值。

思考题

1. 结合实际,谈一谈你对艺术和儿童艺术的基本认识。
2. 分析艺术起源的几种学说,并思考艺术的本质是什么。
3. 儿童的艺术经验源自哪里?
4. 举例说明如何为幼儿创设富有艺术感的环境。
5. 为什么儿童艺术与游戏具有同一性? 儿童艺术的游戏本质对教育实际工作有哪些启示?
6. 如何在儿童艺术教育中关注和体现艺术的审美特性?

---

① [德]玛克斯·德索著,兰金仁译. 美学与艺术理论. 北京:中国社会科学出版社,1987,第224-225页.

第二章
学前儿童艺术教育的基本理论问题

每个幼儿心里都有一颗美的种子。幼儿艺术领域学习的关键在于充分创造条件和机会，在大自然和社会文化生活中萌发幼儿对美的感受和体验，丰富其想象力和创造力，引导幼儿学会用心灵去感受和发现美，用自己的方式去表现和创造美。[①]

第一节　学前儿童艺术教育的地位与作用

艺术是文化的重要组成部分。艺术作品不仅是个人的创造物，也是产生艺术的文化制度和文化观念影响的产物。儿童艺术教育是人类社会进步特有的一种社会活动，是儿童发展的需要。它作为学前儿童教育必不可少的组成部分，无论从社会发展还是儿童个体发展来看，都具有十分重要的价值与作用。

一、儿童艺术教育与社会发展

艺术教育随着社会的进步和发展应运而生，并逐渐成为一种有目的、有意识的社会性教育活动。艺术教育与社会的沿革、发展是同步且相辅相成的。一方面，艺术教育表现出对社会明显的依存性。社会生产力的发展水平、社会政治制度等能对艺术教育产生干预和制约的作用，艺术教育的指导思想和培养目标受到社会的宏观调控，社会经济基础也决定、制约着艺术教育的物质条件。另一方面，艺术教育事业的发展又对人类社会的进步产生积极的推进作用，对整个社会文化环境产生潜移默化的影响。[②] 随着人类社会的不断发展，艺术教育的价值与功能也在不断地发展变化着。许多国家很早就把音乐、美术等艺术门类作为普及教育的一种方式，在中小学的教育阶段包含了一系列渐进式的艺术教育课程。到目前为止，世界上许多国家和地区已经把艺术教育作为国民义务教育的一个有机组成部分，并确立了它在促进儿童全面发展教育中应有的地位。人们对早期儿童的艺术启蒙教育日趋重视。在此，我们仅就学前儿童艺术教育对社会发展的作用简述如下。

（一）有利于培养良好的社会道德风尚

古希腊哲学家柏拉图认为：音乐对儿童心灵的深入影响，经久不会磨灭。他说："受过这种良好音乐教育的人，可以敏捷地看出艺术作品和自然界事物的丑陋，很正确地加以厌恶，但是一看到美的东西，他就会赞赏它们，很快乐地把它们吸收到心灵里，作为滋养，因而，自己的性

---

① 教育部. 3-6岁儿童学习与发展指南.
② 曹理. 普通学校音乐教育学. 上海：上海教育出版社, 1993, 第23页.

格也变得高尚优美。"①柏拉图所谓的"良好音乐教育",当然不只是指音乐本身的形式美,更包含有启迪儿童心灵、陶冶儿童情操的良好音乐教育内容。同样,绘画、雕塑等美术作品也充满了富有强烈艺术感染力的审美教育,它可以把高度发展的社会理性转化为生动、直观的感性形式。学前儿童艺术教育要为儿童提供精心选择的"精神产品",通过高雅优美、健康活泼、积极向上的艺术作品中所蕴含的爱国主义精神及良好道德品质的内涵,提高儿童艺术审美感受和表现能力,净化心灵,完善人格,进而对社会的精神文明环境、社会文化环境产生间接的影响,从而推进良好的社会生存环境和文明环境的形成。

(二)为造就一代有艺术修养的高素质公民奠定基础

当今社会,家长普遍重视对儿童的早期艺术启蒙,但出现了不少误区:有的是为了让孩子能表演或展示与众不同的特长;有的是为了给孩子提供一种有益无害的消遣;还有的把学习艺术作为儿童日后进入社会生活的一项技能。其实,艺术教育的最大作用之一恰恰是对人的情感、品味和修养的培养。马克思说过:"要鉴赏艺术的话,就必须成为一个在艺术上有修养的人。"儿童艺术早期启蒙教育的目的是为了让儿童在享受美、抒发情感中获得教益,培养素质,提高修养,为日后成为一代具有高雅艺术趣味和创新探索精神的人才打下基础。

二、儿童艺术教育与个体发展

艺术教育作为全面发展教育中不可缺少的一个部分,是促进儿童在认知、情感、个性及社会性等方面协调发展的重要途径之一。

(一)艺术教育与儿童的认知发展

艺术需要感知、记忆和概念化的过程。布鲁纳曾经把儿童从环境中理解和处理信息的方式描述为三种:一是通过活动和操作,二是通过组织感觉(听觉、动觉和视觉)和想象,三是通过词和符号。而艺术活动就能为儿童提供使用这三种认知方式的机会。

1. 艺术教育与儿童感知能力的发展

感知能力是人类存在和发展的基本能力,每个人情感的生成、智慧的发展,都是建立在基本的感知能力的基础之上的。而人的感知系统中,尤以视觉的作用最为巨大。研究证明,一个人所接收信息的80%以上都是由视觉提供的。而美术活动能有效地训练儿童的视知觉,使儿童通过亲身体验,包括看、听、触、摸、嗅等多种感觉通道的协同活动,来感知现实世界,利用审美直觉去表现、表达,培养感知觉的灵敏度、活跃性,激活对生命特有形式的感受能力,从而强化对事物的感知能力,培养敏锐的审美感知能力。

同样,音乐活动也必须建立在听觉感知的基础上。儿童听觉的发展先于视觉,学前阶段是听觉能力发展最迅速的时期。瑞士心理学家皮亚杰曾经把儿童认知发展过程归纳为四个阶段,其中第一个阶段是感知运动阶段(0-2岁),这个阶段的儿童已有了对音乐最初的感知体验,不同音乐中不同的音色、织体、节奏、风格会刺激他们的音乐听觉和动觉,为他们日后的音乐学习和音乐兴趣的培养建立基础;第二个阶段是前运算阶段(3-7岁),这个阶段的儿童已能辨别音乐中力度的强弱、速度的快慢、音的长短和高低。有关研究者曾经对成年的音乐家做

---

① 李晋瑗.幼儿音乐教育.北京:北京师范大学出版社,1998,第60-61页.

过调查①，发现从 2－4 岁开始接受音乐教育的人中，有 92％的人可能获得绝对音高感；从 4－6 岁开始接受音乐教育的人中，这个比例便下降到 68.4％。可见，及早地、更多地为儿童提供各种音乐活动的机会和环境，并有意识地引导儿童进行听觉的感知和分辨活动，是十分有意义的。

2. 艺术教育与儿童记忆能力的发展

艺术教育对儿童记忆能力发展的促进作用尤其表现在听觉方面。在音乐教育中，听觉能力的培养不仅仅涉及听觉感知、听觉辨别、听觉注意能力，更表现在听觉记忆能力方面。所谓听觉记忆能力，是指记忆音乐、再现音乐的能力。音乐是在时间的流动中展开音乐形象、深化音乐表达内容的，因此，任何音乐的表演、欣赏或创作活动，都不可能脱离对音乐表象的记忆、再认和再现。伟大的作曲家贝多芬之所以能在失聪后创作出《第九交响曲》，正是因为在他的头脑中储存着大量的听觉表象。这些听觉表象为音乐家的创作提供了充分的准备资料。此外，听觉记忆与听觉感知、听觉注意能力是密切相关的。听觉感知、注意能力制约着记忆表象的形成，同时听觉的记忆表象又直接影响对音乐的感受和理解。众多的研究表明，学前阶段是培养听觉能力的最佳时期，儿童的音乐学习和体验能使他们在这种活动中增强听觉的敏感性、发展听觉感知和记忆表象的能力。

3. 艺术教育与儿童想象、联想、思维能力的发展

艺术教育对儿童认知发展的促进作用，还表现在能发展儿童的想象、联想和思维能力。想象是由表象深入发展而形成的一种较高级的心理现象，它与感知、记忆表象、思维等认识过程共同构成了一个人完整的心理过程。

图 2-1　幼儿绘画时的想象

当儿童在欣赏富有感染力、表现力的音乐作品时，往往会情不自禁地陶醉于充满乐趣的想象活动之中，对音乐产生一定的共鸣。一个 4 岁左右的幼儿在绘画时，常常会对自己所画的一些线条、图形进行漫无目的的想象，弯弯的一条线可能是一只在奔跑的小狗，也可能是一条躲藏在草丛中的蛇；两三个重叠的圆可能是宝宝的玩具，也可能是一条小青虫……幼儿逐渐开始脱离实际物体，在符号意义上进行自由自在、天马行空般的想象。

儿童的艺术思维方式以外化的、直觉的、整体的、形象的把握方式为主。儿童能在不断的艺术活动体验中逐渐积累初步的概括能力、判断能力，如：分辨音乐的风格、性质，知道这首歌曲或乐曲是活泼的还是宁静的，是快乐的还是忧伤的；能对不同风格、体裁和情绪性质的绘画美术作品作比较，进行大致的分类，而这些形象思维所包含的判断、分类、概括、推理等一般认识活动的能力，都能在艺术教育的活动中得到发展和提高。

4. 艺术教育与儿童创造能力的发展

创造力是人类区别于动物的最根本的特性和标志之一，创造力是通过具体的创造活动和创造产品表现出来的。美国的美术教育家罗恩菲尔德指出："创造性是人类所具有的本能，是

----

① 许卓娅.学前儿童音乐教育.北京：人民教育出版社，1996，第 16 页.

一项天生的直觉,它是我们解决和表现生活困难的主要直觉,儿童尚未学习如何去使用它以前,就懂得使用。"①对儿童而言,其创造力显然是与所进行的活动分不开的。由于在不同的年龄阶段,儿童活动的方式和内容的不同,因此,其创造力的表现也随之而发生变化。

艺术活动与儿童其他领域活动的一个明显不同之处就是儿童自身的表现和创造。我们不仅可以从经典而优秀的音乐作品中亲身体验到艺术家超常规思维的美和力,还可以从音乐的特征上来认识音乐活动中创造性教育的特点和价值——通过渗透着音乐艺术美的潜移默化的音乐教育活动来激发、培养儿童的超常规思维(创造性思维)。同样,幼儿的创造力也贯穿于幼儿的绘画发展之中。从最初的乱涂乱画,到画出一些符号和形状,再到把各种基本形状有选择地结合在一起构成图像,如:人物、动物、植物、交通工具等,幼儿的创造力正是通过绘画作品表现出来的,同时也是在绘画中不断得到发展的。

(二)艺术教育与儿童的情感、意志发展

1. 艺术教育与儿童的情感发展

学前期的儿童正处于个人情感由低级向高级逐步发展的重要阶段。随着儿童社会交往活动的日益扩大,其情感体验日趋丰富及分化逐渐细腻,使得富有情感性的音乐活动成为能促进儿童情感发展的有效手段之一。音乐既能够帮助儿童明确建构自己的感情,也有助于儿童与自己及与他人的感情沟通。一首好的音乐作品,一次成功的音乐教育活动,都能使儿童产生对音乐的情感共鸣,培养和激发儿童良好的情绪、情感。此外,在音乐教育活动中,儿童能广泛接触到表现不同情感、内容的音乐,由此,他们的情感世界会逐渐变得丰富而充实。如:乐曲《洋娃娃的葬礼进行曲》是柴可夫斯基写给儿童的一首童话题材作品,表现儿童在认识、体验成人情感世界后的悲伤和无奈。欣赏、感受这样一首充满哀伤气氛的乐曲,能使儿童的情感体验得到丰富和深化。

同样,美术也是儿童表现自我抒发情绪、情感的一个重要途径,是外化儿童情感的最直接和最有效的方式之一。儿童可借由线条、形象和色彩,直接地表达自己的喜怒哀乐。美术作为一种视觉语言,比文字更直接,也更具包容性。当一个孩子发现笔可以在纸上或者画板上制造出运动轨迹的那一刻,其兴奋只有身处其中的他自己才可以理解。有人曾说:"孩子的绘画作品中,即使是一根非常简单的线条,也表达了他们的情绪、情感。"

图2-2　绘画是孩子的情感表达

事实上,美感是儿童高级情感中的一种,是人对事物审美的体验,它是根据一定的美的评价而产生的。人类在很早的时候就已经发现:艺术能够外化人的情感,减弱人的心理压力,保护人的健康。在艺术教育不断改革的今天,我们更应该让幼儿无拘无束地利用艺术表达内心的情感,发挥其独特的价值。

2. 艺术教育与儿童的意志发展

意志是人根据一定的目的对自己的行为进行激发、维持、抑制等调节的一种心理过程。艺术教育在某种程度上也具有一定的促进学前儿童意志品质得到发展的潜力,这是因为儿童艺术的学习和技能的养成也需要一定的意志品质,如:日本小提琴家铃木镇一创建的儿童音乐教

---

① [美]罗恩菲尔德著,王德育译.创造与心智的成长.长沙:湖南美术出版社,1993,第59页.

育体系强调坚持不懈的大量练习,其看重的教育价值不仅在于技能的习得和娴熟,而且在于锻炼坚韧不拔的意志品质。

(三)艺术教育与儿童的个性发展

所谓个性,是指区别于他人的稳定的、独特的、整体的特性。个性化作为儿童人格发展过程的一个侧面,是个体在生理、心理上获得独立的过程,即自我确立、自我形成的过程。它强调的是个体的需要、特征、独特的权力、个人发展、自我实现、个体在世界上的唯一性,等等。

1. 艺术教育活动能促进儿童积极的个性意识倾向性的发展

所谓个性意识倾向性,是人进行活动的基本动力,它包括需要、动机、兴趣、理想、信念、世界观等。儿童在教师提供和创设的自由、宽松、信息量大且充满创造氛围的环境中,其参与活动的态度主动而积极,兴趣也由直接指向材料本身的短暂兴趣逐渐发展演变为稳定而持久的浓厚兴趣。在这类学习活动中,儿童不仅能获得认知、情感和操作技能等方面的有效发展,享受并获得快乐的体验,同时更能促进儿童对人和事物积极态度的初步养成,而这种积极态度、探究精神、创造精神及自信心等在适当的条件下是培养积极人生态度的重要基础。

2. 艺术教育能促进儿童自我意识的发展

所谓自我意识,是指个体对自己存在的感觉,即自己认识自己的一切,包括生理状况、心理特征以及与他人的关系,等等。在艺术教育活动的过程中,儿童对艺术的感受和表现正需要他

图2-3 幼儿园的艺术教育活动多为集体活动形式

们能有意识地认识到自己的活动状况并调控自己。随着儿童活动范围的扩大,他们逐渐开始意识到自己与他人的区别,会在比较的过程中产生简单的自我评价。学前儿童的艺术教育,特别是幼儿园的艺术教育活动多为一种集体的艺术活动形式,一种能引发儿童积极、主动参与的活动环境。在这类艺术活动中,儿童会逐渐产生日益明显的探索行为倾向,且在探索过程中其自尊心也会迅速发展。他们迫切地要求表现自己、要求自主,这也正是儿童自我意识的显著特征。集体的艺术活动形式还能够使儿童获得来自同伴、教师的各种评价,会对儿童自信心、自尊心和自我评价、自我态度的形成产生重要的影响。

(四)艺术教育与儿童的社会性发展

艺术不仅能给儿童提供美感和创造性发展的机会,而且也能给儿童提供发展社会性的机会。对于尚未完全社会化的儿童来说,在他们以自身的思维和行为方式去适应社会时会遇到很大的障碍。儿童的社会性是在与周围人群的交往中逐渐发展起来的,其发展的过程是一个渐进的、日益丰富和完善的过程。它不仅是社会发展的需要,也是儿童自身发展的需要。学前儿童的艺术教育活动能够为儿童提供大量的人际交往和合作交流的机会,有意识地培养他们的交往观念和交往技能。通过幼儿园组织的集体形式的艺术活动,儿童能够体验到集体协作的快乐,逐渐学会理解、尊重、接纳和欣赏他人。艺术教育能让儿童形成自律,培养其责任感和自我激励的意识,而这些正是儿童将来进入有秩序的社会交往活动所必须具备的基础。

第二节　学前儿童艺术教育的价值取向

关于美术教育的价值,西方历来有两派理论。其一是本质论,以美国美术教育家艾斯纳和格利为代表,强调美术教育的主要价值在于它对个人经验的独特贡献,认为美术能力是教育的结果,而非自然发展的结果。其二是工具论,以英国美术教育家里德和美国美术教育家罗恩菲尔德为代表,主张通过艺术教育促进儿童人格的健全发展,促进儿童创造性的发展。

长久以来,对艺术教育的存在及价值的理解常在两种观点之间摇摆。一种观点强调艺术的"内在价值",认为艺术是人的一种天生的社会文化才能,儿童接受艺术教育最主要的动力在于能从事表演和表现活动,能体验到自我表达和创造的快感。这种观点显然与本质论是相一致的。另一种观点则强调艺术的"功利价值",认为艺术可促进其他能力的发展,儿童接受艺术教育能促进其运动能力和节奏感的发展,得到书面和口头语言的进步,促进认知和思维的发展,习得社会性交往和合作的技能,等等。由此,艺术教育能够为实现人类的其他发展起到催化剂的作用。这种观点显然较多地受到工具论的影响。

我们认为,可以把学前儿童艺术教育的价值观取向归纳为以下两种教育观。

一、以艺术为本位的学前儿童艺术教育价值观

艺术本位的学前儿童艺术教育价值观强调以艺术为本位,以教育为手段,应对学前儿童施以艺术的早期启蒙,以发展儿童的艺术潜能,使儿童获得艺术内涵的教育。

埃德温·戈登是一位长期致力于儿童音乐,尤其是学前儿童音乐教育研究的知名学者,他在长期研究的基础上,提出了具有相当权威性的"音乐性向理论"。该理论认为,每个儿童天生具备学习音乐的潜能,即音乐性向,这种潜能在儿童刚出生时是呈正态分布的(68%的儿童具有一般的音乐潜能,另外各有16%的儿童具备较高或较低的音乐潜能)。虽然每个个体的音乐潜能是与生俱来的,但这种潜能和音乐性向却是在不断波动的,尤其受到环境的影响,且在很大程度上受到9岁之前得到的音乐体验和鼓励的影响。9岁之前的音乐性向取决于儿童先天的潜能和后天的音乐环境影响,被称为是一种"发展中的音乐性向";而丰富的音乐环境对音乐性向的影响是随着儿童年龄的增长而减弱的,因此,9岁之后儿童的音乐性向也被称为是一种"稳定的音乐性向"。由此可见,儿童早期(学龄前)是发展其音乐能力和音乐性向的关键期。戈登博士认为,儿童早期的音乐启蒙既是可能的,也是必要的、重要的,其主要价值就是帮助和鼓励儿童的音乐体验,以发展儿童的音乐性向和能力。该理论无疑更注重音乐本身,更看重音乐的内在价值和本质特性。

同样,美术教育家艾斯纳也强调以学科为中心,主张实现美术学科的自身价值。艾斯纳提出,儿童的美术学习并非成长的自然结果,美术对儿童最重要的贡献是属于美术本质的,教育者不应剥夺儿童能够从美术中得到的东西。与此同时,他提出以学科为基础的美术教育是以审美为目的的,围绕着这个目的,其确立的教育目标有:①协助儿童创造有美感与表现力的作品;②培养儿童对视觉对象进行审美判断的能力;③使儿童了解美术在文化发展中所具有的地位。

由此可见,艺术本位的学前儿童艺术教育价值观重视艺术的本体功能,把艺术作为传播、延续和发展人类艺术文化方式的最初阶段。它旨在为艺术本身的内在价值及其艺术功能的实现打下基础。

二、以教育为本位的学前儿童艺术教育价值观

以教育为本位的学前儿童艺术教育,是通过艺术实践活动来促进儿童身心的健康成长,培养儿童的审美情趣,引导儿童良好的个性及创造性发展的。

艺术教育和德育互相影响、互相促进。苏联儿童音乐教育家卡巴列夫斯基曾经说:"艺术课程与技术课程的原则区别,就在于任何一件真正的艺术作品都要有道德因素和美的因素。"[①]

众多的研究结果也向我们揭示了艺术教育确实具有发展智能、培养创造意识等智育功能。我们知道,智力的构成因素是多方面的,如:心理学中表述的感知、观察、记忆、想象、创造等思维能力。在学前儿童艺术教育的过程中同样也需要运用这些心理过程,例如,通过辨音游戏等活动使儿童的听觉感知能力更敏锐,通过音乐欣赏丰富儿童的想象、联想和创造力等等。

此外,艺术教育是美育的重要组成部分。学前儿童艺术教育负有培养儿童的审美兴趣,丰富儿童的审美情感,发展儿童的审美感知、理解和创造能力的重要使命。正如苏联早期教育家卢那卡尔斯基所言:"进行美育教育,不是只简单地教会儿童一种艺术技能,而是系统地发展感受能力及创作能力,使孩子们热爱世界上的一切真、善、美的东西,并且能动手美化这个世界。"[②]

第三节　学前儿童艺术教育的目标

教育是人类一种自觉的、有目的、有计划的社会实践活动。它的自觉性、目的性和计划性首先表现在教育实施之前就对其结果有了一种期望,这种预先期望就是教育目标。教育目标是伴随着教育实践而同步产生的。学前儿童艺术教育的目标就是对学前儿童艺术教育所预期达到标准的一种期望,它不仅制约着艺术教育的整个实施过程,也是一切艺术教育行为的出发点和最终归宿。

一、学前儿童艺术教育目标制定的依据

(一)学前儿童艺术心理发展的特点和规律

学前儿童艺术教育的对象是儿童,艺术教育的效果如何,必须通过它所培养的儿童的发展状况来检验。当然,艺术教育的目标作为对艺术教育结果的一种预期,也必须落实到儿童的身心发展和变化上。

[①] 魏煌、侯锦虹.苏联音乐教育.上海:上海教育出版社,1999,第76页.
[②] 魏煌、侯锦虹.苏联音乐教育.上海:上海教育出版社,1999,第76页.

儿童艺术心理、艺术能力的发展有着其自身的特点和规律,它能从艺术表现的角度反映出儿童的认知、情感和社会化技能发展的水平。同时,每一个儿童作为独立的个体,也有着与众不同的个性、兴趣和需要。因此,学前儿童艺术教育目标的制定必须依据儿童艺术心理发展的实际水平、需要和可能性,将这些暗示着儿童艺术学习的准备性和隐藏着艺术教育发展指向的有用信息进行科学而合理的分析、把握和整理,从而构建起真正适合儿童发展的艺术教育目标。如:作为教育者,可以凭借对儿童音乐发展过程的认识以及对儿童音乐发展水平的判断,从满足儿童自身的需要、让儿童自由地表现自我和逐步实现完善自我价值的角度来考虑目标,"鼓励儿童用自己喜欢的身体动作方式来创造性地探索和表达音乐"。

总之,以儿童艺术发展的特点和规律来制定艺术教育目标,既可以避免因过分迁就儿童艺术的自然发展而降低教育的水平值,也可以排除因脱离儿童艺术发展的实际水平而过分提高教育的期望值。

（二）社会对学前儿童艺术教育的要求

人总是生活在一个特定的社会环境中的,而教育作为一种社会实践活动也必然受制于一定的社会文化历史背景。因此,任何教育目标都必然会直接或间接地反映出社会对教育理想角色培养的要求,并或多或少地被打上时代的烙印。艺术教育当然也不例外。社会政治、经济、科学文化发展的现状、趋势以及社会对未来人才培养的需要等,都被自然地纳入学前儿童艺术教育目标制定的范围内,成为影响目标制定的客观依据之一。

由于不同社会、民族、时代对人才培养的要求、规格不同,教育目标也会有所不同。如:我国建国初期至 20 世纪 70 年代,对于音乐教育的目标强调的是基本知识、基本技能的培养和思想品德的教育;80 年代开始,逐步倾向于以音乐素质、能力以及创造性的培养为核心来构建音乐教育的目标;90 年代以来,随着社会经济和科学技术的飞速发展,根据未来社会对人才规格的要求,在音乐教育目标体系中强调对人的探索精神、创造意识以及主动积极的社会性交往能力的培养等。由此可见,教育作为传递人类文化的一种手段和媒介,必然会使社会文化对教育的要求体现在教育目标之中。

（三）学前儿童艺术教育学科本身的特性

学科是对人类世代积累下来的知识进行分类、选择、组织、排列而形成的相对独立的教学内容体系,因而对以传道、授业为基本任务的教育来说,不能不影响其目标的确定[①]。

以音乐教育为例,学前儿童音乐教育具有与其他学科不同的基本概念、学科结构、学科潜力、教育价值以及学科的学习规律和发展趋势,这些都成为具体而微观的影响教育目标制定的依据。学前儿童音乐是儿童通过自身发展和教育习得的"音乐语言"(如:旋律、节奏、节拍等),体验并创造性地表达自身对周围事物认识和感受的一种听觉艺术活动。在学前儿童音乐教育中,如何既充分地让儿童享受、体验音乐活动过程的快乐,又顾及音乐技能、技巧的学习和训练;如何既尊重儿童对音乐的自发探索和创造,又把儿童的音乐表现活动逐渐纳入到符合音乐审美创作原理和规律的轨道上;如何做到既不淡化、忽视音乐的意识和特点,突出以音乐感受、理解、表现和初步鉴赏为基本任务,又贯彻和体现以音乐审美教育为切入点,促进儿童整体素质和完善人格的发展……对于此类问题的把握和思考,都与学前儿童音乐教育目标的制定有着密切的联系。

---

① 陈帼眉、刘焱.学前教育新论.北京:北京师范大学出版社,1996,第 85 页.

图 2-4　儿童的"美术语言"表达着他们对事物的认识和感受

以美术教育为例,学前儿童美术是幼儿从事的视觉艺术活动,儿童通过自己发展的或者习得的"美术语言"(如:线条、造型和色彩等),创造可视的形象,以表达他们对周围客观事物的认识和感受。在学前儿童美术活动中,如何既尊重幼儿自发创造和发展的美术符号系统和美术形象,又让幼儿的美术表现手法逐渐纳入符合美学原理和原则的创作轨道;如何在活动中既给予幼儿充分的自由,让幼儿有强烈的创作动机,又顾及美术技能、技巧的学习过程,符合美术教育这一科目的特点,让幼儿有序地、循序渐进地进行学习……这些问题都与活动目标的制定有着十分密切的关联。

二、学前儿童艺术教育目标的结构体系

从纵向的角度而言,学前儿童艺术教育的目标具有一定的层次性;从横向的角度而言,其目标具有一定的分类性。

(一)学前儿童艺术教育目标的纵向结构

从纵向来看,学前儿童艺术教育目标可以分为以下四个层次。

1. 学前儿童艺术教育总目标

这是对学前儿童艺术教育最终结果的期望。它规定了学前阶段艺术教育总的内容和要求;同时,作为学前儿童教育内容的一个独立领域和组成部分,它与学前儿童总的教育目标要求是相一致的。

2. 学前儿童艺术教育年龄阶段目标

这是指某一年龄阶段的艺术教育目标。在幼儿园,一般以一年为界,艺术教育目标可分为小、中、大班艺术教育目标。它在融合儿童艺术心理发展的规律和艺术学科本身特点的基础上,把学前儿童艺术教育的目标转化为循序渐进的每一年龄阶段的具体目标。它能为儿童的艺术学习和艺术能力的发展提供更具体的要求和方向。

3. 学前儿童艺术教育单元目标

单元目标一般有两种:一种是指"时间单元",即在某一时间段(如:一个月)内所要达到的艺术教育目标;另一种是指"主题单元",即在一组有关联的主题活动中所要达到的艺术教育目标。

4. 学前儿童艺术教育活动目标

这是指某一具体的艺术教育活动所要达到的目标。它与上一层目标紧紧相连,环环相扣,共同组成一个金字塔式的目标层。

通过上述四个目标层次的分析,我们可以清楚地认识到艺术教育目标体系的有序性,同时更好地思考如何将高层次目标转化为低一级层次的目标,如何把握各层次目标的内涵以及相互间的关系,如何加强活动目标、活动内容和活动形式之间的联系,从而推动和促进艺术教育目标的有效达成。

（二）学前儿童艺术教育目标的横向结构

从横向来看，我们可以从以下三个不同的角度对学前儿童艺术教育目标进行分类。

1. 从心理活动的不同领域来分

结合布卢姆的教育目标分类学理论和我国学前儿童艺术教育的实践，我们可以以心理活动的不同领域为出发点，将学前儿童艺术教育目标分为认知、情感与态度、操作技能三个方面。

（1）认知目标

认知目标表述的是学前儿童艺术教育中各种有关的艺术知识，以及认识能力方面的发展要求。如："能正确地感知和理解歌曲中歌词和曲调所表达的内容、情感"，"能认识并辨别各种常用打击乐器及其音色特点"等。

（2）情感与态度目标

情感与态度目标包括在学前儿童艺术教育中儿童情感的体验和表达能力的发展，以及对艺术活动的兴趣和爱好的发展。如："乐意参与美术欣赏活动，体验并享受美术欣赏过程的快乐"，"喜欢摆弄打击乐器，喜欢参加集体的打击乐演奏活动"等。

（3）操作技能目标

操作技能目标是指在学前儿童艺术教育中儿童运用身体动作进行艺术体验和表达的技能。如："能够较自如地运用身体动作进行简单的随乐动作和表演"，"能够用圆形、方形、长方形、三角形等简单图形表现物体的轮廓特征"等。

图2-5　幼儿演奏打击乐器

2. 从艺术活动的不同内容来分

以内容为依据的横向划分有助于教师更直接地把握艺术教育活动的内容、选择艺术教育活动的材料和模式，从而更好地组织和指导艺术活动。

3. 从儿童活动的互动对象来分

若以儿童活动的互动对象为分类的依据，则可以将学前儿童艺术教育目标分为以下两类。

（1）以人为对象的目标

这是指以自己为对象、以他人为对象或以集体为对象的目标。如："能够在合作性的韵律活动中运用动作和表情与他人交流、配合"。

（2）以物为对象的目标

这是指以艺术作品、艺术语汇、乐器或其他相关道具、物品、场地、设备等环境为对象的目标。如："能够在动作表演过程中学习使用一些简单的道具"等。

三、学前儿童艺术教育目标的指向

（一）幼儿园教育指导纲要

2001年，我国教育部制定并颁布了《幼儿园教育指导纲要（试行）》（以下简称《纲要》），把幼儿园教育划分为健康、语言、社会、科学、艺术五个领域。《纲要》明确规定了幼儿园艺术教育的目标：

① 能初步感受并喜爱环境、生活和艺术中的美；

② 喜欢参加艺术活动,并能大胆地表现自己的情感和体验;

③ 能用自己喜欢的方式进行艺术表现活动。

为能达到这一目标,《纲要》中还列出了幼儿园艺术教育的内容和要求,具体如下:

① 引导幼儿接触周围环境和生活中美好的人、事、物,丰富他们的感性经验和审美情感,激发他们表现美、创造美的情趣。

② 在艺术活动中面向全体幼儿,要针对他们的不同特点和需要,让每个幼儿都得到美的熏陶和培养,对有艺术天赋的幼儿要注意发展他们的艺术潜能。

③ 提供自由表现的机会,鼓励幼儿用不同艺术形式大胆地表达自己的情感、理解和想象,尊重每个幼儿的想法和创造,肯定和接纳他们独特的审美感受和表现方式,分享他们创造的快乐。

④ 在支持、鼓励幼儿积极参加各种艺术活动并大胆表现的同时,帮助他们提高表现的技能和能力。

⑤ 指导幼儿利用身边的物品或废旧材料制作玩具、手工艺品等来美化自己的生活环境或开展其他活动。

⑥ 为幼儿创设展示自己作品的条件,引导幼儿相互交流、相互欣赏、共同提高。

(二)3-6岁儿童学习与发展指南

2012年,我国教育部颁布了《3-6岁儿童学习与发展指南》,分别从健康、语言、社会、科学、艺术五个领域阐述了3-6岁儿童的学习和发展特点。其中,在艺术领域也提出了相应的健全和完善儿童人格的审美教育要求。

1. 感受与欣赏

(1)喜欢自然界与生活中美的事物

3-4岁:

① 喜欢观看花草树木、日月星辰等大自然中美的事物;

② 容易被自然界中的鸟鸣、风声、雨声等好听的声音所吸引。

4-5岁:

① 在欣赏自然界和生活环境中美的事物时,关注其色彩、形态等特征;

② 喜欢倾听各种好听的声音,感知声音的高低、长短、强弱等变化。

5-6岁:

① 乐于收集美的物品或向别人介绍所发现的美的事物;

② 乐于模仿自然界和生活环境中有特点的声音,并产生相应的联想。

(2)喜欢欣赏多种多样的艺术形式和作品

3-4岁:

① 喜欢听音乐或观看舞蹈、戏剧等表演;

② 乐于观看绘画、泥塑或其他艺术形式的作品。

4-5岁:

① 能够专心地观看自己喜欢的文艺演出或艺术品,有模仿和参与的愿望;

② 欣赏艺术作品时会产生相应的联想和情绪反应。

5-6岁:

① 艺术欣赏时常常用表情、动作、语言等方式表达自己的理解;

② 愿意和别人分享、交流自己喜爱的艺术作品和美感体验。

2. 表现与创造

(1) 喜欢进行艺术活动并大胆表现

3-4岁：

① 经常自哼自唱或模仿有趣的动作、表情和声调；

② 经常涂涂画画、粘粘贴贴并乐在其中。

4-5岁：

① 经常唱唱跳跳，愿意参加歌唱、律动、舞蹈、表演等活动；

② 经常用绘画、捏泥、手工制作等多种方式表现自己的所见所想。

5-6岁：

① 积极参与艺术活动，有自己比较喜欢的活动形式；

② 能用多种工具、材料或不同的表现手法表达自己的感受和想象；

③ 艺术活动中能与他人相互配合，也能独立表现。

(2) 具有初步的艺术表现与创造能力

3-4岁：

① 能模仿学唱短小歌曲；

② 能跟随熟悉的音乐做身体动作；

③ 能用声音、动作、姿态模拟自然界的事物和生活情景；

④ 能用简单的线条和色彩大体画出自己想画的人或事物。

4-5岁：

① 能用自然的、音量适中的声音基本准确地唱歌；

② 能通过即兴哼唱、即兴表演或给熟悉的歌曲编词来表达自己的心情；

③ 能用拍手、踏脚等身体动作或可敲击的物品敲打出节拍和基本节奏；

④ 能运用绘画、手工制作等表现自己观察到或想象的事物。

5-6岁：

① 能用基本准确的节奏和音调唱歌；

② 能用律动或简单的舞蹈动作表现自己的情绪或自然界的情景；

③ 能自编自演故事，并为表演选择和搭配简单的服饰、道具或布景；

④ 能用自己制作的美术作品布置环境、美化生活。

四、学前儿童艺术教育目标的表述

(一) 学前儿童艺术教育目标表述的取向

由于人们在认识儿童发展的规律、社会对音乐教育提出的要求，以及音乐学科本身的性质和价值等方面存在一定的差异，也就形成了在制定和表述艺术教育目标时的三种不同取向。

1. 行为目标

作为一个最终要由教育者来具体实施的目标体系，行为目标关注和强调的是目标的可理解性、可把握性和可操作性。因此，所谓行为目标，即以可观察的行为化的方式来表述目标。正如课程论专家 R·W·泰勒所认为的，陈述目标的最有效形式，是既要指出使儿童养成的那种行为,又要言明这种行为运用的生活领域或内容[①]。

在陈述学前儿童艺术教育活动的目标时,太过含糊或笼统是没有意义的,如:"美术教育的目标是帮助儿童发展美术潜能,通过美术经验实现创造性的成长","培养儿童的音乐表现力"等。同样,在陈述目标时,如果描述的是教师的任务和行为,例如"美术教育的目标是为幼儿提供美术材料",这样的目标也不妥当。泰勒认为,应该运用一种最有助于指导教学过程的方式来陈述目标,它应能直截了当地明示行为发出的主体在活动中所期望达到的结果,能清楚地表明在活动过程中儿童将要做什么和应做到何种程度,同时还能暗示教育者在活动中应怎样要求儿童并帮助儿童达到要求。如:"熟悉乐曲的旋律,听辨前后段音乐的不同,并能用不同的动作加以表现",这样的目标相对于笼统而空泛的目标来讲,更具体而具可操作性。

一般而言,以行为目标为导向的表述通常可以儿童或教师作为行为主体,当然,也并非所有的内容都可以用能被观察到的行为来加以表述。

2. 过程目标

过程目标关注的不是以预先规定的目标为中心,而是强调教师在活动中以过程为中心,从儿童获得音乐体验为出发点来构建目标。英国学者斯滕豪斯认为,设计教育活动时不应以事先规定的目标为中心,而要以过程为中心加以展开。

以过程目标的方式来表述学前儿童艺术教育的目标,旨在使教学的价值观念、教学环境及材料等方面都从儿童自身的经验出发,从而有机会使儿童充分展露艺术创造的力量和欲望,获得知识、技能、情感及审美的积极体验。而这样的过程本身即教学结果的体现。例如,美国的萨蒂斯·科尔曼的"儿童创造性音乐实验"正是过程目标的具体体现。科尔曼认为,发展儿童的创造力、独立思维、动手能力、积极的情感、欣赏的习惯,以及广泛的知识和社会适应性等音乐教学的目标,都必须通过儿童的经验过程来实现。但是,由于过程目标是伴随着儿童艺术活动的过程而展开的,对于教师而言,不仅要熟悉学前儿童音乐、美术发展的规律和艺术表现的特点,熟悉艺术相关学科的体系,具备较高的艺术素养,还必须具备一定的教科研综合能力。因此,在现行的幼托机构中,要完全在艺术教育实践之中实行和推广过程目标尚有一定的困难。

3. 表现目标

表现性是艺术的基本特征之一。一般而言,在艺术教育活动中,教师较少地期望儿童产生预期的行为,而是希望儿童能独特、富于想象、创造性地处理艺术材料,教师更多关注的是儿童对艺术的追求,自我的探索、创造,以及开放性的理解和表现,因此,艾斯纳"发明"了表现目标,以此来补充行为目标,而不是取代行为目标。

艾斯纳认为,行为目标陈述的是儿童的特定行为。只要儿童在艺术活动中展示了特定的行为,它即可被有效地予以叙述和确认。但是,当教师要求儿童想象性地运用技能,创造出与众不同的形象时,应为儿童设立表现目标。艾斯纳认为,这两类目标是相辅相成的,表现不仅是感情的宣泄渠道,而且把感情、意象和观念转变并托付给了材料,通过这一转变,材料成了表现的媒介。在此过程中,技能有着不可或缺的重要性,没有技能,转变就不可能发生。这些技能,有的可在教学中得到发展。儿童获得了技能,便能运用于自己的表现活动中。因此,行为目标使儿童得到了系统的技能训练,使表现成为可能;而表现目标则鼓励儿童运用已掌握的技能,拓展并探索他的观念、意象和情感。

[①] 朱家雄等. 学前儿童美术教育. 上海:华东师范大学出版社,1999,第 104 页.

表现目标关注的是儿童在艺术活动中表现的某种程度上的首创性反应形式,而不是预期的结果。它只为儿童提供活动的范围,活动的结果是开放性的。例如,"利用纸上已有的矩形,画一幅你最喜欢的画",这种目标可让儿童摆脱行为目标的束缚,鼓励幼儿去表现自我,探索自己感兴趣的问题。因此,表现目标在儿童艺术教育活动中是有一定价值的,但表现目标也比较模糊,并非所有教师都能驾驭。

综上,学前儿童艺术教育活动的三种目标取向各有长处,也各有短处。一般而言,行为目标的形式更有利于艺术教育活动的具体化、可操作化,更有利于儿童获取基础知识和基本技能;过程目标的形式更有利于帮助儿童从经验出发,逐步确立价值观念,有益于培养幼儿解决问题的能力;表现目标的形式则更有助于鼓励儿童的主动性、创造性。在制定学前儿童艺术教育活动的目标时,应特别注意各种取向目标的互补性,综合考虑三种取向目标合理而有价值的方面,扬长避短,从而更有效地推进学前儿童艺术教育实践。

(二)学前儿童艺术教育目标表述的要点

1. 目标制定的角度要统一

这是指一个活动中目标内容都要从教师或幼儿的角度出发。例如,中班图案装饰活动——"美丽的桌布",其活动目标为:①引导幼儿在圆形纸的中心和边缘,用已学过的或自己喜爱的花纹作对称、均匀的组织和排列;②引导幼儿选择自己喜欢的同种色或对比色进行装饰,培养其对色彩的感受和运用能力。该活动目标是统一从教师角度入手来表述的。又如,大班手工活动——"剪窗花"的活动目标为:①感受剪纸作品夸张变形的造型,了解剪纸是中国特有的民间艺术;②学习用折叠剪的方法来表现美丽的窗花。该活动目标是统一从幼儿角度入手来表

图2-6 剪窗花

述的。教师可根据自己的表述习惯,采用不同的角度来制定活动目标。

2. 目标的制定要着眼于幼儿的发展

艺术活动目标的制定应着眼于幼儿的发展,把幼儿原有的水平与新活动提出的发展目标联系起来考虑,使活动目标既适应幼儿已有的发展水平,又能促进幼儿达到新的发展水平。同时,教师在制定目标时还要考虑发展幼儿的学习能力以及个性、社会性等方面的能力。如:中班的绘画活动——"小猪盖房子",在制定该活动的目标时,教师不仅考虑到幼儿已有的关于小猪与房子的知识经验,提出了"尝试选择不同的图形组合表现小猪的基本结构和特征,并根据故事的内容添画背景"这一美术技能发展方面的目标,而且还从如何通过此活动促进幼儿情感、个性发展等方面出发,提出"体验不怕困难、坚持到底、获得成功的快乐"的目标。

3. 目标内容要体现系统性

艺术活动目标的系统性具体体现在两个方面:一是活动目标中应当包含认知目标、情感目标、技能目标和创造目标。在制定一个具体的艺术活动目标时,要综合、系统地体现以上四个方面的目标,既不能过分强化某一方面,也不能忽视、遗忘其他方面。一般来说,认知目标主要反映的是音乐、美术知识技能的获取,以及艺术能力的发展;情感目标主要反映情感、态度、积极的个性、社会性方面的发展;技能目标主要反映的是学习技能、策略的获得及学习能力的发

展；创造目标主要反映创造性、想象力、综合运用各种工具和材料的能力的发展。二是具体的活动目标在方向上应与总目标、年龄阶段目标等相一致。具体活动目标是从上一级目标中逐步分化出来的。因此，教师在制定具体的艺术活动目标时，要根据儿童的年龄和发展水平，由浅入深、循序渐进地提出目标，体现目标的层次性。

4. 目标要具有可操作性

目标的表述要具体，具有可操作性，避免出现空泛而笼统的目标。如：某位教师在一份大班手工活动计划中，将目标制定为"引导幼儿学习用彩泥塑造人物"，"引导幼儿恰当地使用辅助材料和工具"，"培养幼儿的想象力、创造力"三条。虽然此目标统一从教师角度出发来表述，

图 2-7　教师指导幼儿进行泥塑活动

但目标中没有体现具体的行为，也没有指出行为发生的条件，因此也就无法反映出教师是通过何种具体活动来体现和落实对幼儿各种能力的培养。由于目标过于笼统，仅指出了教育的方向，没有具体的教育活动的目标内容，因而缺乏可操作性，不便于实施后的评价。如果我们把上述目标调整为"引导幼儿先将彩泥团圆，搓、压成球体、长方体、长条形等，再组合成自己设计的人物"，"引导幼儿学习用彩色纸、小棒、牙签等辅助材料装饰自己塑造的人物"，"引导幼儿在观察人物形象的基础上塑造出自己喜欢的人物"，则更具有可操作性。

思考题

1. 结合实际，谈一谈学前儿童艺术教育有着怎样的重要地位？
2. 艺术教育对儿童个体发展有哪些作用？
3. 学前儿童艺术教育有哪两种价值观？结合艺术教育实践谈谈你的理解。
4. 详细阐述学前儿童艺术教育的目标结构。
5. 学前儿童艺术教育目标制定的依据是什么？
6. 谈谈你对学前儿童艺术教育目标表述三种取向的认识，并试着对实践中的活动案例目标部分进行评析。

实务篇

第三章
学前儿童音乐教育的基本内容——歌唱

第一节　学前儿童歌唱能力的发展阶段与特点

　　歌唱是人类表达、交流思想感情最自然的方式之一，也是儿童表达自己思想的一种方法。歌唱既能给儿童的生活带来无穷的乐趣，同时还具有重要的教育价值，它能在潜移默化的审美熏陶中陶冶儿童的情操、启迪儿童的心智、完善儿童的品格。因此，歌唱是学前儿童音乐教育的一个重要内容。

一、0-3岁儿童歌唱能力的发展

　　对于儿童来说，他们开始学习说话和唱歌几乎是无法严格区分的。儿童歌唱能力的发展与儿童语言的发展是紧密相关的。美国夏威夷大学的格林伯格教授认为，儿童歌唱能力的发展与说话能力的发展是平行的。当儿童语言发展进入到"咿呀学语期"时，其歌唱能力也出现了"咿呀学唱期"。但是，这两种"咿呀"声的含义不尽相同：8个月左右的婴儿会用"咿咿呀呀"的声音开口模仿成人说话，并逐渐出现"咿咿呀呀"的独白语言；到1岁左右，婴儿开始发声学"唱歌"，这种"咿呀"之歌与非音乐的、作为讲话先兆的"咿呀"是有区别的。国外有研究者曾经在1976年对50个这一年龄段的婴儿做过调查和追踪记录，发现这种"咿呀"之歌已含有变化的音高，它是以一个元音或很少的音节唱出的。由此，国外的研究者把这种区别于"咿呀"之语的"元音表演"称作为"本能歌"。这种本能歌的初始阶段具有世界性的、不受文化背景限制的共同性特征，即表现为下行的小三度音程（我们可以看到许多世界著名的儿童歌曲、童谣的旋律多为小三度结构）。

图 3-1　婴幼儿"咿呀学唱"

　　婴儿能在自己最大限度的音域内发展音高。随着年龄的增长，婴儿在2岁左右，会努力地变化自己的发音去模仿标准的音高，能觉察出旋律轮廓的变化，由此，"本能歌"逐渐演变为"轮廓歌"。这种"轮廓歌"与儿童早期绘画能力发展中出现的"蝌蚪人"相似，只有一个大体的构架。通常也被称为"近似歌唱"，唱的大多是一个简单的句子，节奏没有什么变化，常常出现同音反复，形成音高上的徘徊，一个句子被不止一次地重复，等等。

　　在音高和音程的掌握方面，2岁以前婴儿唱的歌音高还模糊不清，2岁以后逐渐开始出现分离的音高；音程主要是二度音程、小三度音程，大约到2岁半，四五度音程开始出现；在旋律

结构和节奏组织方面,2 岁前的"轮廓歌"基本是无调性的,旋律线起伏不定、节奏散漫,没有明显的节拍,2 岁以后开始逐渐向较规则的模式发展,表现为节奏的组织有所完善,能以较准确的节奏唱出简单的歌词。随着年龄的增长,3 岁左右的儿童能比较完整地唱一些音域有限的、短小的歌曲或歌曲中的片断,其"轮廓"也日渐清晰并逐渐完善。3 岁左右的儿童在其学习歌曲的过程中常常会出现这样的现象:一首新歌听了几天以后,就慢慢地变成记忆,输入大脑,有一天会突然开始歌唱。其实,在他们开始张口歌唱之前,这首歌曲已经积累、潜伏在他们记忆中很长时间了。可见,3 岁左右儿童歌唱能力的发展是与其音乐感受、听辨能力的发展紧密相关的。在对这一年龄阶段儿童的歌唱教学中,必须从歌曲的欣赏感知入手。

二、3-4 岁儿童歌唱能力的发展

这一年龄阶段的儿童对音乐的表现欲望和能力正在增强,表现为他们对歌唱活动的兴趣大大加强,特别喜欢富有戏剧色彩、生动活泼、情绪热烈的歌曲,还喜欢唱歌曲中的重复部分。

(一)歌词方面

虽然 3 岁左右儿童的语言发展有了很大的进步,已经能够完整地掌握比较简短的句子或较长歌曲中相对完整的片断,但是由于认知发展方面的局限,他们对歌词含义的理解还存在一定的困难,加之听辨和发音能力还比较弱,所以一旦遇到他们不理解的字词,往往吐字不清。

(二)音域方面

3-4 岁儿童歌唱的音域一般为 c^1-a^1(即 C 调的 1-6),其中唱起来最舒服、轻松的是在 d^1-g^1 之间(即 C 调的 2-5),但个别儿童的音域发展有所偏差,音域稍宽的儿童偏高可达到 c^2,偏低可唱到 a,而音域偏窄的儿童仅能唱出 3 个音左右。

(三)旋律方面

这一年龄阶段儿童存在着差异性和不精确性,最明显的表现就是"走音"。有相当一部分儿童的音准有问题,往往不能准确地唱出歌曲旋律,唱歌如同"说歌"。在没有乐器伴奏的情况下或独立歌唱时,这种走调、没调的情况尤为严重。当然,这种现象的发生可能是歌曲音域过宽、音调过高或过低、旋律太难等因素所致。

(四)节奏方面

3-4 岁儿童基本上能做到比较合拍地歌唱,尤其是对与走步、跑步、心跳、呼吸等相对应协调的节奏——四分音符、八分音符所构成的歌曲节奏更易感受和掌握。

(五)呼吸方面

3-4 岁儿童由于肺活量较小,呼吸较浅,对气息控制的能力还没有很好地发展起来,因此往往不能根据乐句的需要来换气。有些儿童会一字一换气、一字一顿地歌唱,有些则一句歌词没唱完就换气,常常因换气而中断句意、词意(一般会在强拍后或时值较长的音后自由换气)。

(六)其他方面

3-4 岁儿童能够在成人的引导下,特别是在幼儿园良好教育的影响下,对已经熟悉和理解的歌曲,以速度、力度、音色等较明显的变化来表现歌曲。如:《在农场里》对各种动物的叫声用不同的音色表情来处理;《大鼓和小铃》以不同的力度、强弱来对比;《摇篮曲》以稍慢、稍弱的速度和力度来表现等等。

在集体歌唱时的合作协调性方面,3-4岁儿童还不会相互配合,常常是你超前,我拖后,还有个别孩子声音特别响。但到小班后期,儿童基本上能懂得在音量、速度、力度、音色等方面与集体相一致,能够通过改变声音的强弱、快慢、音色等来表现歌曲,初步体会到集体歌唱活动中协调一致的快乐。

三、4-5岁儿童歌唱能力的发展

(一)歌词方面

4-5岁儿童掌握歌词的能力有了进一步的提高,一般都能比较完整、准确地再现熟悉的歌曲中的歌词,而且对歌词的听辨、理解、记忆和再认能力有了很大的提高,唱错字、发错音的情况有了较大的改变。

(二)音域方面

4-5岁儿童歌唱的音域较以前有了扩展,一般可以达到c^1-b^1(即C调的1-7),但在个别儿童身上仍有很大的差异性。

(三)旋律方面

4-5岁儿童接触的歌曲日益增多,他们对旋律的感知、再认能力逐步提高,音准把握能力有了进步。在乐器或录音的伴奏下,大多数儿童能基本唱准旋律适宜的歌曲。当然,在个别儿童身上,旋律感、音准的把握仍然是歌唱能力发展中最困难的一个环节。

(四)节奏方面

随着听觉分化能力的逐步提高,4-5岁儿童对歌曲节奏的把握和表现能力得到了较大的发展。他们不仅掌握了四分音符、八分音符的歌曲节奏,还能够比较准确地再现二分音符,甚至带附点的节奏。

(五)呼吸方面

4-5岁儿童对嗓音的控制能力有了进一步提高,能够逐步学会使用较长的气息,一般都能够在教师的指导下学会按乐句和情绪的要求换气,对于中断句意、词意的换气现象有明显的改进。

(六)其他方面

4-5岁儿童在歌唱技能的发展中对速度、力度、音色变化的把握方面有了一定的进步,这是因为他们对歌曲形象、内容、情感的体验和理解能力有了一定程度的提高,由此在演唱、表现歌曲时,能够比较细致地表达歌曲在力度、速度等方面的变化,且比小班儿童表现得更为准确。

随着集体音乐活动、歌唱活动经验的不断积累,4-5岁儿童不仅能够比较协调地参与集体歌唱,注意在音色、表情、力度、速度等方面调节自己的声音,与集体保持一致,而且还能表现出独自唱歌的愿望和兴趣。他们常常会在游戏、玩耍时,饶有兴致地独自哼唱,也会在收看电视、收听电台节目时高兴地即兴跟唱。另外,他们在歌唱能力的发展上表现出一定的创造性,他们会运用已经积累的歌唱和表达的经验,部分地替换歌词,重新演唱;会主动地、自发地提出歌唱的形式和表情;还会即兴地创编简短的小曲等等。

四、5-6岁儿童歌唱能力的发展

（一）歌词方面

5-6岁儿童在歌唱的技能和水平上有了较显著的提高。随着语言的发展，他们能记住更长、更复杂的歌词，对歌词的理解能力也进一步提高，在发音、咬字吐字方面表现得更趋完善。

（二）音域方面

5-6岁儿童歌唱的音域基本上可以达到 $c^1 - c^2$（即 C 调的 $1 - \dot{1}$），个别儿童甚至更宽。

（三）旋律方面

随着歌唱经验的不断积累，5-6岁儿童的旋律感发展，特别是音准方面的进步更为明显。他们不仅能容易地掌握小三度、大三度、纯四、五度音程，比较准确地唱出旋律的音高进行，而且对级进、小跳、大跳不会感到太大的困难。这时，儿童已经初步建立了调式感。

（四）节奏方面

5-6岁儿童不但能准确地表现二四拍和四四拍的歌曲节奏，同时对三拍子歌曲的节奏及弱起节奏有了一定的理解和掌握，而且能够较好地掌握带附点节奏和切分节奏歌曲的演唱。

（五）呼吸方面

5-6岁儿童气息保持的时间较以前延长了，能够按乐曲的情绪要求较自然地换气，同时歌唱的音量较以前有了明显的增加。

（六）其他方面

5-6岁儿童歌唱的表现意识进一步加强，歌唱的声音表情更趋丰富，能够表现出同一首歌曲中的强弱快慢，能较好地唱出顿音、跳音、保持音及连音，并且能尽力把不同的情绪情感体验通过音色、节奏、速度、力度上的对比变化，生动细致地表达出来。

在集体歌唱时，他们协调一致的能力也大大加强了，不仅能与集体同时开始、结束演唱，而且会听前奏、间奏，还对对唱、小组唱、轮唱、合唱等不同的演唱形式产生了兴趣。他们具有一定的创造性歌唱表现意识，不仅能积极参与创造性的歌唱表现活动，而且会努力使自己的表现与众不同，其创编歌词和即兴小曲的能力进一步得到了提高。

总之，随着儿童年龄的增长及歌唱活动经验的不断积累，他们对歌唱活动的积极态度和初步的兴趣爱好逐渐得到巩固，歌唱的技能进一步得到发展，对歌曲结构的感受也日趋合理、完善，能够从音高轮廓飘浮不定到准确地再现音高；音域从窄到宽；节奏从单调、散漫到丰富而有组织；调式感从模糊不清到准确清晰……各方面的能力和表现都随着年龄的增长、环境的变化、教育的引导及各种内、外部因素的共同影响而逐渐地向更合理、完善的方向发展。

第二节 学前儿童歌唱活动的基本问题

一、歌唱的选材

歌唱的材料主要是歌曲。歌曲是由歌词和曲调两部分组成的。因此，为儿童选择歌曲，应该兼顾歌词和曲调两个方面。

（一）歌词方面

为儿童选择的歌曲，首先，其歌词应当有趣、易记，且能为儿童所理解和熟悉。如：动物、植物、交通工具、自然现象、儿童自己的身体部位、儿童所喜欢或仰慕的成人及活动、夸张或诙谐的无意义音节和象声词等等。

其次，歌词的结构应相对简单，含有一定的重复部分。对于语法简单、词汇较少且句子间长度相等（或相近）的歌词，儿童可以很顺利地将自己感到有趣、喜欢的新词编入曲调中，自由地歌唱，如：《我爱我的小动物》这首歌，每段之间除了小动物的名称和叫声以外，所有的歌词都相同，且句子间的长度相对工整，学前儿童在唱这类歌曲时，不仅没有记忆、理解的负担，而且还能充分地享受自由编歌的乐趣。

再次，应尽量注意歌词的内容宜于用动作表现。儿童往往喜欢在歌唱表现时辅之以相应的身体动作。因此，选择较适宜用动作表现的歌词内容，不仅有利于儿童更好地记忆、理解歌词，而且能充分地发展儿童的动作协调性，加强对歌曲情感的表达。

（二）曲调方面

1. 为学前儿童选择歌曲时应注意歌曲的音域不宜太宽

一般 3-4 岁儿童适合的音域范围在 c^1-a^1；4-5 岁儿童适合的音域范围在 c^1-b^1；5-6 岁儿童适合的音域范围在 c^1-c^2。当然，这是为儿童集体歌唱时选择的适宜音域范围，而每个儿童实际的音域范围则因人而异，差别很大。总体上，可以控制在上述范围之内。在处理歌曲的音域问题时，还应注意不能机械、绝对地划分，而要视具体的歌曲作相对的分析，如：有些歌曲从音域来分析是八度，但旋律主要在最高的音区进行，儿童演唱起来就会比较紧张、费力，感到一定的困难（谱例《看谁懂礼貌》，音域虽是八度，但最高音 c^2 在旋律中频繁出现）；而有些歌曲从音域看可能是八度以上，但仔细分析一下，其主旋律一般在儿童感到最舒适的音区（d^1-b^1）间进行，这类歌曲即使是中班儿童也可以唱（谱例《学做解放军》，音域有九度，但主旋律在 c^1-g^1 之间进行，最高音和最低音处于弱拍，出现次数少，而且都是一带而过）。

谱例：

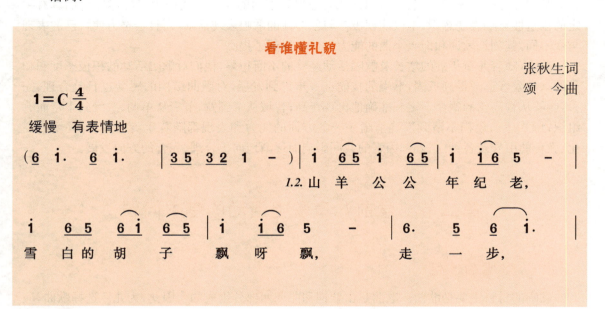

$(6\ \dot{1}\ 6\ 5\ 6\ \dot{1}.)\ |\ 3.\ 5\ 2\ 3.\ |\ (3\ 5\ 3\ 5\ 2\ 3.)\ |$

　　　　　　　　　　摇　　三　摇，

轻快地

$5.\ \quad 3\ 5\ 6\ \dot{1}\ |\ 3\ 5\ 3\ 2\ 1.\ (5\ 6\ |\ \dot{1}\ \dot{1}\ \dot{1}\ 6\ 5\ \dot{1}\ \dot{1}\ \dot{1}\ 6\ 5)\ ||$

拄　　着　拐　棍　想　过　桥。

$(3\ 3\ 5\ 3\ 2\ 1\ 1)\ |\ 3\ 5\ 1\ 3\ 2\ 2\ |\ 3\ 5\ 1\ 3\ 2\ -\ |$

　　　　　　　　　有只 小 黑 兔 呀，　看呀 看 见 了，

　　　　　　　　　有只 小 白 兔 呀，　看呀 看 见 了，

$×\quad ×.\quad ×\quad ×.\ |\ 3\ 5\ 2\ 3\ 5\ -\ |\ \frac{2}{4}\ (×\quad ×.)\ ||$

不　理　不　睬，　向呀 向 前 跑，　哎　呀！

山羊 公公 您 好，　上前 问 声 好。

学做解放军

杨　墨词曲

$1 = F\ \frac{2}{4}$

$3.\ 3\ \quad 3\ 0\ |\ 3.\ 2\ \quad 1\ 0\ |\ 3.\ 2\ \quad 1\ 3\ |\ 5\ \quad -\ |$

敲 起 锣，　打 起 鼓，　吹 起 小 喇 叭，

向 左 转，　向 右 转，　齐 步 向 前 走，

挂 着 刀，　握 着 枪，　背 着 手榴 弹，

$3\ 5\ \quad 3\ |\ 6\ \quad 5\ |\ 2.\ 2\ \quad 2\ 3\ |\ 2\ \quad 0\ |$

排 好 了 队　伍，　学 做 解 放 军。

挺 起 了 胸　膛，　跑 步 向 前 冲。

勇 敢 呀 杀　敌，　争 取 立 大 功。

$1\ 1\ \quad 1\ \underset{.}{5}\ 1\ |\ 3\ \quad -\ |\ 3\ 3\ \quad 3\ 1\ 3\ |\ 5\ \quad -\ |$

哒 哒　哒 哒哒 嘀，　嘀 嘀 嘀 哒嘀 哒，

哒 哒　哒 哒哒 嘀，　嘀 嘀 嘀 哒嘀 哒，

哒 哒　哒 哒哒 嘀，　嘀 嘀 嘀 哒嘀 哒，

$3\ 5\ \quad 3\ |\ 6\ 6\ \quad 5\ |\ 2\ 2\ 2\ \quad 2\ 3\ |\ 1\ \quad -\ ||$

人 民 呀 解 放 军　多 呀么 多 光 荣。

人 民 呀 解 放 军　多 呀么 多 威 风。

人 民 呀 解 放 军　多 呀么 多 英 雄。

31

⒉ 为学前儿童选择歌曲时应注意歌曲的速度不宜太快

一般以中速或中速稍快/稍慢为宜。小班儿童的肺活量小，呼吸浅，气息短，加之语言发展有限，歌唱中呼吸、发声、吐字等方面的技能不够成熟，因此唱速度偏慢和偏快的歌曲会有一定的困难，以中速较为合适。

⒊ 为学前儿童选择歌曲时应注意歌曲的节奏和节拍

一般节奏宜简不宜繁。小班儿童歌曲曲调中的节奏主要有二分音符、四分音符或八分音符，中、大班儿童歌曲曲调中的节奏可以有附点音符、少量的十六分音符或切分音节奏。小班儿童的歌曲节拍一般以二四拍和四四拍为主，偶尔可选一些三四拍和六八拍的歌曲，还可选择一些从弱拍开始，带"弱起"节奏的歌曲。

⒋ 为学前儿童选择歌曲时应注意歌曲的旋律宜相对比较平稳

学前儿童最容易掌握的是下行的三度（或以下）音程，其次是四度、五度和八度音程。对六度和七度音程，即使是中、大班儿童也不容易唱准。因此，根据儿童的年龄段，小班适宜于选三度音程的歌曲，中、大班儿童的歌曲旋律可稍复杂一些，可以增加一些三度以上的跳进。

⒌ 为学前儿童选择歌曲时还应注意歌曲旋律的结构宜短小而工整

一般小班儿童的歌曲以 4 个乐句为宜，第一乐句不宜太长，二四拍的歌曲每句以 4 拍为宜，三四拍的歌曲每句以 6 拍为宜，且乐句间的长度最好相等，结构要相对工整而简单，一般没有间奏或尾奏等附加部分；中大班儿童的歌曲可以有 6 - 8 个乐句，偶尔也可唱稍长乐句的歌曲或不十分工整的乐句，结构上可以有一些简单的二段体或三段体，一般可以有间奏和尾奏等附加部分，但总体上还是以唱结构短小而工整的歌曲为主。

二、 歌唱的简单知识和技能

对于学前儿童而言，教给他们一些有关歌唱的简单知识和技能，即让儿童掌握一些初步的表现手法，学会有感情地唱歌，能使他们更好地感受和理解歌曲所表达的感情。

（一）姿势

正确的歌唱姿势是指无论站着或坐着唱歌，都应保持身体和头部的正、直、放松；两臂自然下垂或放在腿上；两眼平视，两肩放松；口型保持长圆形，嘴唇的动作要求自然，根据正确咬字及发音的需要适当地张开嘴，应避免嘴角向两边延伸成扁圆形。正确的歌唱姿势可以使儿童在歌唱时保持气息通道的最佳状态，有利于用自然的声音唱歌。

（二）呼吸

呼吸是歌唱的动力。歌唱时有气息的支持，才能保持或延长歌声。歌唱中正确的呼吸方法应该是自然地吸气，均匀地用气，并尽量在呼吸时一次吸入足够的气息并保持住，然后在演唱时根据乐句和表情的需要慢慢地、有节制地运气。另外，在呼吸的时候还应注意不抬头，不耸肩，不发出很大的吸气声，也不能在乐句的中间随便换气，而要按照一定的乐句规律来换气。

图 3-2　正确的姿势有利于自然唱歌

（三）发声

正确的发声方法是使歌声优美、动听的最基本要求。要使儿童学会用"自然美好的声音"来歌唱,就必须运用一定的发声技巧。首先要求儿童用自然的声音歌唱——下巴放松,嘴巴自然张开;不大声喊叫,也不过分地克制音量。一些害羞、胆小、自卑的孩子往往在歌唱时非常拘谨、紧张,而一些表现欲强的孩子往往会大声喊叫着唱歌,这都是要加以纠正的。

在引导幼儿用自然、悦耳的声音歌唱的基础上,还应启发他们逐渐学会用不同的声音来演唱不同性质的歌曲,如:对于进行曲风格的歌曲(谱例:《这是小兵》),可以用坚定有力、响亮而神气的声音来演唱;对于抒情曲、摇篮曲风格的歌曲(谱例:《摇篮曲》),应该用连贯、轻柔的声音来演唱;而舞曲风格的歌曲(谱例:《大鞋和小鞋》),则可以用轻松、跳跃而稍带弹性的声音来演唱。

谱例:

这是小兵

王履三编曲
佚 名填曲

摇篮曲

俞梅丽词
王瑜珠曲

大鞋和小鞋

金　潮词
汪　玲曲

（四）咬字吐字

唱歌和说话一样，咬字吐字要清楚，才能表情达意。但是，由于受到歌曲旋律和节奏的影响，对学龄前儿童来说，歌唱时的咬字吐字要比说话和念儿歌困难。有些儿童会因为吐字器官配合不当，对个别字音咬不准、吐不清；有些儿童由于对词意不理解而吐字含糊不清；还有些儿童由于歌曲速度快、个别乐句节奏短促或一字多音而产生吐字咬字方面的困难等等。针对这些情况，要教会儿童正确的吐字咬字方法，这可以从培养吐字器官——唇、齿、舌、喉的互相配合协同动作开始。此外，汉语有声母和韵母之分。一般说来，歌声的延长主要依靠韵母，韵母能使歌声具有流畅的歌唱性并富有色彩变化。因此，唱好韵母对咬字吐字准确有重要的作用。声母的发音部位和发音方法也需要依不同性质的歌曲而区别对待：演唱轻柔和抒情的歌曲时，不必太强调声母；演唱雄壮有力的歌曲时，声母的发音则要相对有力。

（五）音准

音准是唱歌的基本要求。但是，对于学前儿童来说，准确地唱出歌曲中每一个音的音高是比较困难的。掌握音准是幼儿园歌唱教学中一个比较突出的难点。造成儿童唱歌音不准的原因是多方面的。一方面，由于儿童的听觉分化能力比较差，还难以分辨歌曲里音的高低；另一方面，儿童发声器官的协调、控制能力还比较差；再者，学龄前儿童歌唱时的呼吸支持能力、歌唱的注意力以及过分紧张的情绪都可能造成儿童音准失准。因此，要培养和训练儿童的音准，首先必须让儿童获得音调准确的音乐印象,教师的演唱和琴声正是儿童获得听觉印象的主要来源。此外,还要注意发展儿童发声器官的协调能力,从听和唱两方面的互相配合中加强其音准感的培养。

（六）协调一致

协调一致是指在集体的歌唱活动中,儿童能够掌握一些与他人合作的技能。首先表现在歌唱时不使自己的声音突出,能够将自己的歌声和谐地融入集体的歌声之中;其次,在接唱、轮唱、两声部合唱等不同歌唱表演形式中,能够做到准确地与他人、他声部相衔接,保持在音量、音色、节奏等方面的协调,以及声音表情、脸部表情和动作表情方面的和谐一致。

（七）保护嗓音

关于保护嗓音的一些基本知识,也应该让学龄前儿童掌握,包括:不大声喊叫着唱歌;不在剧烈运动时(或剧烈运动后)大声地唱歌;不长时间连续地唱歌;不在空气污浊的环境中唱歌;不在咽喉发炎、嗓子红肿的时候唱歌等等。

三、歌唱的基本形式

不同的歌唱表演形式可以表达出歌曲不同的演唱效果。在学前儿童的歌唱活动中,可以根据参加歌唱者的人数及合作、表演方式的不同,将歌唱的形式分为以下几种。

（一）独唱

独唱是指一个人独立地歌唱或独自表演唱。

（二）齐唱

齐唱是指两个或两个以上的人在一起整齐地唱同一首歌曲。它是幼儿园集体歌唱活动的一种最主要形式。

（三）接唱

接唱是指将一首歌曲分成几个乐句,由幼儿分组轮流一句句接唱。如:

咚咚锵

金　本词
汪　玲曲

$1=F$ $\frac{2}{4}$

3 3　3 1 | 3　　3　| 2 2　2 3 | 6　　6　| 1 1　6 1 |
(甲)我敲 小鼓 咚　　咚,(乙)我 敲 小镲 锵　　锵,(丙)咱们 两个

3 1　2　| 3　　6　| 3　6　| 3 6　3 3 | 6　　0　‖
一 起　敲,(丁)咚　锵。　咚　锵　咚锵 咚咚 锵。

（四）对唱

对唱是指个人与个人、小组与小组之间以问答的方式分别唱歌曲中的问句和答句。如：

小朋友想一想

潘振声词曲

（五）领唱齐唱

领唱齐唱是指由一个人（或几个人）唱歌曲中比较主要的部分，集体唱歌曲中配合的部分。如：

小鸟小鸟你真好

（领唱　齐唱）

刘同仁词
戈宗远曲

（六）轮唱

轮唱是指两个声部按一定间隔先后开始唱同一首歌曲。如：

（七）合唱

合唱是指两个不同声部相配合的集体演唱形式。适宜于学前儿童的合唱形式一般有三种。

1. 同声式

这是指两个声部的旋律、和声相同。可以是一个声部唱歌词，另一个声部用同一旋律唱衬词；也可以是一个声部用哼鸣的方式唱旋律，另一个声部按节奏朗诵歌词。

2. 固定低音式

这是指一个声部唱歌词，另一个声部唱固定音型或延长音等。

3. 填充式

这是指一个声部唱歌词，另一个声部在歌曲的休止或延长音部分唱适当填充式的词曲。如：

柳树姑娘①

罗晓航词
夏晓红曲

① 许卓娅. 学前儿童音乐教育. 北京：人民教育出版社，1996，第171页.

（八）歌表演（或合作歌表演）

歌表演是指边唱边表演动作（或两个人合作边对唱边表演动作）。如：

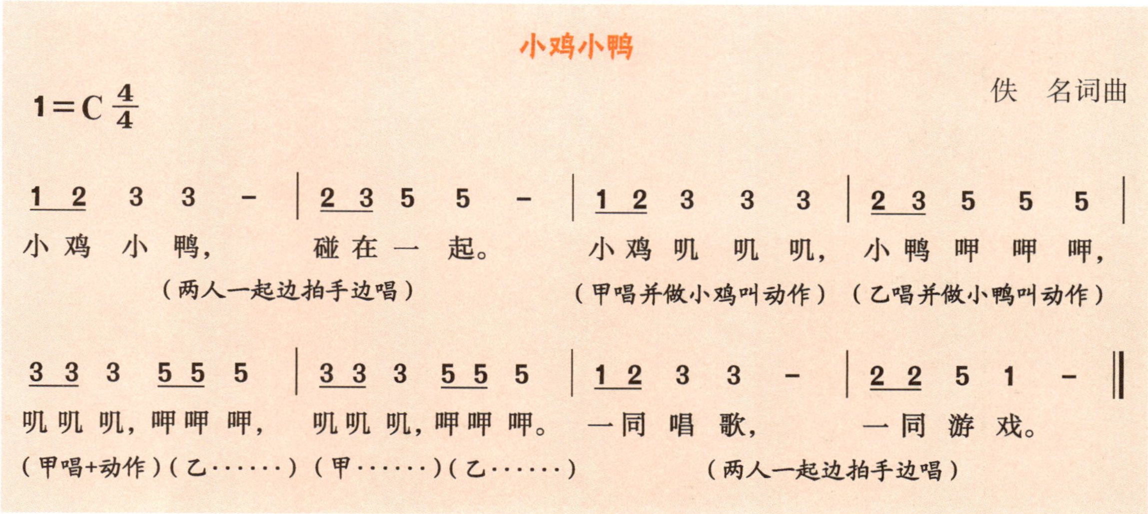
小鸡小鸭
1＝C $\frac{4}{4}$
佚　名词曲
1 2 3 3 － | 2 3 5 5 － | 1 2 3 3 3 | 2 3 5 5 5 |
小鸡 小 鸭， 碰在 一 起。 小鸡 叽 叽 叽， 小鸭 呷 呷 呷，
（两人一起边拍手边唱）
（甲唱并做小鸡叫动作）（乙唱并做小鸭叫动作）
3 3 3 5 5 5 | 3 3 3 5 5 5 | 1 2 3 3 － | 2 2 5 1 － ‖
叽叽 叽，呷呷 呷， 叽叽 叽，呷呷 呷。 一同 唱 歌， 一同 游 戏。
（甲唱+动作）（乙……）（甲……）（乙……）
（两人一起边拍手边唱）

第三节　学前儿童歌唱活动设计与指导

一、歌唱活动中音乐感的培养

歌唱活动中的音乐感主要是指对音乐基本要素的感知和再现能力，主要包括节奏感、旋律感、结构感、音色感、速度感和力度感。

（一）节奏感的培养

节奏感是指对歌曲材料中的节奏和节拍的感知和表现。利用歌曲材料对学前儿童进行节奏感的培养，可以通过以下几种形式。

1. 运用身体动作

身体动作的参与是帮助儿童感知、表现节奏的最直接手段。伴随着歌唱活动而进行的身体动作节奏，按儿童的年龄和动作难易程度的发展以递增顺序排列如下：

（1）自由节奏

即让儿童自由地用自己感到舒服的节奏随着歌曲做简单的身体动作（如：拍手、点头等）。教师可以对那些动作与歌曲节奏完全不协调的儿童作一些暗示，如：握一下他们运动着的手，以引导儿童正确地感受节奏。

（2）均匀节奏

让儿童按一拍一下或两拍一下的要求，用简单的身体动作（如：拍手等）来均匀地表现歌曲的节奏。如：

```
‖ 1 2  3 4  5    5  | 6  i  5  -  | ……
   天上 多少 星    星    亮  晶  晶
   X    X    X    X  | X  X  X  X | ……

或: X    -    X    -  | X  -  X  - | ……
```

(3) 旋律节奏

让儿童根据歌曲本身的旋律节奏,用简单的身体动作(如:拍手等)来表现。如:

```
‖ 5 5  3 6  5 5  3  | 1 3  5 3  2 2  1 | ……
   树上 许多 红苹 果,   一个 一个 摘下 来
   X X  X X  X X  X  | X X  X X  X X  X | ……
```

(注意:一般适合于节奏较简单的歌曲)

(4) 伴奏节奏

让儿童用一种有规律的固定节奏型,以简单的身体动作(如:拍手等)为歌曲节奏作伴奏。如:

```
‖ 5 3  4 2 | 3    -    | 5 3  4 2 | 3    -    | ……
   大雨 哗啦 啦,         小雨 淅沥 沥
   X    X  | X X  X    | X    X  | X X  X    | ……
```

(5) 双层节奏

让全体儿童以两个声部同时进行的简单身体节奏动作为歌曲伴奏。如:

```
‖ 1 1  1 2  3 2  1  | 2 2  2 3  4  -  | ……
   小小 黄色 迎春 花,   开在 大路 旁

第一声部  X   X   X   X  | X   X   X   X  | ……

第二声部  O  X X  O  X X | O  X X  O  X X | ……
```

（6）节奏动作表演

引导儿童用身体动作的组合来表现歌曲本身的节奏,同时带有表演性地反映出歌词的内容。如:

```
5  5    5   | 5  5   5   | 3  5  6 5 3 | 2  3    5   |
啦  啦   啦    啦  啦  啦,   我 是 卖 报 的  小  行   家,

×  ×    ×   | ×  ×   ×   | ×  × ×  ×  | ×  ×    ×   |
（两手放在腰间两侧做跑步状,        拍  手       拍  手 ）
```

```
5  3  5  3 2 | 1  3    2   | 3  3    2  | 6  1    2  | ……
不 等 天 明 去 等 派   报,   一 边  走,   一 边   叫,

×  ×  ×  × × | ×  ×    ×  | ×  ×    ×  | ×  ×    ×  | ……
（踩  脚      踩  脚      两手放在嘴边做呼喊状 ）
```

2. 运用视觉材料

以视觉辅助材料(如:图片等)来帮助儿童感受和表现歌曲的节奏也是十分有效的方法之一。

（1）看图形做动作

教师展示图形卡片,让儿童根据图形卡片显示的节奏给熟悉的歌曲配上简单的节奏动作。如:

引导儿童拍出节奏××××,熟练以后,以此节奏动作为歌曲配伴奏。亦可启发儿童自由地摆放和组合图形卡片,以得到不同的节奏型,如:

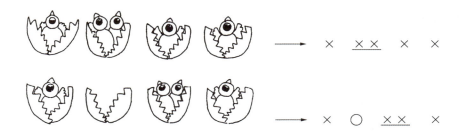

（2）听歌曲画节奏

教师和儿童一起边唱歌曲，边用画线段的形式将歌曲的节奏画在黑板上。开始时可以由教师来画，最后鼓励儿童边唱边画，还可以启发儿童自由选择熟悉的歌曲，画出节奏。如：

1 1 5 5	6 6 5 —	4 4 3 3	2 2 1 —	……
天 上 星 星	亮 晶 晶，	好 像 许 多	小 眼 睛	
— — — —	— —	— — — —	— — — —	……

（3）看节奏猜歌曲

教师画出儿童所熟悉歌曲的节奏，启发儿童猜一猜是哪首歌曲。在运用这一形式的时候，选择的歌曲节奏应比较鲜明且富有特色，且为儿童所反复练唱和熟悉的。

3.运用嗓音

在歌唱活动中运用嗓音对儿童进行节奏感的培养，是目前比较普遍且有效的一种教育形式。

（1）音节歌唱游戏

在歌唱活动中，利用各种单音节、双音节或多音节、象声词等填入歌曲中，替换原来的歌词，让儿童边唱边做简单的动作、游戏来培养和训练节奏感。如：

5. 6 5 4	3 4 5 —	2 3 4 —	3 4 5 —	……
头 发 肩 膀	膝 盖 脚，	膝 盖 脚，	膝 盖 脚，	

单音节	啦…………………………………………………………
	嘀…………………………………………………………
双音节	嘀哒…………………………………………………………
多音节	喵呜喵呜…………………………………………………………

（2）语言节奏朗诵

用有趣、易记的字、词、句、短语或简单的儿歌，配上歌曲的节奏进行朗诵来培养儿童的节奏感。它是学前儿童比较喜欢的一种节奏练习活动。如：

三轮车

童谣歌曲

陈惠龄编配

1=C 2/4

```
1  1    2. 3 | 5  5    3 | 5  5    6. 7 | i  i    5 |
三 轮    车       跑 得   快，  上 面   坐 个   老 太    太，

i  i    6. 5 | 3  6  5 3 2 | 1 2 3  5 6 5 | 3 2    1 ‖
要 五    毛       给 一   块，    你 说 奇 怪 不 奇    怪？
```

还可以加上其他象声词(如：叽嘎叽嘎)的节奏来配歌曲。

4. 运用特别选择的歌曲材料

为培养、训练学前儿童的节奏感，可以有针对性地选择一些歌曲材料，以帮助他们感受某种特定的节奏。如：歌曲《小猫走小猫跑》，可以帮助儿童感受节奏的疏和密；歌曲《跑跳步与踏步》可以帮助儿童感受附点节奏的跳跃和二分音符节奏的平稳。

谱例：

小猫走小猫跑

汪爱丽曲

1=C 4/4

```
5  3  5  3 | 5  5  3  - | 5. 6  5  3 | 2  3  1  - |
喵 喵 喵 喵  喵 喵 喵     我 的 小 猫  慢 慢 走。

5 3 5 3 5 5  3 | 5. 6  5  3 | 5 3 2 3  1  - ‖
喵喵喵喵喵喵 喵  我 的 小 猫  快 呀 快 快 跑。
```

跑跳步与踏步

汪爱丽曲

1=C 4/4

```
3. 3  5. 5 | 3. 3  5. 5 | 4. 4  6. 6 | 6  - |
跑 跳  步       跑 跳  步       踏 步
```

$\underline{2\cdot\ 2}$ $\underline{4\cdot\ 4}$ $\underline{2\cdot\ 2}$ $\underline{4\cdot\ 4}$ | $\underline{3\cdot\ 3}$ $\underline{5\cdot\ 5}$ $\dot{5}$ － | $\underline{1\cdot\ 1}$ $\underline{3\cdot\ 3}$ $\underline{1\cdot\ 1}$ $\underline{3\cdot\ 3}$ |

跑 跳 步　　　　　　　　　踏　步　跑 跳 步

$\underline{2\cdot\ 2}$ $\underline{4\cdot\ 4}$ $\dot{6}$ $\underline{3\ 2}$ | 1　1　7　7 | 1　－　－　0 ‖

踏　步

5. 改编熟悉的歌曲材料

通过改编学前儿童已熟悉的某些歌曲的节奏或节拍,与原来的歌曲作品进行对比,以加强儿童节奏感的培养。如:

苹果

选自香港教材

$1=C$ $\dfrac{4}{4}$

5　5　3　6 | 5　5　3　－ | 1　3　5　3 | 2　2　1　－ |

树　上　许　多　红　苹　果,　　　一　个　一　个　摘　下　来。

5　5　3　6 | 5　5　3　－ | 1　3　5　3 | 2　2　1　－ ‖

我　们　喜　欢　吃　苹　果,　　　多　吃　苹　果　身　体　好。

可以改编原歌曲的节拍,将四四拍改成三四拍,如下:

$1=C$ $\dfrac{3}{4}$

5　－　5 | 3　－　6 | 5　－　5 | 3　－　－ |

1　－　3 | 5　－　3 | 2　－　2 | 1　－　－ |

5　－　5 | 3　－　6 | 5　－　5 | 3　－　－ |

1　－　3 | 5　－　3 | 2　－　2 | 1　－　－ ‖

也可以改编原歌曲的节奏,如:

$1 = C \dfrac{4}{4}$

$\underline{5 \cdot \ 5}$　　$\underline{3 \cdot \ 6}$　　$\underline{5 \cdot \ 5}$　　3　　|　$\underline{1 \cdot \ 3}$　　$\underline{5 \cdot \ 3}$　　$\underline{2 \cdot \ 2}$　　1　　|

$\underline{5 \cdot \ 5}$　　$\underline{3 \cdot \ 6}$　　$\underline{5 \cdot \ 5}$　　3　　|　$\underline{1 \cdot \ 3}$　　$\underline{5 \cdot \ 3}$　　$\underline{2 \cdot \ 2}$　　1　　‖

（二）旋律感的培养

为了尽早地帮助儿童形成有关声音高低的正确概念，以促进儿童音乐感受力和表现力的发展，我们有必要在学前儿童的歌唱活动中有意识地加强旋律感的早期培养。

1. 运用听觉、视觉和动觉的协同配合

在歌唱活动中，为了帮助儿童掌握歌曲的旋律，唱准音高位置，教师可以在教儿童唱歌的同时利用一定的直观教具——图片，并配上手指的动作，以引导儿童把视觉、动觉上的高低与听觉上的高低一致起来，从而形成正确的旋律感。如：歌曲《闪烁的小星》，教师边指图边唱旋律，儿童边看图片边听旋律并且用手指指点星星的动作，以加强旋律感。

闪烁的小星

法国童谣

$1 = C \dfrac{4}{4}$

1	1	5	5	6	6	5	–	4	4	3	3	2	2	1	–
一	闪	一	闪	亮	晶	晶，		满	天	都	是	小	星	星。	

5	5	4	4	3	3	2	–	5	5	4	4	3	3	2	–
挂	在	天	空	放	光	明，		好	像	许	多	小	眼	睛。	

1	1	5	5	6	6	5	–	4	4	3	3	2	2	1	– ‖
一	闪	一	闪	亮	晶	晶，		满	天	都	是	小	星	星。	

视觉图

图 3-3　闪烁的小星

2. 运用嗓音

(1) 移调歌唱

教师可以有选择地对某些歌曲作移调歌唱练习,如:《学做解放军》原调是 F 调,可以试着移至 D 调来唱。同时,在移调过程中教师经常重复使用正确的描述乐音高低的术语,也有助于儿童形成正确的声音高低概念。

(2) 唱旋律唱名

在歌唱活动中经常把唱旋律唱名作为一种有趣的音乐游戏,不仅能在反复的练习中刺激儿童的听觉,以形成正确的音高概念,而且能促使儿童自觉地将唱名与所听到的歌曲旋律匹配起来,为儿童日后的记读乐谱打下基础。

(3) 默唱

默唱是培养和训练儿童旋律感的一种十分有效的手段和形式。所谓默唱,即不发出声音地唱。在歌曲演唱的过程中,采用部分字、词默唱的形式,不仅能够保持儿童重复练唱的兴趣,而且有助于培养儿童的听觉表象能力,以形成正确的旋律感,同时也发展了儿童的自我控制能力。默唱游戏设计的形式可有多种:可以是有规律的一小节(或一句)唱,一小节(或一句)默唱;可以是由儿童自由选定任意部分的默唱;也可以是按字的递增(或递减)方式进行默唱。如:

(注:括号中的部分为默唱)

(三) 结构感的培养

所谓结构感的培养,是指在歌曲演唱的同时,帮助学前儿童理解乐句、乐段的起、止、过程、重复和变化,以及歌曲的主要部分和附加部分,以初步形成曲式结构的概念。

1. 运用身体动作

在歌唱活动中,为了更好地帮助儿童感知、理解乐句的开始和结束,可以适当采用身体动作参与的方法,一个乐句完成一个动作。如:感知歌曲《闪烁的小星》的乐句结构时,可以让儿童自由地在每个乐句开始的第一拍做星星闪烁的动作,在每个乐句的最后一拍做动作停格,借由身体动作来感知四个乐句的结构。

2. 运用嗓音

运用嗓音表现歌曲中的乐句结构,也是一种很有效的形式。采用对唱或接唱的方法,通过分句演唱来培养乐句感,既可以是教师与全体儿童的轮流或对答,可以是儿童与儿童之间的轮流或对答,也可以采用默唱的方法,有规律地分句默唱,还可以采用节奏插句的方法,即在一个乐句与另一个乐句之间插上有趣的节奏语言,以体会不同的乐句。如:

5 3	4 2	3	–	(X X X	X X X)	
大 雨	哗 啦	啦,		哗 啦 啦	哗 啦 啦,	
5 3	4 2	3	–	(X X X	X X X)	……
小 雨	淅 沥	沥,		淅 沥 沥	淅 沥 沥	

(四) 音色感的培养

1. 运用视觉

在歌唱活动中,利用视觉表象与听觉表象的相互类比,可以帮助儿童体会用恰当的音色来表现特定的歌曲材料。如:画一只大狗熊,儿童会运用类比思维,想象歌曲的音色可能是粗粗的、厚厚的、重重的;画上一只小蝴蝶,则会想象成比较轻快、细柔的声音等等。

2. 运用嗓音

用嗓音加强音色的表现是比较直接有效的一种方法。如:歌曲《我爱我的小动物》,在演唱不同小动物的叫声时,应该用不同的音色处理,小狗的叫声是有力的,小猫的叫声是柔和的,小牛的叫声是沉闷的,小鸡的叫声是细细的,小猪的叫声则是粗粗的等等。通过嗓音的模仿来表现各种常见的不同音色,更有利于对歌曲情感的表达。

(五) 速度感和力度感的培养

速度和力度是歌曲表现的重要因素之一。培养学前儿童的速度感和力度感,可以结合歌曲作品的内容、形象和情感等特征来进行。

1. 运用视觉

教师可以向儿童展示较直观的视觉图,使儿童将图与歌曲材料相匹配,从而选择恰当的速度和力度来表现歌曲。如:在处理歌曲《学做解放军》和《摇篮曲》时,教师可以展示两幅图,询问儿童:哪根线画的是快快地唱? 哪根线画的是慢慢地唱? 哪首歌曲要快快地唱? 哪首歌曲要慢慢地唱? 大锤子重重的,很有力,哪首歌要唱得有力? 小鸟轻轻的、柔柔的,哪首歌可以唱得轻柔一点?

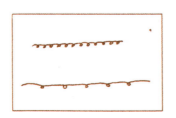

图 3-4　线条与歌曲材料的匹配　　图 3-5　动物与歌曲材料的匹配

2. 选择特定的歌曲材料

教师可以有针对性地专门选择一些在力度、速度上有明显对比的歌曲作品，通过前后的比较，帮助儿童进一步感知和理解。如：歌曲《小燕子》，第一、三段可唱得稍慢、轻柔些，第二段表现小燕子辛勤劳动，可唱得稍快、跳跃些。

小燕子

佚 名词
汪 玲曲

再如，可为同样的曲调配上不同的歌词，作对比使用。以下谱例取材于欧洲童谣的曲调：

如果为上面的曲子填上《两只老虎》的歌词，则可以用轻快的歌声来演唱；而如果填上《打倒列强》的歌词,则必须用坚定有力的歌声来演唱。

二、歌唱活动中创造能力的培养

在歌唱活动中,教师要有意识地在引导儿童歌唱的同时为他们提供有利于创造性培养的活动和机会,以发展儿童的创造性。其活动形式一般有以下几种。

(一)创编动作

为歌曲创编动作,是创造性歌唱活动中最常见的一种形式。对于结构简单、工整,歌词内容富有动作性的歌曲,可以引导儿童展开一定的想象,为歌曲创编生动、形象而有趣的表演性动作。如:歌曲《小花狗》歌词浅显、生动,对动作有很强的暗示性,小班或中班幼儿可根据歌词内容编出简单的表演动作——两手放在头上做小狗耳朵,依歌曲节奏招手;蹲在小椅子边拍手;两手放在嘴边,做啃肉骨头的动作等等。

小花狗

育　苗词曲

```
1=C 2/4

3  3    2  3  | 1     X X  | 3  2    3  6  | 5     X X  |
一 只   小 花   狗    (汪 汪)  蹲 在   大 门   口    (汪 汪)

6  6    5  3  | 2     X X  | 5 5    2 3  | 1     X X  | (X    X.) ‖
两 眼   黑 油   油    (汪 汪)  想 吃   肉 骨  头    (汪 汪)  汪    汪。
```

还有一类歌曲,歌词中既有具体的动作描写,又有较抽象的情感体验内容,如:歌曲《泥娃娃》。这类歌曲对动作创编的要求比较高,一般中、大班的幼儿可以在教师的帮助下完成创编。

泥娃娃

选自台湾教材

```
1=♭E 2/4

3  6    6  | 3  7    7  | 6. 6    6 5  | 3     —  |
泥 娃   娃,   泥 娃   娃,   一  个   泥 娃   娃。

3 6 5   3 2  | 1 3 2   1 7  | 6. 6    5 4  | 3     —  |
也 有 那 眉 毛, 也 有 那 眼 睛, 眼  睛   不 会   眨。

3  6    6  | 3  7    7  | 6. 6    6 5  | 3     —  |
泥 娃   娃,   泥 娃   娃,   一  个   泥 娃   娃。
```

```
3 6 5   3 2 | 1 3 2   1 7 | 3. 3   1 7 | 6   -
也有那 鼻子， 也有那 嘴巴， 嘴巴 不说 话。
```

```
6. 1   1 | 1 7 6   7 | 6. 2   2 | 4 3 2   3
她是 个 假娃 娃， 不是 个 真娃 娃。
```

```
0 1   1 2 | 3 6 5   3 2 | 1 3 2   1 6 | 7   -
她没有 亲爱的 爸爸， 也没有 妈 妈。
```

```
3. 6   6 | 3. 7   7 | 6. 6   6 5 | 3   -
泥娃 娃， 泥娃 娃， 一 个 泥娃 娃。
```

```
3 6 5   3 2 | 1 3 2   1 7 | 3. 3   1 7 | 6   -
我做她 爸爸， 我做她 妈妈， 永 远 爱着 她。
```

这首歌曲中,教师可重点启发儿童怎样用动作来表现"我做她爸爸,我做她妈妈,永远爱着她"以及"她是个假娃娃,不是个真娃娃"等。

除了为歌曲创编配合歌词的表演性动作以外,还可以进行另一种形式的创编,即为歌曲创编表演性的节奏动作。如:

杀鸡宰鸭

印度尼西亚童谣

$1 = \flat E（或F）$ $\frac{4}{4}$

```
5 5   1 1 1   1 | 7 1   2 7   1   1 | 5 5   1 2 3   3
我们 杀鸡宰 鸭 煮在 锅 里 呀， 朋友 们快来 呀，
```

```
2 3   4 2 3   3 | 4   6 4   2   4 4 | 3   5 3   1   3
快来 唱呀跳 呀。 跳 到那 东 来又 跳 到那 西 呀,
```

```
2 3   4 2   7 5   6 7 | 1   3   5   0 | 4   6 4   2   4 4
啦啦 啦啦 啦啦 啦啦 啦 啦 啦。 跳 到那 东 来又
```

```
3   5 3   1   3 | 2 3   4 2   7 5   6 7 | 1   3   1   0
跳 到那 西 呀， 啦啦 啦啦 啦啦 啦啦 啦 啦 啦。
```

无论进行哪种形式的动作创编,教师都应注意启发儿童的生活经验,引导儿童多观察周围生活,积累一定的动作语汇。在创编过程中,教师还可以将歌曲适当分段、分句或放慢歌唱速度,等儿童熟练掌握动作以后再把歌曲完整而连贯地表现出来,或恢复到原有的歌曲速度。

(二)创编歌词

在儿童自发性的歌唱活动中,我们有时会发现儿童常常喜欢重复地演唱某些歌曲中他们认为特别有趣的部分,或将某些滑稽而有趣的词填到歌曲中取代原有的歌词。其实,这正是儿童创编歌词活动的来源。在这种自发性的"创造"活动中,儿童会不厌其烦地重复自己的"创作",长久地沉浸在"自我创作"的歌曲中,表现出极大的快乐和满足。由此,在学前儿童的歌唱活动中,利用"创编歌词"的活动来培养儿童的创造性,已成为一种较普遍的活动形式。在歌词的创编活动中,儿童歌唱的积极性和主动性大大增强,能充分地体验和享受到自我表达的乐趣;同时,它对儿童的音乐认识能力以及创造意识和能力的培养也大有益处。

学前儿童的歌词创编基本上是一种替换词的形式。歌曲多为简单而多重复的,歌词一般为儿童所熟悉和理解,且较易记忆和替换。但是,不同年龄段儿童的歌词创编活动存在一定的差异:一般为小班儿童所选的歌曲应富于较强的形象性,每段歌词中往往只包含一种形象,而且词句中有较多有规律的重复,较便于儿童记忆。创编时,只要求儿童改编个别歌词,用新词替换原歌曲中的相应歌词,如:

（注:划 ～～ 部分为可替换和创编的歌词,下同)

5 4	3	4 3	2	4 4	4 2	3	—
是 我		是 我		我 是	小 雪	花。	
是 我		是 我		我 是	春 雨	呀。	

1	1 2	3 3	3 4	5	6 5	3
我	从	天 空	中	飘	下	来,
我	从	天 空	中	飘	下	来,

5 4	3	4 3	2	3 3	2 2	1	—
告 诉	你,	告 诉	他,	冬 天	来 到	了!	
告 诉	你,	告 诉	他,	春 天	来 到	了!	

在为中、大班儿童选择歌曲时,可以适当增加歌曲中需替换和改编的部分,同时歌词的表现可以由具体的形象向较抽象的情感表现过渡。如:歌曲《雪花和春雨》,可以从启发儿童爱春、夏、秋、冬的情感入手,在丰富儿童相应的生活经验、语言经验的基础上进行创编活动。

在歌词创编活动中,教师还应注意以下几点:第一,为创编活动作好知识和语言上的充分准备。第二,在歌词的创编中自然地引起表情因素,如:歌曲《再见吧,冬天》,可以引导大班儿童用各种不同的感情和音色表情来创编歌词,用讨厌的语气和表情来唱冬天里不受欢迎的事情,用依依不舍的语气和表情唱冬天里令人留恋的事情,用兴奋快乐的语气和表情唱冬天里令人高兴的事情,等等。第三,注意控制创编活动的时间长度及集体练习的密度,创编活动的时间不宜过长,以考虑儿童的兴趣和参与活动的积极性为主,不能使儿童感到厌烦和疲劳。第四,无论是单段体还是多段体的歌曲,用于歌词创编的一般只学一段歌词,其余部分则引导儿童进行歌词创编。

思考题

1. 结合实际,谈谈学前儿童歌唱能力发展的一般特点。
2. 歌唱的基本知识和技能包括哪些方面?
3. 在学前儿童的歌唱活动中,如何进行节奏感的培养?
4. 歌唱教育中培养创造性的活动形式有哪些?
5. 歌唱活动中如何加强学前儿童旋律感的培养?

第四章
学前儿童音乐教育的基本内容——韵律活动

第一节　学前儿童韵律活动能力的发展阶段与特点

所谓韵律活动,是指在音乐的伴奏下以协调性的身体动作来表现音乐的活动。德国著名音乐教育家奥尔夫说过,音乐教育应开始于动作。确实,在学前儿童的音乐活动中,身体动作和音乐往往是密不可分的,动作是儿童表达和再现音乐的一种最直接而自然的手段。韵律活动既能满足儿童对音乐的参与、探究的需要,获得表现和交流的快乐体验,又能促进儿童身体运动能力和协调性的发展以及音乐感受力、表现力和创造力的培养。学前儿童韵律活动能力的发展有一个渐进的过程,体现出一定的年龄阶段特点。

一、0-3岁儿童韵律活动能力的发展

婴儿期动作的发展是一个从整体到具体、从粗糙到精细的过程。孩子从出生到6个月的阶段,不仅能够对声音作出反应,而且还会用动作寻找声源。当我们在婴儿的摇篮边摇响拨浪鼓,或有微风吹动窗前的风铃发出"嘀铃铃"声时,可以看到婴儿高兴地扭动身体、手舞足蹈,甚至用他们的手或脚去碰击能发出动听声音的玩具,但这些动作只是婴儿的一种本能反应,是全身性的,比较笼统、粗糙。2岁左右的儿童能自如地行走、爬、滑、滚、拍、推、拉等,在此基础上还能做一些较细小的动作,如:敲小鼓、用嘴吹等。到3岁左右,大多数儿童基本掌握了拍手、点头、摇头、晃动手臂、用手拍击身体部位等非移位动作,并能伴随着节奏鲜明的音乐自发地点头、跳跃、转圈、摇摆等。

虽然6个月左右的孩子能对音乐作出主动的反应,晃动身体或是转头,但这些身体运动还不是由节奏性的音乐引起的,只是对纯音响作出的反应。到1岁半左右,婴儿才会对比较鲜明的节奏作出相应的动作反应。这种对刺激反应的明显进步,表现在不同类型的身体动作显著增加,试图使自己的动作与音乐节奏相协调,有与成人一起舞蹈的意向等等。3岁左右的儿童,其随乐动作能力有了较大的发展,他们一般能较好地跟随音乐控制自己的动作,节奏能力也逐步发展起来,表现为对能发出好听声音的玩具乐器产生一定的兴趣,会有意识地去敲击、演奏。虽然这些动作多是偶然的、零碎的,但它为以后的乐器学习和节奏能力的发展打下了良好的基础。

二、3-4岁儿童韵律活动能力的发展

3岁以后,儿童的动作逐步进入了初步分化的阶段。大多数儿童都能自如地运用手、臂、

躯干做各种单纯动作,如:拍手、摆臂、跺脚等,因而对幅度较大的上肢动作易于掌握,对下肢肌肉力量及弹性要求不是太高的单纯移动动作(如:小跑步、小碎步等)较易掌握,但对跳跃动作及上、下肢联合的复合动作掌握起来还有一定的困难。

随着儿童动作发展中分化的逐步精细,其动作的协调程度以及对动作的速度、幅度等表现能力会逐步发展起来,并显出一定的可塑性。美国的吉尔伯特曾在1981年作过一项研究,发现儿童最基本的动作形式出现在5岁之前,5岁以后一般仅仅是技能的稳定。因此,帮助儿童开发必需的动作表现技能和能力,是学前儿童音乐实践活动的一个重要部分。

图4-1　随音乐踏脚、拍手

3-4岁儿童与婴儿相比,利用动作来表现音乐的体验更丰富了,他们基本学会了流畅地、准确地随音乐做动作。3岁初期,儿童听到喜爱或熟悉的音乐时,往往会自发地跟着音乐踏脚、拍手,但这种身体动作并不能做到完全合拍。因此,成人只能相应地选择适宜的音乐速度,以适应儿童的动作。随着儿童音乐活动机会的增多,特别是经过幼儿园良好的教育,儿童会逐步发展到根据音乐的特点,努力使自己的动作与音乐节奏相一致,使动作的速率逐步变得均匀,但这种均匀性往往又表现出不稳定的特点,很难在长时间里保持。

3-4岁儿童在韵律活动中的动作表现往往是以自我为中心的,他们还不善于运用动作与同伴配合、交流、共享。但他们在动作的创造性表现方面有了初步的意识和发展。他们能根据音乐性质的变化,用相应的动作来表达自己的感觉,如:音乐速度快,则动作加快;音乐连贯、平衡,则动作缓慢、平稳。同时,他们还能用自己想出来的动作来模仿、表现日常生活中的具体事物,如:动物、植物、交通工具等,用动作来表现自己的情感体验。

三、4-5岁儿童韵律活动能力的发展

4-5岁儿童动作发展有了明显的进步,身体大动作及手臂动作得到了很好的发展,且走、跑、跳的下肢动作也逐步得到提高,能够比较自由地做一些连续的移动动作(如:跳步、垫步等),而且平衡能力及动作的控制能力有所加强,对于上下肢联合的复合动作也逐步发展起来了。

在发展复合动作的同时,4-5岁儿童动作的协调性也有了进一步的提高。这不仅表现在能够合拍地跟着音乐节奏(二四拍或四四拍)做动作,而且与音乐相协调的动作显得更为自如,不再似以前显得紧张、僵硬,其节奏的均匀性、稳定性也更加明显。同时,儿童还能够在同一首音乐的转换处以不同的动作节奏加以表现。

在动作表达的过程中,这一年龄阶段的儿童开始注意运用动作与同伴进行合作、交流。例如,在集体的韵律活动中,他们会自己寻找一块比较空的位置,不与别人碰撞而共享空间;会主动邀请同伴共舞;还会与同伴合作表演(如:两个孩子一起表现袋鼠妈妈和小袋鼠相亲相爱的动作等)。在创造性表现方面,随着儿童认知能力的发展、情感的逐步丰富和深化,以及动作语汇和动作表达经验的不断积累,他们开始尝试用一些基本的舞蹈语汇来进行简单的创编。虽然这种创编需要教师较大程度的提示和整理,但是,儿童主动创编的意识和积极调动并运用已有经验的能力明显地得到了肯定和发展。

四、5~6岁儿童韵律活动能力的发展

5~6岁儿童的动作进一步分化且更精细，从身体、躯干动作到手臂、手腕、手指动作皆如此，且动作的自控能力更强。他们可以自如地变化上、下肢动作的速度及幅度，并且能够做更复杂的上、下肢配合的联合动作，如：采茶的动作，需要手臂、手指、头部、眼睛、腰部及脚的动作同时协调配合；可以掌握更为复杂的连续移动动作，如：秧歌十字步、踮趾小跑步、跑马步等；可以做有腾空的简单动作，保持重心及平衡的能力有进一步的提高。

5~6岁儿童在韵律活动中的随乐性水平有了更明显的提高。这表现在不仅能够自如地、熟练地表现音乐的节奏、节拍，而且能对比较复杂的节奏做出反应，如：附点节奏及切分节奏、三拍子的节奏等。另外，用较灵敏的动作反映音乐的速度和力度变化的能力也有所提高。

5~6岁儿童在韵律活动中的合作协调意识越来越明确，合作协调的技能也越来越强，并开始主动寻求与同伴一起参与韵律活动的快乐。他们能够用动作、表情和眼神学会与同伴交流、合作，同时更多地发挥出自身用动作语汇创造性表现音乐的积极性。对于同样的音乐、同样的主题内容，他们会努力用已有的表达经验创造尽可能与别人不同的动作。

总之，学前儿童韵律活动能力的发展受生理器官和心理过程相互作用的影响，并且对于每一个发展个体而言，体现出较大的层次类别和表现差异。由此提示我们：针对不同年龄层次、不同发展水平、不同个性差异的儿童进行循序渐进的引导和教育，可以更好地帮助他们逐步积累艺术动作语汇，使他们体会并享受用基本动作语汇进行自我表达的乐趣。

第二节　学前儿童韵律活动的基本问题

一、韵律活动的选材

韵律活动的材料主要是指音乐、动作、游戏及其他有关的道具材料。

（一）音乐的选择

1. 旋律优美，富有节奏特点

旋律优美、动听是吸引学前儿童加入韵律活动的因素之一。美妙的音乐能自然地激发儿童参与和表现的欲望，引发他们积极地用模仿动作、舞蹈动作和游戏动作来表现音乐的旋律和情绪情感。此外，选择不同节奏、性质和风格的音乐，能大大地丰富儿童对音乐节奏的感受和体验，帮助儿童理解音乐和动作之间的关系，以根据音乐的不同节奏来变换动作，提高对动作的反应能力。

2. 结构工整、音乐形象鲜明，便于用动作表现

由于儿童的知识经验、生活经验和音乐经验有限，为学前儿童选择韵律活动的音乐时应注意音乐形象的生动、鲜明和有趣，应有助于儿童用动作、游戏加以表现。如：模仿鸟飞的动作——音乐流畅而优美；兔子跳的动作——音乐活泼而轻快；大象走路的动作——音乐沉重而缓慢。

此外，音乐结构的相对工整能够使模仿动作、舞蹈动作、游戏情节或玩法的不同发展过程与音乐的曲式结构相适应。如：表演游戏的音乐，如果各段之间对比突出，形象鲜明，则便于儿童区分、辨别，并用不同动作加以表现。

（二）动作及游戏的选择

1. 体现兴趣性

韵律活动中动作或音乐游戏的选择应考虑到儿童的兴趣。3～4岁儿童最感兴趣的是模仿动作,他们关心的不是动作本身,而是动作所表现的熟悉事物。适当的夸张更能激起儿童模仿的兴趣,如:小兔跳、大象甩鼻子、开火车、开炮等。在音乐游戏中,儿童对竞赛、追逐一类的游戏动作较感兴趣。在选择这类游戏时,教师应考虑到动静交替,不能让儿童做过分激烈的动作,以免长时间地处于紧张状态之中。

2. 考虑儿童的动作发展水平

儿童的动作能力发展是有限的。一般说来,学前儿童的动作发展顺序有以下三条规律:一是从大的整体动作到小的精细动作,二是从不移动动作到移动动作,三是从单纯动作到复合动作。因此,在韵律活动动作的选择和安排中,应体现循序渐进,尽量从单纯的、不移动的、大肌肉的分解动作入手,逐渐转入移动的复合动作及小肌肉精细动作的学习。对于小班儿童,韵律动作宜以不移动的、单纯的、上肢或下肢动作开始,逐步转入上下肢联合的移动动作;音乐游戏的动作宜选择简单、变化少且多重复的。对于中、大班儿童,可以较多地选择移动动作、复合动作,音乐游戏中的动作也可以相应地复杂一些。

此外,对动作的速度和力度的要求也要逐步提高。对小班儿童选择的动作可以是中等速度的,而且以速度恰当的音乐与之相配。中、大班儿童控制动作的能力有所增强,则可以在韵律动作和音乐游戏中培养他们用动作反映不同乐段在速度和力度上的变化。

3. 符合儿童的年龄特点

在选择动作或游戏规则的过程中,还应考虑儿童音乐能力及非音乐能力的实际发展水平,要根据儿童的年龄特点加以区别对待。如:音乐游戏《抢位子》,对于中、大班儿童来说,游戏的规则是随着音乐自由做动作,一旦音乐声止,立即抢占一个位子,若动作反应慢,即淘汰出局;而对于小班儿童来说,其竞赛意识和动作的反应能力尚不够敏捷,教师可以有选择地改变游戏规则,比如不减少位子,使每个儿童在音乐声停止时都能找到位子,让他们充分体验游戏的快乐。同样,在选择和设计韵律动作时,要考虑儿童实际能力和年龄的差异。在中、大班儿童的韵律活动中,可以适当安排有结伴动作、同伴间相互配合的动作要求,如:两个小朋友合作,一起模仿"花"的动作,做"小鸭子躲雨"的动作等等。小班儿童则应考虑基本以单独的动作要求为主。

（三）有关道具的选择

在学前儿童的韵律活动中,道具一般只在少数、特殊的情况下才被选用。在选择中要注意以下几点。

1. 有助于动作表现

所选道具能有助于增强活动的趣味性,帮助儿童展开一定的想象和联想,丰富儿童对作品的体验和理解,促进儿童对动作和音乐的表现。

2. 形象美观,操作简单

道具的外形要有一定的美感,制作上要牢固、实用,以免儿童在活动过程中碰坏,造成不必要的活动障碍。另外,道具不宜过大、过重,且使用规则应简单,以利于儿童持拿操作。

二、韵律活动的基本类型

幼儿园的韵律活动一般包括律动及其组合、舞蹈和音乐游戏三种类型。

（一）律动及其组合

1. 律动

律动是指音乐伴奏下的韵律动作，可以分为基本动作、模仿动作和舞蹈动作三种。

（1）基本动作

这是指儿童在反射动作的基础上发展起来的日常生活动作，如：走、跑、跳、拍手、点头、屈膝、挥手等。

（2）模仿动作

这是指儿童模仿特定事物的外在形态和运动状况所做的身体动作，大致有以下内容：①动物的动作，如：鸟飞、兔跳、鱼游等；②自然界的现象，如：花开、风吹、下雨等；③日常生活的动作，如：洗脸、梳头、照镜子等；④成人劳动或活动的动作，如：摘果子、锄地、骑马、打枪等；⑤儿童游戏中的动作，如：坐跷跷板、拍皮球等。

（3）舞蹈动作

这是指经过多年文化积淀、已经基本程式化的艺术表演性动作。学前儿童要学习和掌握的舞蹈动作主要是一些基本舞步。如：小班儿童要掌握碎步、小跑步；中班儿童要基本掌握蹦跳步、垫步、侧点步、踵趾小跑步、踏点步、踏踢步；大班儿童要掌握进退步、交替步、溜冰步、跑跳步、跑马步、秧歌十字步等。除此之外，舞蹈动作还包括一些简单的手和臂的动作。如：中班儿童要学习、掌握"手腕转动"；大班儿童则要学习基本的"提压腕"，手臂的动作主要是平举、上下摆、弯曲和划圈。

2. 律动组合

律动组合是指按照一首结构相对完整的乐曲组织起来的韵律动作组合，一般可以分为身体节奏动作组合、模仿动作组合及舞蹈动作组合三种。

（1）身体节奏动作组合

这是指最基本的身体动作的组合，如：击掌、跺脚、拍腿、捻指等身体动作组合，其动作本身没有特别的意义，注重的是动作的节奏性。

（2）模仿动作组合

这是指以模仿动作为主的韵律动作组合，如：小树苗睡着→醒来→长成大树→开花、结果……既注重模仿动作的组织结构，又注重对模仿对象的表现。

（3）舞蹈动作组合

这是指以舞蹈动作为主的韵律动作组合。它比较注重动作的组织结构，可以有表现简单情节的表演舞组合，也可以有结构较自由、松散的自娱舞组合和以队形变化、舞伴间交流为主的集体舞组合。

（二）舞蹈及其表现形式

舞蹈是动作的艺术。它是以经过提炼加工的身体动作为主要表现手段，运用舞蹈语言、节奏、表情和构图等多种基本要素，塑造舞蹈形象、表达人们思想感情的一种表演艺术。在学前阶段，儿童舞蹈的表现形式主要有以下几种。

1. 集体舞

集体舞是由许多儿童一起参加的、有一定的队形和动作规定并可交换舞伴的一种舞蹈形式。它有利于儿童交流和分享音乐感受，如：《找朋友》。

找朋友

佚　名词曲

1=C 2/4

```
5 6  5 6 | 5 6  5 | 5 i  7 6 | 5 5  3 | 5 5  3 3 |
找呀 找呀 找呀 找， 找到 一个 好朋 友， 敬个 礼呀

5 5  3 3 | 2 5  3 2 | 1 1  1 | X  X ‖
握握 手呀， 你是 我的 好朋 友， 再  见！
```

跳法提示：

在音乐声中，按四分音符的节奏跑跳步，并根据歌词的内容做手的动作。当唱到"找到一个好朋友"时，必须找到一个朋友（任意一个），面对面站定并做动作。唱完"再见"后可离开，重新寻找新的朋友。

2. 邀请舞

它是集体舞的一种变形，是儿童比较喜欢的一种舞蹈形式。通常有一部分儿童作为邀请者，与被邀请者跳完一遍以后，可以互换角色再继续跳舞。如：《猜拳游戏舞》。

猜拳游戏舞

王履三编曲

1=C 2/4

稍快地

```
   (1)                        (3)              (5)
5· 5  5 6 | 5· 4  3 4 | 5 5 i  7 6 | 5  - | 5· i  i 5 |

          (7)                         (9)
3· 5  5 1 | 2 2 4  3 2 | 1  - :‖ X  X | X  0 ‖
```

跳法提示：

全班幼儿站着围成圆圈，面向圆心拍手，请几名幼儿在圈内作邀请者。第一遍音乐第1-8小节，邀请者在圈中边拍手边做跑跳步前进，到第8小节时，邀请者站在圈上任何两个幼儿面前，这两个幼儿便是被邀请者。第二遍音乐第1小节时邀请者与被邀请者左手叉腰，右脚跟在右前方点地，同时右手向右前方摊开做邀请状；第2小节时右手和右脚还原；第3-4小节时动作同第1-2小节，方向相反；第5-8小节时三个幼儿手拉手围成圆圈，依逆时针方向做跑跳步；第9-10小节时三个幼儿猜拳（手心或手背），如有一幼儿不同，则出去作邀请者，如都相同，则原邀请者仍为邀请者。

3. 双人舞（多人舞）

它是指两个人（或两人以上）相互配合的一种舞蹈形式（也包括3个人或3个人以上的组

合形式），如：《小世界》。

小世界

[美]舍　曼曲

1=C　4/4

【一】

3 4 | 5 3̇ i̇ 2̇1 | i̇ 7 7 2 3 | 4 2̇ 7 i̇7 | 6 5 5 3 4 |

○ | × × × ○ | × × × ○ | × × × × | × × × ○ |

5 1̇2 3 2̇1 | 6 2̇3 4 3̇2 | 5 4 3 2 | i̇ — — |

× × × ○ | × × × ○ | × × × × | × × × |

【二】

i̇· i̇ 3 i̇ | 2̇· 2̇ 2̇ — | 2̇· 2̇ 4 2̇ | 3̇· 3̇ 3̇ — |

3̇· 3̇ 5 3̇ | 4̇· 4̇ 4 3̇2 | 5 — 7 — | i̇ — — — |

跳法提示：

两人一组，面对面。播放第一部分音乐时，甲在单数小节按节奏轻轻碰乙三下（可用任何方式，各组可不相同）；乙在双数小节用与甲相同的方式碰甲三下。播放第二部分音乐时，两人手拉手做各种即兴的自由舞蹈动作。

4. 表演舞

它是一种带有表演性质的舞蹈形式，可以在一般歌曲表演或舞蹈动作组合的基础上加工而成，一般限定舞蹈者人数。还可以适当采用一些舞蹈道具等辅助材料，通常在节日活动或文艺演出活动中被采用。

5. 独舞

它是指一个人独立进行的一种舞蹈形式。即使是许多幼儿一起表演，也是各自单独地跳，相互间没有任何协作和交流。

6. 自编舞（自娱舞）

它是儿童在掌握基本舞步和动作的基础上，根据音乐的性质、情绪创造性地自编舞蹈动作，自娱自乐式的一种舞蹈形式。

（三）音乐游戏及其种类

音乐游戏是在音乐伴随下进行的游戏活动。它是一种比较特殊的韵律活动，其特殊性主要表现在游戏和音乐的相互关系上。在音乐游戏中，音乐和游戏是相互促进、相辅相成的。音乐指挥、促进和制约着游戏活动,而游戏动作又能帮助儿童更具体、形象地感受和理解音乐,获得一定的情绪情感体验。因此,音乐游戏是深受儿童喜爱的一种音乐活动。

音乐游戏是一种有规则的游戏,同时也是以发展学前儿童的音乐能力为目标的一种游戏活动。它具有突出的教育作用,集中体现了音乐的艺术性、技能性与儿童年龄特点和发展水平之间的对立统一。它把丰富的教育要求以生动有趣的游戏形式表现出来,使孩子们在乐此不疲的游戏和玩耍中既能掌握一定的音乐知识和技能,也能在不知不觉中渗透品德教育和审美教育。同时,在愉快而自由的游戏活动中,儿童还获得了更多的积极情绪的享受和情感体验,进一步促进了儿童对音乐活动的稳定兴趣及积极、主动个性的形成。

音乐游戏是多种多样的,分类方式也各不相同。根据目前幼儿园音乐游戏活动的实践,可以大致作以下归类。

1. 从游戏的内容和主题分

从游戏的内容和主题来分,可以分为有主题的音乐游戏和无主题的音乐游戏两类。

(1) 有主题的音乐游戏

这类游戏一般有一定的内容或情节的构思,有一定的角色设定。儿童根据游戏中的角色模仿一定的形象,完成一定的动作。如《小猫敲门》的游戏,可以由教师和儿童分别扮演"小猫"和"老鼠"的角色,根据游戏中的情节内容,模仿小猫轻轻地走路、躲藏、喵喵叫以及老鼠机灵、害怕等动作,按照游戏中的情节提示进行游戏。

小猫敲门

陈镒康词
潘振声曲

玩法：

前奏：小老鼠到处蹿来蹿去偷东西吃。

第1-2小节：猫作敲门状。

第3-4小节：小老鼠把右手放在耳边倾听敲门声。

第5-6小节：猫用力敲门。

第7-8小节：猫很神气地用手拍胸脯。

第9-12小节：老鼠轻声地问，猫很神气地回答。

第13-20小节：小老鼠东蹿西跳，边跑边喊"救命"，猫大叫一声"喵呜"，向老鼠猛扑过去。

第二遍音乐：猫追老鼠，老鼠可蹲下躲避。

规则：

① 在最后一句"喵呜"后猫司令才能向老鼠扑去，老鼠才能逃走。

② 被捉住的老鼠停一轮游戏。

（2）无主题的音乐游戏

这类游戏一般没有一定的情节构思，只是让儿童随音乐做动作，相当于律动或律动组合，但这种动作带有一定的游戏性，即含有游戏的规则。如：《抢位子》的游戏，儿童只是随着乐曲声自由地做各种动作，但是当音乐一停，必须抢坐一个位子，这便是游戏的规则。

2. 从游戏的形式分

从游戏的形式来分，可以分为歌舞游戏、表演游戏和听辨反应游戏。

（1）歌舞游戏

这类游戏一般是在歌曲的基础上产生的，即按照歌词、节奏、乐句和乐段的结构做动作并进行游戏。游戏的规则通常定在歌曲的结束处。这类游戏与有主题的游戏有所不同，它可以有较明显的游戏主题、内容，也可以没有专门表现情节和角色的音乐，相对地比较侧重于儿童的创造性动作表现。如：歌曲《袋鼠》设计成音乐游戏，主要侧重于引导儿童表现袋鼠妈妈和小袋鼠相亲相爱，可以启发儿童做不同的动作来表现。再如：《猫捉老鼠》的游戏，儿童在熟悉并学会演唱歌曲的基础上，可以根据歌词的词意自由做表演动作，分别扮演猫和老鼠；当唱完歌曲的最后一个音后，扮演猫的儿童才可去抓"老鼠"。

图4-2 猫捉老鼠游戏

（2）表演游戏

这类游戏是按专门设计、组织的不同音乐来做动作或变化动作而进行的游戏。从游戏内容上看，一般有一定的情节和角色；从游戏形式上看，带有较强的表演性。如：音乐游戏《熊与石头人》，整个音乐由三部分组成——主题歌曲、"熊走来"的音乐和"小朋友跳舞"的音乐。在玩此游戏时，儿童根据音乐所展示的情节和内容进行表演：第一部分，由儿童边唱歌曲边按词意用动作自由表演；第二部分，由扮演"熊"的儿童（或教师）按音乐节奏走出来，而其他儿童则自由摆放造型，但不能动，一"动"就会被"熊"发现（"吃掉"），必须退出游戏；第三部分，舞曲音乐响起，未被"熊"发现的小朋友自由地随音乐跳舞。游戏依此反复进行。在表演游戏的进行过程中，有时教师为了突出儿童的表演动作与音乐性质、节奏和结构的一致性，可以灵活、随机地改变音乐的顺序,如:小朋友正在跳舞的时候,突然插入"熊走来"的音乐等,以增加儿童的音乐与动作表演的一致性,同时增强游戏的趣味性。

（3）听辨反应游戏

这类游戏比较侧重于对音乐和声音的分辨、判断能力的要求,以培养儿童对音乐的高低、强弱、快慢、音色、乐句等的分辨能力。它一般没有固定的游戏情节或内容,以儿童对音乐要素的反应和理解为主。如:音乐游戏《什么乐器在唱歌》要求儿童分辨不同乐器的音色;游戏《奇怪的声音》要求儿童分辨声音的强和弱,并用身体动作(如:跺脚表示强,拍手表示弱;伸展双臂表示强,双臂屈肘抱肩表示弱……)加以反应。

第三节　学前儿童韵律活动设计与指导

一、创设轻松氛围，以自然节奏动作过渡，善用非语言指导

幼儿有进行身体表现的需要和能力,然而教师的过度关注容易让儿童感到紧张而僵硬。较为适宜的策略是创设轻松的氛围与情境,努力让儿童投入情境中,自然表现、逐步提升。匈牙利音乐教育家柯达伊的"儿童自然发展法"强调,四分音符是儿童步行、自然走路的速度,八分音符是自然跑步的速度,它们都是儿童日常生活中的节奏。大部分儿童音乐也是以这两种音符、节奏构成的,因此,应该把四分音符和八分音符作为节奏教学的起点。

正如美术活动中教师常常以简笔画范画一样,韵律活动中教师常常以优美的、标准的舞蹈动作为幼儿示范。然而,所有的舞蹈动作都是以人的某种自然动作为基础的,只不过舞蹈动作在艺术程式化的过程中让一般人认不出其本来面目。但是,教师在教学前必须尽力还原其本来面目,因为这些动作是人的自然生活动作。在自然生活动作的基础上,逐步引导幼儿经历这些动作艺术程式化的过程,幼儿反而容易掌握。[1]

与其他活动类型不同的是,韵律活动的指导过程不仅需要教师的口头语言,还需要大量的肢体语言和哼唱。在活动过程中,身体动作和歌声应当成为教师与幼儿沟通的独特路径。这样的做法不仅是为了培养幼儿的随乐性,也是为了整个活动的美感。具体来说,可以用哼唱或弹奏的曲调跟随、伴和幼儿的动作过程,或让幼儿自己边唱边做等。[2] 此外,韵律活动中教师还要善于通过非语言指导帮助幼儿开启多个通道去感知和表现音乐。比如,教师可以先根据生动的故事情节设计出图谱,在幼儿感受音乐、展开联系、设计动作时,教师只需指点图谱及运用一定的手势和表情进行暗示,就能启发幼儿逐步实现动作与音乐的合拍及多个动作之间的顺利衔接。在此过程中,故事、图谱、表演动作间的相互作用,也能加深和拓展幼儿对音乐的感知理解。

二、把握关键经验，变换角色，有的放矢

韵律活动强调以音乐为中心,用身体动作表现音乐的内容和情绪。而构成音乐富有表现

---

① 许卓娅. 学前儿童艺术教育. 上海:华东师范大学出版社,2008,第 98 页.
② 许卓娅. 学前儿童艺术教育. 上海:华东师范大学出版社,2008,第 99 页.

力的形式基础就是音乐要素,它包括节奏、节拍、力度、速度、曲式结构等。从幼儿的不同接受心理出发并结合不同的音乐教学任务,教师需要寻找到每个活动中的关键经验,并基于对这些的分析而进行有针对性的指导。[①]

同时,在韵律活动的设计与指导中,教师还应运用角色身份的变化对儿童的活动进行一定的指导。具体的指导方法有以下两种。

(一)参与

参与的方法是指教师以活动加入者、儿童活动的合作者或韵律活动表演中某一特定角色的身份进行活动的指导。教师的参与,不但可以给儿童的音乐探索和动作表现提供间接的指导,更能够使儿童体验并享受到师幼共同活动的自由和乐趣。当然,教师在使用"参与"的方法时,必须注意以平等而不是权威的身份加入活动;教师的观点、意见和行为,仅供儿童参考而不是要求儿童必须接受;作为音乐中某个特定角色出现时,教师的表演应注意既与音乐的形象相符合,又能对儿童产生较大的感染力。

图4-3　老师"参与"孩子的活动

(二)退出

"退出"的方法包含三层含义:一是指教师从"参与"的状态中退出,恢复教师的身份和地位,重新对韵律活动施以影响;二是指教师从心理上理解"退出",即不在活动进程中占据权威的、中心的地位;三是指教师在活动的空间位置上退出,把中心位置让给儿童,以观察者、旁观者的身份对活动进行指导。

教师在运用"退出"的方法时须注意以下几点:一是应根据儿童的具体发展水平和具体情况,逐步、谨慎地"退出";二是应根据活动进程和儿童的反应,及时、灵活地变换使用"参与"和"退出"的方法;三是应在"退出"的同时,合理、适时地对儿童进行间接指导,同时加强教师对活动的随机观察和反馈。

三、简化动作结构,便于儿童记忆和表现

新手教师常常遇到这种情况:精心准备了一首歌曲、设计了一套动作,自己表现起来精彩而又富有表现力,但孩子却似乎不论如何指导都无法掌握。事实上,在时间紧凑的集体教学活动中,幼儿是很难达到这一要求的,更重要的是,这并非我们倡导的价值取向。要避免这一现象,教师一方面可以对音乐素材进行技术处理,比如剪辑和拼接,将小节数缩短或把相似结构的乐句合成在一起(但一般情况下,为了给孩子提供完整的音乐体验,尽量不要对原曲做过大的调整);另一方面可以简化动作结构,给幼儿提供更多自主倾听和表现的空间。[②]动作组合既要便于儿童记忆和表现,又要给儿童带来审美享受,所以总体上应该是简单、多重复的。

例如,在大班音乐活动《打字机》中,教师就将莱罗尔·安德森作曲的同名管弦乐作品进行

---

① 金鑫.幼儿园韵律活动中教师指导的适宜性研究.教育导刊(下半月),2013年第12期.

② 金鑫.幼儿园韵律活动中教师指导的适宜性研究.教育导刊(下半月),2013年第12期.

了剪辑,将原本繁复的音乐结构剪辑成儿童熟悉并容易掌握的 A－B－A 结构。在乐曲的 A 部分,乐句的结束处会不断有规律地出现模仿打字机换行发出提示的"叮"声,增加乐曲的趣味性,引发幼儿的表现热情。并且教师创设了"打字员打字——打字机坏了,用什么办法修一修——打字机修好了继续打字"的故事情境,降低了儿童记忆的负担,又提升了儿童的随乐性。

四、引导幼儿观察事物自然运动的状态以及他人的动作表现

在实践中,教师往往会发现,动作、姿势、合拍等技术上的难点可以"教会"幼儿,但为韵律动作画龙点睛的表现力等要素却是无法教会的。那么幼儿的艺术表现力究竟是如何发展起来的呢? 教师在韵律活动中又应该如何培养幼儿动作的表现性呢?

首先,要让幼儿看见更多由幼儿或教师提供的动作表现范例。其次,可以让幼儿观察并用动作表现各种事物及其运动状态。①让幼儿模仿小动物,如:小猫、大象、小企鹅等;②模仿生活用品的状态,如:洗衣机、电风扇、各种交通工具;③模仿爸爸妈妈、爷爷奶奶或老师的动作和运动方式,学一学警察叔叔的动作、运动员比赛时的动作等。还要为幼儿提供一些视频、动画等材料,让幼儿观察他们不常见的事物、景象。最后,要让幼儿有机会在美术、文学作品的激发下进行动作表现:一是在美术创作或欣赏活动中,鼓励幼儿用动作感知和表现作品的情感、内容,以及构成有关视觉形象的线条、形状、运动状态等;二是在文学欣赏、复述及仿编、创编活动中,鼓励幼儿用动作感知和表现其中的人物、事件,以及他们的内心情感和外显活动等。①

图 4-4　幼儿动物模仿秀

思考题

1. 简述儿童韵律活动能力发展的一般趋势和特点。
2. 幼儿园的韵律活动形式有哪几类?
3. 什么是音乐游戏? 音乐游戏有何特殊的教育价值?
4. 任选一首歌曲,尝试将其改编成一个音乐游戏。
5. 如何选择韵律活动的材料?

---

① 许卓娅.学前儿童艺术教育.上海:华东师范大学出版社,2008,第 100 页.

第五章

学前儿童音乐教育的基本内容
——打击乐演奏

第一节 学前儿童打击乐演奏的发展阶段与特点

打击乐器是儿童最易掌握的乐器之一。它是以身体大肌肉动作参与为主，运用一定的节奏和音色，通过打击乐操作来表现音乐的一种活动。它是儿童表达音乐的一种最自然、最直接的工具，也是令儿童感到快乐的活动。儿童打击乐演奏能力既是儿童节奏能力发展方面的一个表现，也是儿童音乐感知、理解及创造音乐能力的具体体现。

一、0-3岁儿童打击乐演奏能力的发展

对于3岁之前的儿童来说，乐器是他们以身体创造声音的一种自然而有趣的方式。这一年龄阶段的儿童已经表现出对打击乐活动的极大兴趣。这种兴趣源自他们对能发出声响的玩具的好奇和探究，他们渴望弄响它，并以此获得满足。逐渐地，儿童尝试探索声音的范围不断扩大，主动性更强烈，表现为会自发地去敲击能发出声响的物品，如：锅、碗、盖、盆等，以此来探索声音的长短、高低、轻响、音色。这正是儿童以后较正规的打击乐演奏活动的"序曲"。正如穆希德所说："当给幼儿一个简单的乐器时，他们使用它就像玩积木和画笔那样自然……孩子们听到的声音和他们用身边的东西（乐器）创造出来的声响成为他们音乐经历的一部分。由于使用简单乐器，他扩展了他在音调和节奏方面的体验，又开发了一种新的表达方式。"

虽然这一年龄阶段的儿童已经对乐器及演奏产生了很大的兴趣，会有意识地去敲击乐器、探索声音，但这些动作多是偶然的、零碎的，甚至并不能与音乐保持相一致的节奏和拍子。然而，若能提供给0-3岁儿童一个无拘无束、可以自由和即兴创造的环境，将有力地拓展他们对乐器演奏的兴趣和对音调、节奏方面的预备性体验，为以后的乐器学习和演奏能力发展打下一个良好的基础。

二、3-4岁儿童打击乐演奏能力的发展

儿童3岁以后，特别是进入幼儿园后接触了一些特制的打击乐器，如：小铃、响板、串铃、铃鼓等，使他们对乐器演奏的兴趣得到较大的满足。在老师的引导下，他们一般能学会较简单的演奏技能（如：敲木柄小铃，双手各持1个，相互轻碰；敲响板，一手将响板托于掌心，另一手自上而下轻拍响板；敲铃鼓，一手持铃鼓，另一手轻拍鼓面……）。但是，由于他们的小肌肉尚未完全发育，对乐器的操控能力、探究能力受到一定的局限。

对于3-4岁的儿童来说,要在演奏过程中使奏出的音响与音乐相协调一致是有一定困难的。因为儿童获得的演奏经验是有限的、零碎的,而且其随乐意识较差,所以部分孩子往往只陶醉于摆弄乐器而游离于音乐之外,抛弃了演奏的要求。这也就很难用准确的节奏、适宜的音色来表现音乐了。

打击乐演奏活动更多地体现为一种集体的活动形式,且对活动中各声部之间的合作协调要求甚高。对于3-4岁儿童来说,他们的动作发展、自控能力较差,因而要体会集体奏乐活动中各声部之间的相互配合和协调有一定的困难。但是,让孩子通过同一种乐器的演奏,初步体会到与别人同时开始、同时结束的基本合作要求还是切实可行的。

虽然3-4岁儿童的演奏技能及随乐水平都尚不完善,但他们已早早地表现出奏乐活动中初步的创造性表现,如:听到《大雨和小雨》这首熟悉的歌曲时,孩子们会建议用铃鼓的音色来表现大雨,用小铃的音色来表现小雨,并以不同力度的演奏来体验、表达大雨和小雨。这种联想、想象和创造性表达,能让儿童体会到主动参与音乐的极大满足和愉悦。

三、4-5岁儿童打击乐演奏能力的发展

4-5岁儿童在乐器的操作和演奏技能方面有了较大的进步。他们不仅能模仿成人、教师的演奏方法,并且开始探索同一种乐器的不同演奏方法,还能掌握需要演奏技巧稍高的一类打击乐器,如:铃鼓的晃、摇,沙锤的震、击等。在乐器演奏的过程中,他们对乐器音色、力度、速度的调整和控制能力也有所提高。

随着听觉分辨能力的进一步分化和精细,4-5岁儿童的随乐意识有了很大的进步,大多数儿童能够基本合拍地随音乐演奏(四二拍、四四拍或四三拍)。

4-5岁儿童在合作协调性方面表现出这样的发展特点:不仅能够与同伴同时开始、同时结束演奏,而且能在2-3个不同声部的演奏配合中处理好自己声部与其他声部之间的协调关系,特别是他们在打击乐演奏活动中看指挥、理解指挥手势含义的能力有所发展。他们不仅懂得在演奏过程中要始终注意指挥的手势,而且也能够根据指挥的手势含义来调整自己的乐器操作和演奏。随着儿童集体打击乐演奏活动经验的不断积累,儿童能够在教师的提示、引导下,用一些基本的节奏型语汇来创造性地表达音乐,如:教师让孩子设计一个四拍子的节奏型,他们就能够用乐器奏出|××××|、|×○×○|、|××××××|、|×——××|和|××××××|等多种节奏型。

四、5-6岁儿童打击乐演奏能力的发展

5-6岁儿童使用和掌握的打击乐器种类更多,能力也提高了。他们已经能演奏一些使用小肌肉操作的乐器(如:三角铁)及用手腕带动的乐器(如:双响筒)了。对于同一种乐器,其演奏的方法也更丰富、细化,如:用捏奏法演奏响板等。在演奏过程中,他们也更注意调整自己的演奏方式和用力方法,有意识地控制适当的音量和音色。

在注意演奏音量的同时,他们还能够更多地关注到演奏活动的"背景"——音乐,能始终与音乐的节奏、节拍相一致,同时对音乐节奏的表现能力更强了。除了四二拍、四四拍、四三拍的音乐之外,这一年龄阶段的孩子还能够比较准确地演奏有附点节奏和切分节奏的曲子及结构相对复杂的乐曲,且努力使自己的演奏与音乐的速度、力度等表现手段相一致。

5～6岁儿童在打击乐演奏活动中的合作协调能力也得到了很好的发展。首先,他们能够在较多声部的合奏过程中主动地调节好自己声部与其他声部间在节奏、音色、速度、力度上的合作要求,不仅能准确地演奏自己的声部,而且也能主动地关注整体效果。再者,他们对指挥手势的理解也较明确,甚至能学会看指挥的即兴变化来调整自己的演奏,还能与同伴以体态、表情进行情感交流。在创造性方面,他们表现得更为主动和积极,不仅能积极参与为乐曲选配合适的节奏型配器方案讨论,还能更自发地探索音乐、打击乐器的制作,以及大胆地尝试即兴指挥等。

第二节　学前儿童打击乐演奏活动的基本问题

一、打击乐演奏活动的选材

选择学前儿童打击乐演奏活动的材料可以从音乐、乐器和配器方案三个方面着手。

(一)音乐

为儿童选择打击乐演奏的音乐,要节奏鲜明、旋律优美、结构工整。打击乐作品无论是歌曲或乐曲,都必须有鲜明而清晰的节奏及优美的旋律,并且为儿童所喜爱。一般可以选进行曲、舞曲或其他富有情趣性和艺术性的儿童乐曲等。对于小班儿童,可以选他们熟悉的歌曲或结构短小、节奏简单的乐曲;为中、大班儿童选择的音乐可以适当复杂一些,结构是二段体或三段体,且段落的旋律带有明显的对比性,适合启发儿童用不同音色、音量的乐器和节奏型变化来加以表现。

(二)乐器

为学前儿童选择打击乐演奏的乐器时,应注意以下几点:第一,乐器的音色要好,如:铃鼓的选择,鼓面皮制的要比塑料或铁制的音色好。第二,乐器的大小要适中,便于儿童演奏。考虑到儿童的年龄,还应注意乐器的大小和重量,如:铃鼓一般以直径12～15厘米为宜;沙球不宜选用大号的;三角铁钢条的直径最好为0.5厘米左右等。第三,乐器的演奏方法要适合儿童的不同发展水平。不同年龄阶段的儿童,其动作发展的水平存在一定的差异,因而在乐器的选择和演奏方法上应有所区别,如:小班儿童可用手掌敲击铃鼓鼓面演奏,中、大班儿童则可以用敲奏、摇奏等方法;小、中班儿童宜用右手掌击左手心的方法敲击响板,大班儿童则可以学习捏奏的方法;双响筒和三角铁的演奏需要能均匀地用力及手眼协调,对于小、中班儿童来说存在一定的困难,而大班儿童则相对可以胜任。

(三)配器方案的选择

在选择打击乐演奏的配器方案时,需要考虑以下两点:

第一,适合儿童的能力,即适合儿童使用乐器的能力和适应变化的能力。在配器方案的选择上,乐器及演奏方法必须为该年龄阶段儿童所胜任;同时,其节奏、音色变化、变化的频率和复杂程度也必须为该年龄阶段儿童所接受。如:为小班儿童选择的乐曲配器方案,其节奏型和音色的变化不宜频繁,一般以一个段落换一种节奏型、一个乐曲安排2～3种乐器音色为宜,中、大班在此基础上可以适当递增。

第二，富有一定的艺术表现力，即所选择的配器方案既符合乐曲、旋律本身的性质、风格和结构，也能体现出一定的对比统一性和丰富完整性，从而产生良好的整体音响效果。

二、幼儿园常用的打击乐器

（一）碰铃（也称小铃）

这是用金属制成的一对小铃，用一根不太粗的绳子或可抓握的木柄相对固定两个铃，通过相互撞击引起振动而发音。碰铃的音色清脆、柔和，且高而轻，在打击乐器中属高音乐器。它既可以表现音乐的强拍，也可以表现弱拍，是幼儿园里使用最为普遍的一种乐器。

图 5-1　碰铃

图 5-2　串铃

（二）串铃

这是用金属串成的马蹄形（或半圆形、棒形等）的若干个小铃，通过敲击、抖动或摇晃引起的振动而发音，可以分别在音乐的强拍或弱拍上使用。

（三）铃鼓

这是用皮革（或塑料）蒙在带有可活动的金属小钹的木制围框上，通过手指（或腕肘）的敲击或手腕的抖动、摇晃引起振动而发音的一种乐器。它兼有鼓和铃两种音色的特点。铃鼓有多种演奏方法：可以用手掌击鼓心，其音色柔和；可以用手掌击鼓边，其音色明朗干脆；可以用鼓面击打身体部位（如：肩、肘、膝等），铃的声音较明显；也可以用手腕连续地抖动，产生颤音的效果。

图 5-3　铃鼓

图 5-4　大鼓

（四）大鼓

这是用皮革蒙在筒状的共鸣箱上，通过鼓槌敲击引起振动而发音的一种乐器，其音色低沉，音量较大。大鼓可用在强拍上，用力敲打，造成一种强烈渲染的气氛；也可用在弱拍上，轻轻敲击,产生柔和而绵长的音响。击鼓时,手臂放松,手腕有力而富有弹性地敲击。击鼓心,会产生浓厚的音色且有较长的延续尾音;击鼓边,则音色脆、硬且单薄,延续音较短。

(五)三角铁

这是将一根弯成等边三角形的圆柱形钢条用绳子悬挂一端,通过另一根金属棒敲击而发音的一种乐器,其音色接近于碰铃,但音量比碰铃大,延续音比碰铃长。它的演奏方法有两种:一种是左手提悬挂三角铁的绳子,右手持金属棒敲打三角铁的底边;另一种是在三角铁内,用金属棒快速地敲击左右两边或转圈敲击各边,会产生激烈而特殊的音响效果。

图 5-5 三角铁

图 5-6 响板

(六)响板(也称圆弧板)

这是由两片贝壳状木块,中间用松紧带相连而构成的一种乐器,通过两片木块的撞击引起振动而发音,其音色清脆而圆润。演奏方法有两种:一种是右手的中指套上松紧带,靠中指和拇指的捏合使两板相击而发出声音;另一种是将响板放在左手手心,用右手手掌相击而发出声音,这种方法比较适合小年龄儿童演奏。

(七)木鱼

这是用木头刻制的、形似鱼状、中间空而头部开口的一种乐器,通过另一根木制的敲棒击鱼头而发音,其音色接近于响板。演奏方法为左手持"鱼的尾部",右手持棒按节奏敲打"鱼头"的顶部。

图 5-7 木鱼

图 5-8 双响筒

(八)双响筒

这是一段中间有节的木筒,下端装有握柄,通过另一木制敲击棒的敲击而发音的一种乐器,其音色与木鱼相似,干脆而清亮,没有延续音,通常用来模拟马蹄声。敲击双响筒由节分开的两端,会发出高低不同的音响,一般两个音之间通常相差约五度。演奏方法为左手持柄,右手持棒敲击,可以敲击筒的一端,也可同时交替敲击筒的两端,发出类似于"的笃"、"的笃"的马蹄声。

(九)蛙鸣筒

这是由一节毛竹或木头制成的,刻有一道道楞子的筒状乐器。通过另一木制小棒刮、擦筒身而发音,其音色类似于青蛙的鸣叫声。演奏方法有两种:一种是左手持蛙鸣筒的握柄,右手持棒刮奏;另一种是用棒敲奏,音色接近于木鱼类乐器。

图5-9　蛙鸣筒

图5-10　沙球

(十)沙球

这是一种用椰壳或塑料制成的空心球体,内装有细小的沙粒状物体,下端装有握柄,依靠臂的抖动、摇晃而振动发音,其音色轻柔而干脆。演奏方法为双手各持一只,用手臂带动手腕上下振动。可以同时两手进行,也可交替、轮换进行。

(十一)钹

这是一对用铜合金制成的圆盘,中间微凸,靠敲击、摩擦而发音。其音色响亮,有较长的延续音,在强拍上演奏能造成强烈、刺耳的音响效果。演奏方法有两种:一种是左右手各持一片,相互撞击或摩擦而发音;另一种是将单片悬挂在支架上,右手持鼓槌敲打其边,可以取得另一种音响效果。如果要止住过长的延续音,可以用手捏住钹的边缘或将钹面揿入怀中即可。

图5-11　钹

图5-12　锣

(十二)锣

这是一个由铜合金制成的圆盘,由绳子固定在可抓握的木柄上,通过锣槌敲击锣面引起的振动而发音。一般可以用在强拍的伴奏上,以突出节奏、渲染气氛。锣分为大锣和小锣两种。大锣音色低沉,共鸣强烈,有较长的延续音,一般用软槌敲击,敲击锣的中心时,声音较柔和,敲击锣的边缘时,声音较毛糙;小锣音色较明亮,也有一定的延续音,一般用硬槌敲击,敲得重,声音尖锐刺耳,敲得轻,声音清脆明亮。要停止延续音,可以用手按住锣面或将锣往怀里一抱即可。

以上都是没有固定音高的打击乐器,其中适合小班儿童演奏的乐器有碰铃、串铃、响板、铃鼓(敲击)、沙球(摇晃)等;中班儿童适合学习木鱼、铃鼓(抖动、摇晃)、蛙鸣筒、锣和钹等乐器的演奏;三角铁和双响筒一般适合大班儿童演奏。这些打击乐器的演奏都要求儿童手腕放松、灵活、不僵硬、有弹性,能控制手的动作,自然协调地敲击、摇动、振动或抖动,以取得较好的音响效果。

除此之外,幼儿园的打击乐器中还配有一些有固定音高的打击乐器,如:木琴、铝板琴等。它们的音域一般在一个八度以上,演奏方法比较简单,以敲击和刮奏为主,适合演奏简单的旋律。

三、打击乐演奏的简单知识和技能

幼儿园的打击乐演奏活动一般是集体配合、由多个声部组成的乐器演奏活动。对于学前儿童来说,需要了解和掌握的有关知识和技能包括以下几个方面。

(一)乐器的名称和分类

学前儿童应能认识几种主要乐器,知道并记住几种主要打击乐器的名称,能根据乐器的音色给打击乐器分类。如:碰铃和三角铁的音色比较明亮、柔和,通常归为一类;响板、木鱼、双响筒等音色比较干脆、圆润,可以归为一类;铃鼓、串铃等摇动时都有一种颤音的效果,可以归为一类;大鼓、锣及钹音色各具特点,通常归为特色乐器或加强乐器一类。

(二)正确的演奏方法

在集体参与的、多声部的乐器合奏活动中,正确的演奏方法包括:①用自然、协调的动作来演奏;②用适中的音量和好听的音色来表现;③在演奏过程中,随时注意倾听音乐和其他声部的演奏,使自己的演奏与集体的整体音响相协调一致。

(三)配器

所谓配器,是指在打击乐演奏活动中根据音乐的性质、情绪和风格,选配音响特点与之相适应的打击乐器,选择适当的节奏型,以追求整体音响的协调和悦耳。在打击乐演奏活动中,要让儿童学习一些有关配器的简单知识和技能。

首先,让儿童充分了解和掌握各种打击乐器的音响功能及各类打击乐器的音色对比和配合效果。如:高音乐器一般有三角铁、碰铃,中音乐器有响板、木鱼、沙球、铃鼓等,低音乐器有大鼓、钹等;串铃和双响筒两种乐器配合使用,能产生策马奔腾的音响效果;铃鼓、碰铃和三角铁这些能产生延续音的乐器,在音符时值较长时用柔和的弱奏可表现出颤音的效果;铃鼓用于少数民族舞曲中可起到加强特色、烘托气氛的作用等等。

其次,应帮助儿童分析音乐作品的内容、形式、节奏、节拍和旋律的特点,找出有呼应、对比或变化的地方,选用适当的乐器。如:找出乐曲中的强、弱拍,用不同音色的乐器来演奏,体现乐曲的强弱对比;根据乐句、乐段的结构,在呼应和重复的乐句及不同的乐段中更换不同的乐器音色,丰富和加强音乐的新鲜感和表现力;对节奏型的选配,可以采用某种固定的节奏型,也可以根据乐曲中的节奏变化来变换节奏型或突出某个节奏型。

总之,配器要根据乐曲的具体情况而定,既要体现丰富多样,又要贯彻对比统一的原则。

(四)看指挥

在打击乐演奏活动中,要奏出和谐、美好的整体音响效果,必须学习如何看指挥。根据指挥的要求进行协作演奏,也是儿童要掌握的一个基本技能。它包括:①了解"准备"、"开始"和"结束"的手势动作,以使自己的演奏符合指挥的手势含义;②知道用眼睛注视指挥者,在演奏过程中学习以恰当的身体姿势(微微前倾)与指挥者沟通、合作和交流;③能够看懂指挥者表示节奏和音色变化的动作,使自己的演奏与集体的音响协调一致。

第三节　学前儿童打击乐演奏活动设计与指导
——整体感知

整体感知的方法,是指在音乐教育活动中利用音乐形式结构本身的整体统一性和整体协调性,从整体入手引导儿童感知、体验并表现音乐的一种方法。

整体感知的学习方法提倡在音乐活动中把音乐的部分与整体,歌曲的曲调与歌词,韵律活动中的音乐与动作,音乐欣赏中的欣赏与表演、创作,音乐的知识技能与音乐的感受力、表现力以及音乐活动中教师的活动与儿童的活动等视为一个和谐、统一的整体,而不是把它们作为相互割裂或对立的部分来看待。心理学的有关理论研究告诉我们,当个体在感知某一具体的事物时,该事物的全部因素、感知者的全部身心特质以及所处的特定时空环境等,都将对感知过程发生作用,因此,从整体感知入手的音乐活动不仅能够体现出音乐形式与音乐内容之间的整体协调,而且能够更好地促进儿童与音乐在音乐审美实践活动中的整体协调。

整体感知学习方法突出的优势之一,是能够使儿童更容易地感受、体验到音乐的全部内容,从而进入有完整意义的音乐学习。

在幼儿园的打击乐演奏教学活动中,采用整体感知的学习方法能够使儿童在演奏活动中体会、领略到多声部音乐美妙的整体音响效果。在传统的打击乐演奏教学中往往采用从分声部演奏逐渐向多声部合奏过渡的教学过程,教师往往一个声部、一个声部地教,且在各声部合奏时不要求儿童倾听其他声部的演奏,以免受干扰。而整体感知的教学方法恰恰相反,它直接从多个声部合奏的整体音响感知开始,引导儿童感受由音乐的部分与部分、要素与要素所构成的整体音乐形象,体验由纵向和横向两方面关系构成的多声部音乐的结构,从而进入有完整意义的多声部音乐学习。教师可以让儿童借助于一定的"变通记谱"形式:①以简单的身体节奏动作来表现配器整体布局的"动作谱"(见谱例1);②以不同的几何图形、形象简化图形或类比象征图形来表现配器整体布局的"图形谱"(见谱例2);③以有趣易记、朗朗上口的音节、短语和句子来表现配器整体布局的"语音谱"(见谱例3)。在合奏的过程中,还应要求儿童注意倾听其他声部的演奏,了解并把握所有声部合奏的整体音响形象。因此,从教学的目标、过程或结果来看,从整体感知入手的学习方法是以多声部音乐的整体音响形象为出发点和终点的,它符合并体现了音乐审美学习活动的特点和规律。

谱例 1——动作谱：

节奏	4		6 4	2	4	3	5 3	1	3	……
节奏	X	○		X	X	X	○	X	X	……
动作	拍手			拍头	拍肩	拍手		拍头	拍肩	

谱例 2——图形谱：

节奏	4		6 4	2	4	3	5 3	1	3	……
节奏	X	○		X	X	X	○	X	X	……
图形										

谱例 3——语音谱：

节奏	4		6 4	2	4	3	5 3	1	3	……
节奏	X	○		X	X	X	○	X	X	……
语音	咚			叮	叮	咚		哒	哒	

　　总之，在幼儿园的音乐教育活动中，教师应尽可能合理地考虑活动中各方面的因素，以引导儿童用整体感知的方法学习和探索音乐。

思考题

1. 幼儿园常用的打击乐器有哪些？如何演奏？
2. 3－6 岁儿童打击乐演奏能力发展的总体趋势和特点是什么？
3. 如何理解幼儿园打击乐演奏活动中的配器以及原则？
4. 幼儿园打击乐演奏活动中乐器分类的原则是什么？
5. 如何为幼儿园打击乐活动选材？

第六章
学前儿童音乐教育的基本内容——音乐欣赏

第一节　学前儿童音乐欣赏能力的发展阶段与特点

音乐欣赏是音乐活动的重要组成部分之一。学前儿童的音乐欣赏，是指让儿童通过倾听音乐对作品进行感受、理解和初步鉴赏的一种审美活动。儿童的音乐欣赏离不开感知、记忆、想象、思维等音乐能力。这些能力是随着儿童年龄的增长而逐渐生成、发展并健全起来的，而音乐的感知能力是音乐欣赏的重要前提和基础。

一、0-3岁儿童音乐感知能力的发展

国内外许多研究表明，即使是婴儿，对于声音和音乐也有着一种天生的敏感与反应；完全无声的环境并不适宜于婴儿，轻柔的声音（如：微风、海浪等声音）在一定程度上能使婴儿停止喧闹，变得安定、愉悦。可以这样说，在生命最初的几个月中，听音乐是婴儿接受"信号"的一种"前言语方式"，它成为孩子同周围世界发生联系的一种最初级、最基本的方式。婴儿不仅能注意到周围环境中的音乐，将其与别的声音相区别，而且会由"接受者"逐渐成为"参与者"（由对周围环境中的声响产生兴趣到逐渐被刺激并参与其中）。婴儿在半岁左右开始试图模仿所听到的声音，这种声音被称作"婴儿式的说话和颤音"。婴儿在这种"声音模仿游戏"中显得其乐无穷。

总的说来，1岁前婴儿的音乐听觉感知和反应是比较缓慢且不太精细的。随着年龄的增长，婴儿对外界环境中各种声音和音乐的反应、听辨、分化能力会进一步发展。他们不仅能准确地分清声源，迅速地分辨差别大的不同音色，分辨四度、五度音程，区分并主动模仿环境中的许多声音（如：动物的叫声、成人的歌声等），还会自发地注意倾听他们所喜欢的音乐。一般说来，2岁左右的儿童不仅会对成人唱的或录音机里的歌曲感兴趣，而且还喜欢用找到的物体或自己的声音创造自己的音乐。德国著名儿童音乐教育家奥尔夫主张鼓励儿童用发现的物体发出声音——敲击物体。因为无论儿童最初的听觉经验多么粗糙，都可能引发儿童发现美好的声音。

二、3-4岁儿童音乐欣赏能力的发展

3岁左右的儿童，已经从周围的生活环境中获得了较多的倾听体验和习惯，开始逐步自发地注意聆听他们所喜欢的音乐并分辨它们。虽然他们还不容易理解音乐作品的不同情绪性质，但是当他们感受到不同性质的乐曲（如：柔和优美的摇篮曲或雄壮有力的进行曲）时，却能随着音乐做出动作反应，比如听到宁静的摇篮曲时，他们会自然地晃动身体，而听到有力的进行曲时，则会不由自主地踏步⋯⋯可见，孩子已经有了对音乐情绪性质的初步感受。

理解是音乐欣赏的重要基础和保证。这既包括对乐曲情绪、风格的理解,也包括对乐曲所表达内容、乐曲结构和表现手法的理解。3～4岁儿童的音乐理解能力是十分有限的。虽然他们能对生动形象、节奏鲜明的乐曲有所反应和感受,但不一定能完全理解。一般说来,到小班末期,儿童在幼儿园良好的教育影响下,能学会借助于想象、联想来理解性质鲜明的音乐情绪,产生一定的共鸣;但对于乐曲基本表现手段的感受和理解则有一定的困难,特别是对音色、节奏、旋律等的差别常常不能很好地区分。

儿童在欣赏音乐的过程中,总是以他们的表情、动作或语言对音乐作出相应的反应。因而,欣赏音乐的能力与儿童的创造性表现是紧密相关的。3～4岁儿童受其生理、心理发展水平的影响,对音乐作品的感受和理解还很不完善,记忆也不是很精确,所以一般尚不能用语言较好地表达对作品的感受。他们常用的创造性表现手段是身体动作,即尽量用自己想出来的、与他人不同的动作来表现音乐。

三、4～5岁儿童音乐欣赏能力的发展

4～5岁儿童听辨的分化能力有所提高,逐渐能辨别声音的细微变化,表现在倾听、欣赏音乐的听辨能力、感受能力进一步增强。他们一般已能欣赏内容较为广泛、性质风格多样的音乐作品,如:舞曲、进行曲、摇篮曲等。他们往往能够通过教师专门组织的音乐活动,初步感受到乐曲的结构,听出乐段、乐句之间的重复(如:感受简单的单三段体 ABA 结构),以及乐曲在情绪性质上的明显差异。

随着儿童思维、想象的进一步发展,4～5岁儿童对音乐的理解能力也在不断地发展。这一时期的儿童已能基本理解音乐所表达的情绪和情感,并由此产生一定的想象、联想。这种理解能力通常表现为对歌曲及有标题的器乐曲的理解。儿童已能借助于歌词及已有的生活经验、音乐经验基本理解音乐所表达的音乐形象,但对于较为复杂的、没有标题的纯器乐曲的理解还有一定困难。

与以前相比,4～5岁儿童在音乐欣赏过程中的创造性表现能力也在不断增强。他们基本会用比较自由、多样的手段对音乐进行创造性的表现,并且在表现过程中努力追求独特性、创造性。如:让中班幼儿欣赏蒙古族民歌《森吉德玛》,启发他们在欣赏、感受音乐后,用简单的图画分别来表达听《森吉德玛》A、B 两段后的感受,有些孩子为 A 段画的图是在辽阔的草原上,有一只小小的蒙古包,门前有一只温顺的小羊,为 B 段画的图是一幅群马奔驰图。可见,孩子们已经能够尝试运用不同符号系统中的表现语汇来创造性地表现音乐。

四、5～6岁儿童音乐欣赏能力的发展

5～6岁儿童对音乐的感受和理解能力都有了更大的进步。随着他们音乐经验的不断丰富和积累,其听辨能力更强了,能从对音乐的粗略区分转为比较细致的区分,而且能感受、辨别较为复杂的器乐曲的结构、音色及情绪风格上的细微差别。他们能够对音乐形象鲜明的同类音乐作品进行分析和归类,并且用语言来表达音乐感受的能力也增强了,能结合想象和联想用较完整的语言或一定的故事情节来描述音乐。另外,他们对纯器乐曲的理解能力也进一步增强,能在清楚辨别、理解音乐作品速度、力度、音色、节奏等表现手段变化的过程中进行大胆的想象和联想,并找出充分的理由。

5～6岁儿童在音乐欣赏过程中的创造性表现,不仅体现在其创造性表现的意识更积极、主动,而且形式也更丰富、多样,有身体动作、嗓音表达、语言描述、图片再现等。同时,创造性表现的成果也更为显著。

由此可见,伴随着儿童年龄的增长以及音乐体验活动的增加,儿童对音乐的音调和节奏变化的敏感性,以及对旋律的感知、记忆、理解、想象、表达等能力都在不断发展和提高。

第二节 学前儿童音乐欣赏活动的基本问题

一、音乐欣赏活动的选材

选择恰当的音乐欣赏材料是进行幼儿园音乐欣赏活动之前的重要环节。音乐欣赏的材料主要包括音乐作品和辅助材料两个方面。

(一)音乐作品的选择

音乐作品有声乐曲、器乐曲之分,同时又有题材、体裁、内容、形式和风格上的不同。为学前儿童选择音乐欣赏的作品时,除了要考虑儿童的年龄特点以及儿童感知、理解音乐的实际能力和接受水平,更需要考虑音乐作品应具有较强的艺术性和丰富多样性。

首先,要注意音乐作品所表达的内容、形象或情感应是儿童熟悉、理解且能唤起他们的兴趣的。音乐作品的形式应比较简单;结构要单纯、工整且长度适中,篇幅不宜过长。为小班儿童选择音乐欣赏的歌曲时,歌词宜简单,便于理解和记忆。即使是没有歌词的器乐,也要注意音乐作品描写或表现的内容应是儿童所熟悉和感兴趣的,如:钢琴小曲《小鸟的歌》描写小鸟的叫声和歌唱声,《娃娃》描写娃娃睡觉、醒来和跳舞,这都是小班儿童生活中所见、所闻、所感的事物。为中、大班儿童选择音乐欣赏的器乐曲时,也要注意贴近儿童的生活,符合其音乐感知和理解能力的发展。如:圣桑的《动物狂欢节》组曲,通过变幻的旋律和乐音,构成了一个个栩栩如生、生动可爱的动物形象。快速跳跃的乐音、节奏表现出活泼伶俐的小兔子的形象;缓慢、滞重的乐音构成了大象笨重迟缓的音乐形象……这样的乐曲不仅为儿童所喜爱,而且便于儿童对作品内容、风格、情绪的把握和理解,能引起儿童情感上的共鸣。

其次,为儿童选择的音乐欣赏作品必须具有较高的思想性和艺术水平,有较好的演唱或演奏质量。体裁广泛、形式多样而富有艺术美的音乐欣赏作品能开阔儿童的艺术视野,丰富其音乐欣赏经验。要选择一些优美而经典的世界名曲,如:《拉德斯基进行曲》《梦幻曲》《四小天鹅舞曲》;以及具有代表性的我国民族音乐精品,如:《瑶族舞曲》《金蛇狂舞》《喜洋洋》《牧童短笛》等。有些作品篇幅较长,结构较复杂,则可以进行适当的删编(可以截取作品中相对独立的片段,也可以删减作品中某些部分,保留相对独立的部分)。

同时,还应考虑作品在内容、形式和题材等方面的丰富多样性。内容可以反映自然界、社会生活和儿童游戏等;表演形式可以有不同演唱、演奏形式的歌曲、乐曲等。尽量采用各种题材、体裁及多种风格的作品。

(二)辅助材料的选择

受年龄特点和知识、音乐经验所限,儿童在音乐欣赏的过程中一般很难像成人那样仅仅通过安静倾听的方式来获得对音乐的感性体验或理性思考。他们往往需要借助于一定的辅助感知手段(如:视觉、运动觉、言语知觉等)的协同活动,以丰富和加强听觉感受。因此,为儿童提供配合音乐欣赏的辅助材料便成为一种自然的、必要的手段。辅助材料的选择一般有以下几种。

1. 动作材料

这是指能符合音乐性质,能反映音乐的节奏、旋律、结构、内容和情感等的身体动作。它可以是节奏动作、舞蹈动作,甚至是滑稽动作等。这里,需要注意与音乐的性质相符,但不必太强调具体动作的统一性;且动作必须简单,比较容易表现,切忌复杂和繁琐。

2. 视觉材料

这是指能形象、具体地反映音乐的形象、内容、结构及节奏特点的可视材料。它可以是图片、幻灯片、录像或教(玩)具等。在选择视觉辅助材料时,需注意提供的视觉材料本身的线条、构图、造型、色彩、形象等必须与音乐的性质相吻合。如:欣赏《森吉德玛》A 段时,提供的图片是一幅色彩淡雅、安谧宁静而辽阔的草原风光图;而欣赏 B 段音乐时,展现的则是一幅色彩热烈、画面富有动感而热闹的草原赛马图。

3. 语言材料

这是指富有音乐所表达意境形象性的有声文字材料。它可以是故事、散文、谜语、诗歌或儿歌、童谣等。在选择语言辅助材料时,同样要注意应体现出与音乐的一致性。其"一致",指的是文学作品本身的内容、形象和情感以及表现手法,都要与欣赏的作品相一致,真实而贴切地烘托出音乐所表达的意境和气氛。如:柴可夫斯基作曲的《洋娃娃的葬礼进行曲》是一首悲伤而低婉的乐曲。让儿童欣赏时,可以借助于一个与音乐的沉重、伤感气氛相吻合的童话故事《鼹鼠和他的小花们》,通过故事中的人物、情节以及朗诵者的语气、语调所传达出的哀伤和无奈,恰

图 6-1 音乐区的材料投放

如其分地衬托音乐所要展现的内容和意境。另外,选择语言辅助材料还需注意文学材料本身的审美性,并能为儿童所熟悉、理解和喜爱。

二、音乐欣赏活动的简单知识和技能

音乐欣赏是人们感受、理解、鉴赏和品评音乐艺术作品的一种审美活动,也是通过音乐来了解世界的一种认识和思维的活动。对于学前儿童来说,有关音乐欣赏活动所包含的基本知识和技能主要有以下几个方面。

(一)倾听

倾听是儿童必须具备的一项非常重要的基本技能。它是对儿童实施音乐教育的基本出发点,也是开展音乐欣赏的前提和基础。

听觉是儿童最先发展的感觉器官之一。利用日常生活和周围环境对儿童进行倾听能力的培养是最自然和直接的一条途径。我们可以和孩子们一起辨别、倾听以下声音:①自然界的各种声音变化,如:风声、雨声、蛙鸣、鸟啼、潺潺的溪流声、隆隆的飞机声等;②日常生活中的各种声音,如:洗碗声、炒菜声、风扇声、钥匙晃动声、关门声、风吹窗帘声、走路声、轻声说话声等;③人体发出的各种声音,如:拍手声、捻指声、跺脚声、弹响舌声等;④歌曲、乐曲中的不同模拟

图6-2　辨听大自然的声音

音响声等。

（二）理解音乐作品的内容和基本表现手段

在音乐欣赏过程中，要帮助儿童了解和掌握音乐作品的名称、常用演奏乐器、主要内容（即音乐所表达的某种感情或情绪的发展及变化）、基本表现手段（即节奏、节拍、力度、速度、音色、旋律、结构等）及其在音乐作品中的表现作用。如《小白兔跳跳跳》在帮助儿童感受活泼跳跃的基本节奏的基础上，引导儿童反复倾听、比较，从而感受和理解作品的基本结构——单三部曲式及"引子"和"尾声"两部分，能听出音乐的第一、三段旋律是相同的，第二段与第一、三段是不同的，并进一步感受音乐第二段中的上行与下行所表现的两只小兔一会儿从低跳到高、一会儿从高跳到低互相追逐和玩耍的内容等。

小白兔跳跳跳

陈兆勋曲

$1=F$　$\frac{2}{4}$

活泼跳跃地

（引子）

（一）

（二）

（三）

（尾声）

（三）根据音乐作品展开一定的想象和联想

在音乐欣赏的过程中,要求儿童能根据音响感和情感体验唤起对有关生活和意境的记忆和表象,展开一定的联想和想象,从而进入音乐作品所表达的意境。如:在小、中班儿童欣赏《摇篮曲》的活动中,不仅要使儿童知道摇篮曲是哄小宝宝睡觉的音乐,感受到音乐安静、优美而舒缓的旋律及节奏特点,而且要启发儿童产生与音乐作品有关的联想画面,比如皎洁的月光洒在窗前的摇篮上,妈妈轻轻地抚摸着摇篮中的宝宝……引起情绪情感上的共鸣。

（四）分析对比音乐作品的性质、风格

在儿童积累了一定的音乐语汇的基础上,要引导儿童对同一音乐作品的前后段落或不同音乐作品的性质、风格、情绪及基本表现手段进行分析和对比,这样能进一步丰富和强化儿童对音乐作品的感受和理解。如:在感受音乐欣赏曲《瑶族舞曲》的基础上,要使儿童分辨出前后段音乐的不同风格(第一、三段音乐优美柔和,第二段音乐欢快热烈等)。

（五）再认欣赏过的音乐作品

对已经欣赏过的音乐作品,要求儿童能够根据乐曲的片段或全曲进行再认,以培养儿童音乐的记忆能力和听觉表象能力。再认时,要求儿童能说出音乐作品的名称,并能借助一定的表现手段或辅助媒介表达对音乐的感受。

第三节 学前儿童音乐欣赏活动设计与指导
——多感官参与

多感官参与的方法,是指在音乐活动中调动儿童的多种感觉(如:听觉、视觉、运动觉、言语知觉等)协同参与,以更好地丰富和强化儿童对音乐的感受和理解,体验并享受音乐艺术的美。这种音乐学习的方法不仅能有效地提高儿童感知、理解和表现音乐的能力,而且能调动和激发儿童参与活动的主动性、积极性和创造性。

这种音乐学习的方法应用于音乐欣赏领域,有其艺术心理学和教育学理论的依据:第一,心理学研究告诉我们,个体在认识活动中,开放的感知通道越多,就越能全面、深入地把握认识对象。儿童在音乐认识活动中,调动越多感觉器官,就越能深刻、细致地认识音乐所表达的内容和情感,产生一定的共鸣。第二,从儿童心理的发展来看,参与、探究的需要是儿童作为独立个体的基本需要,这种需要的满足能进一步激发儿童社会活动的动机和行为。第三,教育哲学的研究表明,在教育的特定领域中,音乐学科仅仅是用来帮助儿童达到理想发展目标的工具和媒介之一。音乐教育应当是诱发儿童通过音乐活动获得参与、表达、交流、探索和创造体验的过程。第四,儿童受其知识经验和音乐经验的制约,不可能仅仅通过安静倾听的方式来获得对音乐的感性体验或理性思考,往往还需要借助于一种可见、可控的外显操作作为欣赏音乐的主要方式。第五,各种不同艺术形式的感知过程存在着共同的心理机制。利用文学、美术、韵律动作等渗透于音乐欣赏之中,不仅可以增进儿童对音乐的理解,而且有助于发展儿童的艺术思维能力和审美心理结构。

图 6-3 教师选取合适的辅助参与方式
进行音乐教育

因此,在幼儿园的音乐欣赏教学中,教师可以在分析音乐作品性质、风格和基本结构的基础上,选取合适的辅助参与方式,帮助儿童丰富和强化对音乐的认识和理解,促进其对音乐的想象和表达。如:视觉辅助材料——图片、幻灯片、录像、教/玩具等的参与(见曲例分析 1);动作辅助材料——韵律动作、奏乐动作、歌唱动作、戏剧表演动作等的参与(见曲例分析 2);言语辅助材料——故事、诗歌、散文、谜语等的参与(见曲例分析 3)。

曲例分析 1——音乐欣赏曲《拨弦》

拨弦

[德]德立勃曲

$1={}^{\flat}E$ $\frac{2}{4}$

（乐谱）

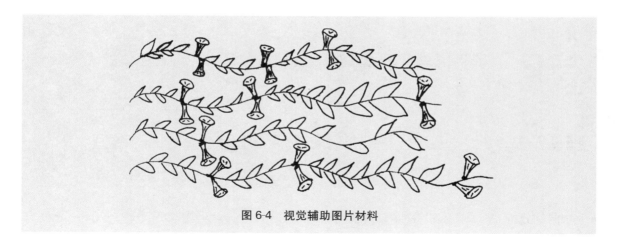

图6-4　视觉辅助图片材料

（图6-4是配合此曲设计的视觉辅助图片材料，表现 A 段音乐的四个乐句、每个乐句中接连两个强音以及乐曲的基本情绪风格和节奏特点。）

曲例分析 2——音乐欣赏曲《挪威舞曲》[1]

挪威舞曲

[挪]格里格曲

1=A 2/4

（引子）

（小树生长舞）

（向上扭）

（向下扭）　　　　　　　　　　　　　　　　　　　　　（睡着了）*Fin.*

（间奏）

（森　林　里　的　小　精　灵　出　来　了）

① 许卓娅.幼儿园音乐欣赏教育活动101例.南京:江苏人民出版社,1995,第159页.

B

3 4 3 2 | 1 · 6 | 1 6 7 #5 | 6 7 1 2 | 3 4 3 2 | 1 · 6 | 1 6 7 #5 | 6 |
（小　　精　灵　跳　舞，小　　树　不　　　动）

3 4 3 2 | 1 · 6 | 1 6 7 5 | 6 7 1 2 | 3 4 3 2 | 1 · 6 | 1. 1 6 7 #5 | 6 : | 2. 1 6 7 5 | 0 |

D.S.

曲例分析 3——音乐欣赏曲《森吉德玛》

森吉德玛

贺绿汀曲

1 = C 2/4

5　5 6 | i　i 6 | i　3 | 3 2 1 | i　5 | 6 5 3 2 |

i.　2 | i　— | i　i | 5　5 | 3　5 | 3 2 1 6 |

i　i | 2 5 1 6 | 5.　6 | 5　— | i　5 6 | 1 2 1 6 |

5　3 | 2.　3 | 5 6 i | 6 1 3 2 | 1.　2 | 3　6 |

5. 6 3 2 | 1.　2 | 1　— : | 1. 2 3 5 | i　— ‖

《森吉德玛》语言辅助材料：

第1段：

蓝蓝的天空飘着雪白的云朵，

静静的河滩上是吃草的羊群，

羊群好像天上的白云，

伴着牧人的笛声，多么宁静安详。

第2段：

欢乐的草原开满美丽的花朵，

火红的太阳下是奔跑的马群，

马群好像地上的鲜花，

伴着牧人的歌舞，多么热烈欢畅。

　　总之,教师在以音乐教育促进儿童主体性发展的过程中,要根据音乐活动的内容和形式综合地考虑引导儿童进入音乐学习的方法和具体形式,将各种方法视为一个相互渗透、相互补充、有机而统一的整体,以更好地促进音乐教育最优化。

思考题

1. 结合实践,谈谈不同年龄班儿童音乐欣赏的发展水平。
2. 为什么说倾听技能是儿童音乐欣赏能力发展的前提和基础?
3. 如何为儿童选择音乐欣赏作品?
4. 简述有关音乐欣赏的基本知识和技能。
5. 结合本章内容的理解,设计或评析一则音乐欣赏活动。

第七章
学前儿童美术教育的基本内容——绘画

第一节　学前儿童绘画能力的发展阶段与特点

根据国内外学者对儿童绘画发展阶段研究的梳理，我们可以看到虽然各种理论在各时期的年龄阶段划分上存在着差异，所描述的特征也略有差异，但儿童绘画发展的过程基本上是一致的，且各个阶段的核心特征也是相似的。因此，综合各种理论，我们把学龄前儿童绘画发展划分为以下几个阶段。

一、涂鸦阶段

儿童在一岁半左右，甚至更早一些的时候，便开始在纸或其他平面上乱涂乱画，这些最初画下的东西纯属涂鸦。处于涂鸦阶段的儿童，在乱涂乱画的时候极为专心，并经常接二连三地作画。他们仅使用一支画笔，一张接一张地画，并不注意颜色，也从没有想到要用一下身边的其他颜色的笔。

涂鸦阶段经历了从漫无目的、无规则的涂鸦，逐渐过渡到有控制的涂鸦，再发展到命名涂鸦，每一阶段都有着各自的发展特点和规律。

（一）无规则的涂鸦

最初，当孩子有机会接触笔和纸时，会在纸上乱涂乱画，他们还不懂得手中的笔是能够供自己驱使的，其结果显示这种涂鸦的动作是未经控制的，是依靠手臂在纸上有节律地来回移动，因此，涂鸦的第一阶段是随意涂鸦或无控制涂鸦。由于此时孩子的肌肉控制能力较差，动作还不协调，因此常见他们把线条涂到纸的外面，画出的线条不分化，横、竖、斜、弧线、锯齿线、螺旋线、点掺杂在一起。从他们的涂鸦作品中，很难看到线条的起始点（见图7-1）。有人不明白为什么孩子会在纸上重复地画那些毫无意义的线条，其实，使孩子们感到有趣的不仅是一种愉快的机械运动，还有笔在纸上留下的各种痕迹。

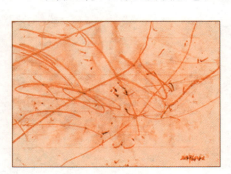

图 7-1　无规则的涂鸦

（二）有控制的涂鸦

孩子们的涂鸦方式是不教自会的。"一旦儿童开始反复他的动作，我们就可以确定，这个儿童已经发现了以视觉来控制动作，从这时候起，儿童会有意识地上下或左右地画线，但还经常把可以控制的线条与不能控制的动作混在一起。能控制肌肉动作是儿童一项很重要的经验,他不但从这种控制的感觉中得到信心,同时,他也首次从视觉上面体会到肌肉的运动。"

这一阶段,大部分儿童发现自己的眼、手能协调配合,手中的笔运用得较为自如,这种发现刺激他们不断地画出新东西来,在他们的涂鸦作品中,逐渐出现了波形线和锯齿线。随着儿童手臂动作灵活性的增加,他们便开始尝试更复杂的动作,这些动作使他们在纸上画出圆圈的线条,开始出现各种封口及不封口的圆形、复线圆圈、涡形线等(见图7-2)。

图 7-2　有控制的涂鸦

图 7-3　命名涂鸦

(三)命名涂鸦

第一个命名的涂鸦作品通常是圆形,或者一般来讲是圆的形状。孩子任意地将这种形状重复:"这是爸爸,这是妈妈,这是爷爷……"(见图7-3)或是"这只苹果是给爸爸吃的,这只苹果是给妈妈吃的,这只是给宝宝吃的"。虽然我们看不出人或苹果的形状,只是几个大概的圆圈而已,但可以肯定的是儿童已进入了涂鸦的命名阶段,"这种'命名的涂鸦'对儿童进一步的发展却具有极大的意义,因为这种进步显示,儿童的思考已经完全改变了。直到目前为止,儿童才能完全满足于他们自己,此后,儿童便把他的动作与想象经验连结在一起。他从单纯的肌肉运动转变到图画的想象思考。"①

命名涂鸦期的儿童开始意识到所画的线条与实物或自己的经验之间的联系,命名出现在画出图形之后。而且,儿童对图形的命名往往具有不稳定性,先前命名的内容会随着时间的变化而不同。

二、象征阶段

此阶段的儿童能凭主观直觉和印象描绘出物体的粗略形象,所画的只是一些简单的符号和标记,看不出完整的形象,但基本有了对象的形式特征。比如此阶段儿童所画的"蝌蚪人",头部、躯干、四肢等各部分还尚未分化,仅仅保留了人区别于其他动物的最基本特征。他们画的图像与生活中真实的物体相距甚远,仅具有象征性的意义,因此,我们把这个阶段称为象征阶段。

处于早期象征阶段的幼儿,其视觉形象的感受力有所提高,眼动较有规律,能用简单的线条画出象征物体的外部轮廓,已能把基本形状结合在一起构成形象,已能意识到自己所画的形象与实物之间的关系,有了想通过绘画表现客观事物的意图。但由于他们知觉的不完善并缺乏综合概括能力,因而所画物体缺乏完整性,往往按照自己的意愿,任意夸大所画对象的某一

① [美]罗恩菲尔德著,王德育译.创造与心智的成长.长沙:湖南美术出版社,1993,第92页.

部分,形象比较粗劣,与实物相差较远,还常以娱乐为动机在游戏中作画,并用语言补充画面未能表现出的意图。例如,这一时期所画的"蝌蚪人",只有圆圆的头、单线条的手和脚,或加上某些特别注意到的细节(如:纽扣、头发、眉毛等);所画的房屋、动物、交通工具等也是由几个不完整的部分组成的,缺少相应的细节。

画面上颜色的种类较少,常以线条画为主,也出现了小面积的涂色,但涂色不均匀,常涂到轮廓线的外面。图画的颜色与实物的颜色之间并没有关系,涂什么颜色完全取决于这些颜色如何引起其兴趣。

从空间上看,象征阶段早期的幼儿表现的都是独立的事物,事物与事物之间没有任何联系,只是一种想到什么画什么的片段罗列,没有组成统一的画面、形成整体意义。他们把物体随机地排列在纸上,物体没有任何空间关系,成人无法明白孩子们所画的东西,幼儿必须用语言说明,他人才能明白其表现的形象意义。

到了象征阶段的中后期,幼儿已掌握了较多的基本图形和线的组合,并不断地构成新的图形,描绘的事物也越来越广泛,所画题材涉及人物、动物、植物、自然景物、交通工具等。

幼儿开始选择自己喜欢的颜色来表现物体,五颜六色是这一时期作品中色彩的典型特点。到了象征期的后期,幼儿逐步地能按物择色,比如用绿色来涂树叶,用红色来涂太阳,用蓝色来涂天空。涂色能力较以前有了一定的进步,并能涂在轮廓线以内。

画面上开始出现了空间关系,幼儿开始发现"在空间关系里存在着明确的秩序",他们已开始意识到自己是环境的一部分,并通过基底线表现出来,把所有的物体、人物放置在基底线上。

三、图式阶段

这个时期的幼儿视觉感受性又有提高,眼动的轨迹越来越符合物象的外部轮廓,手部的小肌肉进一步发育,作画时能表现物象的主要部分和基本特征,不借助语言也能看出所画的内容。但是,该阶段幼儿常以程式化的图形表现物象,缺乏写实性,形象不完整,喜欢用固定样式和画法表现不同的对象,画得比较概念化。由于幼儿表现的方式呈现出符号化、图式化的特征,因此,我们把这一发展阶段称为图式阶段。

在早期图式阶段,还保留有象征期的绘画特点,但随着儿童认知的发展和手眼的逐渐协调,儿童画中的各个独立图形开始出现融合的趋势,然而在开始运用这种方式绘画时,他们还不能很好地把握好轮廓线,所表现的物体看起来比较死板。

幼儿在色彩的认识上越来越精细,对于色彩的明度、饱和度等方面的辨别能力有了较大的提高,能按物择色,根据物体的固有色来着色,并在轮廓线内涂色,但不注重颜色的协调。

从空间上来看,逐渐摆脱了基底线,尝试将整张画纸作为地面来表现作品中的形象,构图开始具有层次感,但还不能很好地把握物体的比例和近大远小的原理,因此,表现的物体、人物,不论远近都一样大小,甚至是"近小远大"。形象与形象之间已有了一定的联系,但这种联系较为简单,常用重叠、透明的方式来表现,所画形象基本上能反映主题。

到了中后期图式阶段,幼儿已能用流畅的线条来表现物体的整体形象,并用一些细节来表现物体的基本特征。例如,幼儿所画的人物形象不仅结构合理,而且能通过服饰、发型等细节来表现人物性别、年龄、职业身份等。又如,幼儿在画车时,除了表现车头、车身、车轮等基本的结构以外,还能表现乘坐车子的人、车身上的广告以及车灯等细节,通过细节的描绘,使所画物体更为具体、生动。他们尝试用立体的方式来表现三维物体,但受到技能的限制,还不能客观地表现三维物体。

此时幼儿在按物择色的基础上，能用某种颜色统一画面，形成主色调。如：画"过新年"时，幼儿大面积地使用红色，形成暖调，突出渲染过年的热烈气氛，逐渐地达到整个画面色调的协调，给人以和谐的美感。

同时，幼儿开始用色彩表达自己的情感。例如，用绿色表现感冒时的脸，用红色表现生气时的脸；用红色表现夏天的炎热，用绿色表现春天的春意，用金黄色表现秋天的丰收，用白色表现冬天的寒冷。涂色技能有了进一步提高，能均匀地涂在轮廓线之内，并学会用两种颜色相接来表现色彩的渐变。

该阶段有部分幼儿尝试从一个固定角度出发去表现物体的空间关系，出现了遮挡式构图。此时的作品开始有了一定的主题，且所画形象都与主题有关，画面内容丰富，画面中的一些形象成为主体，另一些形象则构成背景，具有一定的情节。

四、幼儿绘画中独特的表现形式

由于幼儿不能协调自己与客体的关系，加上缺乏经验和知识，在思维时总是把注意力集中在自己的愿望、需要、动作上，形成了特有的儿童思维的自我中心，因此，在绘画中，他们常常用主观的"知识运用"与"空间概念"去描绘物体。在象征期和图式期中，幼儿的绘画呈现出一些独特的表现形式，主要有以下几种。

（一）拟人化表现

在认识发展的初期阶段，幼儿往往从自身的角度或以自己的感觉为中心去观察和体验，他们相信世间万物都有像人一样的心理和感情，认为世界上所有的东西都是有生命的。表现在绘画中，最常见的就是给太阳添上五官、把动物画成直立的，除了动物的一些基本特征外，其他都与人物非常相像，并把自己所想的赋予到所画的动物身上，如图 7-4 幼儿作品中画了小兔跳舞，小兔手里拿着铃鼓在敲，一边敲一边翩翩起舞，四周还有一些美丽的花做装饰。

图 7-4　拟人化表现

这一特点主要是由于幼儿未分化的心理特征引起的，对于幼儿来讲，他们把自己的意识和情感赋予整个世界，使之生命化、拟人化，是他们心理发展中"泛灵论"的反映。

（二）透明式表现

透明式表现是孩子们画其所知的表现。幼儿还没有学会如何合理地去表现物体之间的关系，透明式表现是幼儿从机械地表现事物之间的关系（如：把相关的物体简单地重叠在一起）到客观表现事物间关系的过渡。因此，他们在表现形象时，常从自己的想象出发，把从视觉上看不到的部分像 X 光透视一样表现出来。例如图 7-5 中，幼儿画的是动物妈妈和动物宝宝，透过动物妈妈的肚子，我们能看见里面可爱的动物宝宝。

图 7-5　透明式表现

图 7-6　展开式表现

（三）展开式表现

展开式表现是指幼儿所画的人物、事物由中心向四周、上下或左右展开的表现方法。如图 7-6，画一家人围着桌子吃饭，画面上的人一个个都"躺"在地上，呈放射状。整张画呈现出不同的视角：桌子上的一盆盆"菜"由上往下俯瞰，桌边的人是从不同的角度看过去的。因此，画面给人的感觉非常奇怪。

展开式表现主要是因为此阶段的儿童在描绘物体时，总是从已有的知识经验出发，想把自己知道的事物全部画出来，而不考虑当时的观察角度，也就是说，他们用自己的认识代替了知觉，是"画他所知而非画他所见"，作画时的视角是不固定的，在不断地游走。

（四）夸张式表现

夸张式表现是儿童在绘画中的一种主观表现，是他们根据自己的经验作出的图式变形，将自己认为重要的部分或是感兴趣的东西画得特别突出或仔细的表现方法。

如图 7-7，画面上的男孩在吃西瓜，身旁还有很多筐西瓜等着他去吃。为了突出天气的炎热，画面突出表现了男孩的头部，把头画得特别大，头上流着大颗大颗的汗珠，还画了流汗的云。这就是一种夸张的表现。

这些特殊的表现形式是幼儿心理发展水平的反映，也只有在这个时期会出现上述这些表现形式，随着儿童年龄的增长、观察的逐渐客观化、绘画表现越来越自然化而逐步消失。因此，这些特殊的表现形式是弥足珍贵的，是儿童绘画自在性、独特性、生动性的体现。

图 7-7　夸张式表现

第二节　学前儿童绘画活动设计

学前儿童绘画活动设计就是根据一定的美术教育目标，选择一定的绘画内容和方法，对绘画过程中的一切事先进行设计，并通过各种组织形式对学前儿童施加美术教育影响的方案。

一、绘画的材料

绘画材料的教育价值主要依附在材料的操作上，不同的绘画材料蕴涵着不同的价值目标，能萌发儿童不同的想象与创造。

（一）材料提供的目的性

有什么样的活动内容，就要提供什么样的绘画工具和材料。教师应根据绘画活动的目标和内容，有目的地选择绘画工具和材料。但在一个绘画活动中，教师不宜提供太多的材料，这样容易使幼儿忙于材料的选择而忽略了绘画的表现。提供给幼儿的绘画工具和材料应具有一定的目的性,应和活动目标、内容相吻合,并为幼儿所熟悉。如果提供的是新材料和工具,应让幼儿进行尝试,并在此基础上,由教师示范使用方法,让幼儿掌握新材料和工具的基本使用方法。在此基础上,再由幼儿根据自己的经验和水平进行选择。

(二)材料提供的丰富性

教师应当根据绘画活动的内容提供足量的材料,让幼儿依据自己的需要选用。

1. 不同活动内容不同材料

绘画活动内容丰富,不同的绘画题材需要不同的材料作为支撑。因此,教师需要有针对性地投放各种活动内容的材料。

2. 同一活动内容多种材料

如:在"神奇的海底世界"活动中,教师为幼儿提供了五组不同材料供幼儿自选,幼儿的创作形式和作品呈现多样化。其中第一组为剪贴旧挂历或旧图书上的动物图片,再用油画棒添画背景;第二组是用记号笔、油画棒在彩色卡纸上设计各种形状的动物;第三组是用彩色橡皮泥捏出动物造型,用双面胶固定在彩色卡纸上;第四组提供白纸、记号笔、油画棒和水粉颜料;第五组提供奶瓶、快餐盒、方便面盒等废旧材料及彩色即时贴,供幼儿制作立体的动物,再用双面胶固定在彩色卡纸上。

(三)材料提供的层次性

由于儿童存在个体差异,他们对各种绘画工具和材料有不同的认识,操作也会处于不同的层面,因此,绘画活动内容、材料既要体现对儿童群体也要体现对儿童个体的关照,要有层次性。

对于不同年龄阶段,材料的层次也要不同,即要顾及幼儿的年龄特点。例如,同样是画人,可提供给小班幼儿马克笔,因为他们画的是蝌蚪人,主要是线描画。可为中班幼儿提供油画棒,因为他们画完人的轮廓后还要用自己喜欢的颜色涂色。可为大班幼儿提供各种材料和工具,让他们有选择性地使用自己喜欢的工具、材料进行表现。

但是,并不是所有活动内容的材料投放都能显示出层次性的,即使选用了相同材料,也会有不同的操作方法和水平、操作过程与结果,如:同样的剪贴画活动,同样用"对称"方法剪小人,有些幼儿只能剪出一对小人,而有些却能剪出两三对。此时,材料的操作层次性是内隐在教师心中的,并不可以物化出来的。

因此,教师在为幼儿设计材料时要注意以下两点。

1. 要根据儿童的生理特点和实际运用能力来选择

在使用的难易程度上,可以由易到难地选择。注意小年龄儿童以油画棒、粗记号笔等工具为宜;随着年龄增长,以及小肌肉动作的发育日趋成熟,可选择彩色水笔、毛笔等工具。在使用的数量上,小年龄儿童以单一的工具为主,逐渐地交替使用两种工具(记号笔、油画棒),直至多种工具交替使用。绘画材料的提供也应根据年龄特点,小年龄儿童可在长方形或正方形纸上作画,以白色为主,以后可提供给儿童不同材质、不同颜色、不同形状的纸张。

2. 工具和材料的使用要灵活,体现所要表现的内容和题材

如果要儿童表现形象的基本结构和内容,那么蜡笔、油画棒、水彩、广告颜料等都可以。如果要儿童表现形象的细节部分,则要提供给幼儿较细的马克笔、彩色铅笔或是彩色水笔等。

二、绘画的简单知识和技能

（一）绘画工具和材料的认识与使用

学前儿童在绘画活动中应认识各种绘画工具和材料，了解其性质，并能灵活地使用绘画工具和材料。

1. 各种常用绘画工具和材料

（1）纸张

① 铅画纸：适合用蜡笔、油画棒、铅笔、彩铅、水彩笔等绘画，甚至颜料练习都很合适。

② 彩色卡纸：彩色卡纸有时会有神奇的辅助兴趣和想象的作用，绘画效果就像打了底色一样，帮孩子开了个头，又不会太妨碍他们继续发挥，画出来的画也会格外有气氛，孩子容易获得信心。建议准备多种颜色的卡纸让孩子随意选用。

③ 刮画纸：这是一种表层为黑色，底层为彩色的纸，孩子用牙签或其他工具作为"笔"，在黑色表面上绘画，笔过之处会刮掉表层的黑色，露出下层的彩色，很有趣，对稍大一点的孩子（对笔的控制力比较好）感受线条尤为有帮助，出来的效果很惊艳。

④ 宣纸：这是国画用纸，有生宣、熟宣之分。生宣的吸水性较强，是写意画用纸；熟宣是加矾的宣纸，吸水性较弱，是工笔画用纸。

（2）颜料

① 水粉颜料：具有很强的覆盖力，上层颜色可以覆盖下层颜色，因此层次感很丰富。水粉颜料在不加水或只加少量水时很浓稠，色彩饱和度高，且可以画出像油画一样的厚涂纹理；而当在颜料里加入多量水时，又可以画出类似水彩的清透效果。

图 7-8　水粉颜料

图 7-9　墨块

图 7-10　墨汁

② 墨：有墨块和墨汁两种。墨块是传统工具，用时在砚台里加水细细磨成墨汁。作画所用的墨汁是书画专用墨汁，使用方便，易于保存。

（3）笔

① 蜡笔：质地较硬，没有渗透力。它的优点是画面整洁柔和，不容易搞脏手；且利用蜡不溶于水的特性，在蜡笔画上加画水彩，可产生特别的晕染效果。

② 油画棒：质地细腻柔润，色彩浓郁鲜艳，笔触非常丰富，厚涂可产生油画感，颜色涂布流畅，渗透性强，叠色混色性突出，在粗糙的画纸上尤其表现力强。

③ 水溶性油画棒：也称炫彩棒，溶于水，可以用毛笔沾水来刷涂以求色彩融合。

图 7-11 蜡笔

图 7-12 油画棒

④ 水彩笔：笔头通常是圆的，水性笔，水分含量多，颜色鲜艳，但水分不均匀，过渡不自然。

图 7-13 水彩笔

图 7-14 马克笔

⑤ 马克笔：有油性、水性、酒精性三种，颜色柔和、选择多，且笔头大小、形状有很多种类。

⑥ 水粉画笔：常见的有三种——羊毫、狼毫、尼龙，各有特点；笔头形状有扁头和圆头的。

图 7-15 水粉画笔

图 7-16 毛笔

⑦ 毛笔：因笔尖所选用的材料不同，性能也不相同，分羊毫、狼毫、兼毫三种。羊毫笔笔毛柔软，吸水性强，适合大面积涂色；狼毫笔有弹性，吸水性较弱，适于勾线；兼毫笔兼容两者性能，是水墨画的常用工具。

2. 各种绘画工具和材料的使用

（1）硬笔画

提供粗细不同的蜡笔、油画棒、各种颜色的粉笔、尼龙笔、记号笔、彩色铅笔，其中粉笔除可在黑板上涂画外，也可稍稍沾些水在纸上作画。

（2）水彩画与水墨画

运用毛笔、毛刷或棉签蘸上水彩、墨等颜料在纸上进行绘画。

(3) 手指画

用手指蘸上颜色直接进行点画或在此基础上组合造型,并用笔勾画出一定的图案、物体。

图 7-17　手指画

图 7-18　滚珠画

(4) 印章画

用刻有各种图案的模具蘸上颜色印盖在纸上,或利用棉纱、纸团进行印画,也可收集一些各种形状、纹理凹凸不平的物品进行拓印,如:瓶盖、钥匙、笔管、硬币、树叶等。

(5) 滚珠画

在平面的盒内放上白纸,把珠子蘸色后放在盒内来回滚动,构成画面。

(6) 粘贴画

用一些材料粘贴在纸上构成画面,如:纸团、布、树叶、瓜子壳、铅笔屑、鸡蛋壳、沙子及各种挂历纸、包装纸等。

(7) 印染画

用渗透性较强的纸折叠后在不同部位蘸上颜色或用毛笔将颜色点在纸的各个部位,打开纸形成对称的图案。

图 7-19　印染画

图 7-20　刷画

(8) 喷画

将颜料装在小型喷水壶里,在纸上不同方向喷出交错的图案。

(9) 吹画

将颜料滴在纸上,用吸管将颜料向四周吹散构成图案,或直接用吹画笔吹出不同的图案。

(10) 刷画

用牙刷蘸上颜料直接刷在纸上随意画出图案,也可将一些硬板图案放在纸上,用牙刷通过滤沙布刷在纸上,将硬板拿开,纸上呈现出图案。

（11）拓描画

将较薄的纸铺在画有凹凸纹理的物品上,用笔摩擦成画,或将透明的纸铺在画有图案的纸上将图案拓描下来,也可将一些实物、模具放在纸上沿物体轮廓线画出外形。

（二）绘画的形式语言

绘画的形式语言是绘画表现的手段,主要包括线条、形状、色彩、构图等要素。

1. 线条

在绘画中,线条能表现物体的形象,表达创作者的思想和情感,显示个人的创作风格。线条的运动与变化能增加造型的效果。学前儿童对线条的学习主要包括:

（1）线条的基本形态

分为直线与曲线。直线包括垂直线、水平线、斜线以及折线。曲线包括以圆弧度的大小、方向转换的不同而呈现的各种曲线。

（2）线条的变化

直线与曲线有长短、粗细的变化,线和线之间可以交叉、并列、重叠、穿插等,变化无穷。线的变化可以给人一种形式美感,表现出不同物体形象的特征。

2. 形状

形状是对象的外轮廓,是唯有眼睛所能把握的对象的基本特征之一。

在形状中,规则的三角形、正方形、长方形、梯形、平行四边形、菱形、多边形等都由直线构成,较为简单明确,所以称为规则几何形状,这类形状常见于人造物,如:屋顶、旗帜、窗户等。

由方向不定的弧线、曲线、波状线等自由曲线组成的形状称为非规则的自由形状,这类形状常见于大自然,如:波浪、河流、海滩、花、草、枝、叶等。

圆形、半圆形、椭圆形、漩涡形、月亮形、心形等,基本上是由曲线、弧线构成的形状。这类形状可简单、可复杂,是一种特殊的形状,在自然界与人造物中均常见到,如:自然界中的太阳、月亮、海星、鹅卵石、果仁、海螺等,人造物中的车轮、扇子、弹珠、皮球等。它们是自由形和规则形相结合的形状。

3. 色彩

色彩有表现性、象征性和装饰性三个特点。首先,色彩表达人的真情实感,创作者从自己的表现意图出发,主观地对色彩进行搭配,这就是色彩的表现性。其次,色彩的象征性是人们在长期的社会生活中,对色彩所赋予的特殊情感和象征意义。色彩成为一种特殊的象征符号,例如,红色象征热情、喜庆,黄色象征光明、希望,白色象征神圣、纯净,黑色象征罪恶、恐怖,绿色象征和平、青春,紫色象征优雅、神秘等。最后,色彩的装饰性是指画面上各种色彩的面积、位置以及与形状之间的协调。民间画诀说:"红要红得鲜,绿要绿得娇,白要白得净。"说明了追求大色块、高纯度的民间色彩装饰效果的审美倾向。

在美术教育中,学前儿童对色彩的学习经历了从辨认到运用的过程。

（1）色彩的辨认

色彩是造型艺术的主要语言,学前儿童通过美术活动,学习辨认色彩的三要素,即色相、色度和色性。

色相是色彩的相貌,指色彩的种类和名称,也是色彩可呈现出来的质的面貌。自然界中各种不同的色相是无限丰富的,如:紫红、银灰、橙黄等。学前儿童要学习辨认三原色(即红、黄、蓝),三间色(即橙、绿、紫),常见的复色(如:蓝灰、绿灰、红灰),以及无彩色(即黑、白、灰)。

色度包含色彩的明度和纯度。明度是指色彩的明暗程度,在七种基本色相中,紫色色度最暗淡,黄色色度最明亮。纯度是指色彩的鲜浊程度,纯度高的色彩鲜艳,在鲜艳的色彩中加黑、加白、加灰,纯度就变低了。

色性是色彩的冷暖属性。不同的色彩给人带来不同冷暖的心理感觉。一般说来,红、橙、黄等颜色被称为暖色,而青、蓝等色被称为冷色。色彩的冷暖是相对的。

（2）色彩的运用

学前儿童运用认识的颜色来表现物体形象,并通过颜色的对比、渐变、重复等变化来丰富画面,从而表达自己的情绪、情感。他们在色彩运用方面的学习主要经历了按物择色、通过颜色变化来处理画面上的色彩、色彩的情感表达等过程。

按物择色是指学前儿童运用认识的颜色,准确地表达出带有固定性颜色的自然物,选择与实物相似的颜色着色。如:小草是绿的,大海是蓝的,云朵是白的等等。

色彩的变化是指通过色彩的对比、渐变、重复等的变化来表现画面上各种形象的颜色与画面底色之间的关系,达到使画面明亮、生动的效果。

色彩的情感表达是指运用主观知觉来构成画面的色彩,如:用红色表现愤怒时的脸,用白色表现哀愁时的脸,用绿色表现生病时的脸等等。

4. 构图

在儿童的绘画中,构图有着与线条、色彩同等重要的地位。构图是指在一定的空间内安排和处理人、物的关系和位置,把个别或局部的形象组成一个整体。构图需要儿童能把握整体并预先构思,因此他们需逐步学习如何处理绘画中的形象分布和主次关系。

（1）绘画中的形象分布

形象分布是形象在画面上的位置关系和形象相互之间的关系。不同的分布方式有其各自鲜明的直观特征,反映了幼儿空间概念的不同水平。按形象之间的关系,绘画中的形象分布由低到高分为以下几种水平。[①]

① 零乱式:零乱式构图是指幼儿对画中的形象不做空间安排,只是随机地把物体分布在画面上,画面没有上下或前后之别。

② 并列式:并列式构图由一个我们称之为"基底线"的记号表现出来。从这时起,儿童用一种普通的空间关系来包含各种事物,把所有的物体和人物都放置在"基底线"上来表现。画面中的各种形象均头脚一致地竖立着,形象之间开始有了上下一致的方向。

③ 散点式:散点式构图和并列式那种只有上下高低而没有远近前后的构图方式相比较,已摆脱了地平线,开始表现出物体的离散关系,即物体向着四面八方散开。幼儿往往将整张画纸作为地面来表现作品中的形象,构图开始具有层次感。

④ 遮挡式:这种形象分布方式是幼儿期最高水准的构图形式,但是只有很少一部分幼儿能达到这一水平。运用图形之间相互遮盖或重叠的绘画表现方式是随着幼儿空间概念的发展而出现的。遮挡式构图的出现表明幼儿开始从一个固定角度出发去表现物体的空间关系。

---

① 陈帼眉.学前儿童发展与教育评价手册.北京:北京师范大学出版社,1994,第689-696页.

（2）形象主次关系

形象主次关系是指各种形象在画面中如何分化成主体与背景的过程。形象主次关系的处理与形象分布方式的发展密切相关，同时也与幼儿对事物之间关系的感知和理解以及组织形象能力的发展紧密相连。这一方面的发展大致表现为以下几种水平。[1]

① 罗列形象：处于该水平的幼儿，常常将事物看作是独立的个体，他们表现出来的各个物体在空间关系上实际上都是孤立的，各个物体之间好像彼此没有什么联系，相互之间也不产生任何影响。因此，其绘画具有"列举"的特点。

② 以空间关系安排形象：在幼儿的空间发展中，最重要且最基本的经验，是发现秩序和相关的空间概念。处于该水平的幼儿，其概念包罗了他自己、树、房子和整个环境，因此，他们在绘画时开始使一个事物与另一个事物发生相互的联系。最初，他们是以十分简单的方式来处理事物之间的关系的，这种方式仅仅满足于空间位置中"上下"的准确性，还不能正确地掌握上下、前后、左右三度空间，如：鸟与云朵在天上，人与植物、建筑物在地上等。此时，幼儿的作品中各形象都显得同等重要。

③ 形成主题与背景：儿童开始尝试用不同的方式来处理不同的环境，他们对作品中的主要形象增加细节、加以装饰等，从而使其被描绘得更加突出，成为画面的主体。此时的作品开始有了一定的主题，且所画形象都与主题有关，画面内容丰富，画面中的一些形象成为主体，另一些形象则构成背景，并有了简单的情节。

三、绘画的基本形式

（一）物体画

物体画是儿童在观察的基础上表现出物体的形状、色彩、结构、特征的绘画表现形式。物体画以培养儿童的造型能力为主要目的，对培养儿童的观察力、辨别力有重要的意义。

小班幼儿由于生活经验较少，接触事物的范围较小，因此可以画一些日常生活经常接触的、熟悉的和感兴趣的、轮廓简单的物体，如：皮球、饼干、太阳、花等。

中班幼儿已能将事物的基本部分归纳为图形，因此教师可以帮助他们通过观察，从较为简单的物体转到较为复杂的物体上去。除了画出正面的人，还可以画小狗、小猫等宠物及一些家禽、家畜，汽车、轮船等交通工具，以及简单的风景、建筑物等。

大班幼儿已积累了较为丰富的知识经验和绘画技能，所表现的内容日益丰富。因此，大班幼儿可以画出更为复杂的物体，描画出物体的细节部分及各种动态，如：人物、动物的不同姿态；可以画多种交通工具，如：洒水车、大吊车等；可以画结构更为复杂、场面较大的建筑物；可以画各种植物等。

（二）情节画

情节画是儿童根据主题内容的需要把与之相关的物体形象恰当地安排在画面上的绘画表现形式。通过情节画，儿童学会将多个形象进行有机的组合，并正确地表现出各形象之间的相互关系，从而构成一幅具有一定主题的画面。

中班幼儿在创作情节画时，主要是在画面上作简单的布局，并能画出一些辅助物来表现简

---

[1] 陈帼眉.学前儿童发展与教育评价手册.北京:北京师范大学出版社,1994,第696－699页.

单的情节。为中班幼儿设计情节画课题时,可先要求幼儿在画纸上重复地画某一物体,然后在主要物体旁添加背景或辅助物以构成简单的情节,如:小鸡吃米,可在纸上先画上三四只小鸡,再添画一些米粒、小虫等,构成简单的小鸡吃米的情节。以后再逐步地设计一些复杂的情节画,把几个物体联系起来,添上背景以构成一定的情节,如:在马路上可以画一些人物(正面),再添画街上的房子、树木、汽车等。

在为大班幼儿设计情节画课题时,可从描绘幼儿所熟悉的生活中的一些事情开始,如:我的幼儿园、春游等。要求幼儿表现出熟悉的生活画面,并能表现出各物体之间的主次关系、相对位置等。经过一段时间后,教师可为幼儿设计一些连贯地表现情节发展过程的课题以及表现故事、儿歌等内容的情节画课题,如:讲述了故事"猴子学样"后,让幼儿用连环画的形式来表现故事的情节。

(三)图案装饰画

图案装饰画是利用各种花纹、色彩在各种形状的纸(如:圆形、长方形、正方形、三角形、菱形)和各种不同生活用品纸样上有规律地进行装饰。图案装饰活动不仅能提高儿童手部动作的灵活性、准确性,培养其耐心、细致、按顺序操作的习惯,还可以发展其想象力、创造力。

小班幼儿图案装饰活动的设计侧重于简单的、散点式的装饰,可以用身边随手可取的一些材料(如:积木、蔬菜、水果、纸团等)进行拓印,体验装饰的快乐。

中班幼儿已经学习了一些比较简单的图案花纹,因此可以侧重于纹样在大小、排列、色彩上的变化。教师可以为幼儿提供生活用品的纸样,让幼儿进行装饰,如:在服装、桌布、围巾等纸样上进行装饰。

大班幼儿的图案装饰可以侧重于构图的变化、色彩的和谐与变化,也可以让幼儿了解一些富有民族特色的花纹,如:羊角花纹、波浪花纹、回字纹、云纹等。除了平面图案装饰,也可让幼儿尝试在立体物件上进行装饰,如:瓶子、碗、伞、鞋子等的装饰。

(四)想象画

想象画是指幼儿综合运用已有的知识和所获得的技能,对头脑中的表象进行加工改造、重新组合,并加入自己大胆的想象,从而创造出新的艺术形象和表现形态,以表达自己的所想、所感和所欲。想象画一方面能满足幼儿想象的欲望,另一方面可以激发幼儿画出自己想象的或喜欢的事物,幼儿的想象力在此过程中能得到充分的发挥。

想象画的题材有两种:一种是无中生有、现实中不可能实现的,如:没有电的世界;另一种是对现实的某种新的要求,有些是可以实现的,如:机器人、未来的水上乐园等。想象画的题材很多,但要基于幼儿的想象和创造发展的基础上来进行。

中班幼儿可以结合自己的生活经验,画一些简单的想象画,例如,根据自己的手印进行想象,把它变成树木、公鸡、小鸟、大象等。也可以对节奏、各种味道等的体验来画自己的感受,例如,听音乐画感受,根据旋律的舒缓或激昂,节奏的快或慢用点和线条等来画出自己的感受。

随着年龄的增长,幼儿的创造性想象开始发展了,因此,想象画的题材可以更为广泛,如:画自己未来的梦想。也可以根据童谣、童话、儿童诗等内容创作想象画,充满奇幻色彩的童话、有着朗朗上口、优美韵律的童谣和儿童诗,都能带给幼儿创作想象画的空间。

第三节 学前儿童绘画活动指导

如何指导幼儿绘画,是教师们一直思考的问题。在绘画教学活动中,由于指导方法的不当而造成幼儿对绘画活动厌烦,甚至失去兴趣的例子比比皆是。绘画活动的指导是建立在教师了解幼儿绘画发展阶段及各种绘画形式表现特点的基础上进行的。

一、各年龄段的绘画指导

(一)小班

小班儿童处于涂鸦后期和象征期早期,因此在造型上他们还不能表现出物体的基本结构和特征。由于他们在观察事物时没有明确的目的,观察的顺序比较紊乱,常常是碰到什么看什么,而且只看事物的粗略轮廓,因此在构图上呈现出比较典型的零乱式。从形象的主次关系看,小班儿童常将物体一个个罗列在纸上,且这些物体都是孤立的,画面上布满了多个毫不相干的形象,并且这些形象都偏向于纸的边缘,这是由于他们在画画时常常边画边转动纸张所造成的。"他满足于事物与表现所建立起来的关系,他完全满足于表现本身,他并不在意物体之间是否发生关系。在儿童最早的绘画里,物体在空间里的相互关系并没有任何法则"。[①]

因此教师在指导小班儿童绘画时可从以下几方面着手。

1. 为孩子准备涂鸦的工具和材料

教师应给孩子创造一个相对属于自己的绘画天地,使孩子能经常接触到绘画的工具材料。在涂鸦的早期阶段,最佳的材料是油画棒和平滑的大张纸,因为它们能使儿童的运动经验得以用最清晰的方式表现出来。铅笔不太适合儿童涂鸦,因为铅笔不能流畅地在纸上滑动,而且笔尖容易刺痛孩子。

2. 鼓励儿童大胆作画

对于刚入园的儿童来说,能大胆地在画纸上自由自在地进行表现,便是一个好的开端。

由于该阶段有部分儿童还处在涂鸦后期,因此,教师不必苛求儿童画出像样的东西来,而是要鼓励儿童大胆画画,让儿童在看、想、玩的过程中进行绘画表现。小班后期可引导儿童在观察的基础上表现单一的物体。

3. 为幼儿创设绘画的情境

小班幼儿常凭主观直觉印象来描绘物体的粗略形象。由于他们的兴奋强于抑制,情绪多变,很容易受外界因素干扰,因此,作画时没有明确的目的,往往由所画的图形联想到自己经验中的某些事物,绘画的内容不断地变化。所以,教师可为幼儿创设一个绘画情境,使幼儿在教师创设的环境中有目的地进行绘画。例如,让幼儿练习画各种线条时,教师事先画一幅海底世界,并剪好各种"鱼",让孩子为"鱼"穿上漂亮的衣服,即用线条装饰"鱼",然后把装饰好的鱼贴在海底世界里。

---

① 罗恩菲尔德著,王德育译. 创造与心智的成长. 长沙:湖南美术出版社,1993,第112页.

（二）中班

该阶段的儿童在与外界接触的过程中已经表现出了较高程度的社会意识，他们不再专注于直接的自我，而是显示出对外在事物的兴趣，这种兴趣可能是片段的，并没有特别的秩序，或是这种秩序可以由情感的意义来决定。

从构图上看，此时儿童的作品中，往往不止一两个形象，有时有三四个，甚至更多的形象。他们把这些形象以排队的方式放置在"基底线"上，形成并列式的构图方式。虽然画中的形象并不都与主题相关，但他们已有了初步的表现目的。他们也不太注意物体之间的大小关系，但已开始试图表现物体之间的空间关系。这一阶段的儿童对形象的分布和形象主次关系的处理能力有了一定的提高，教师可通过下列方式来指导儿童构图。

1. 通过多种形式观察物体

教师应引导儿童多注意观察、积累生活经验，比较物体在不同空间中的关系。同时，还要引导他们把不同的事物联结起来，从单一的表现过渡到一定情节的表现。

写生是培养儿童空间知觉能力的有效方式。在写生之前，教师要引导儿童先观察自己所看到物体的空间位置，然后用绘画的形式表现出来，让儿童了解同一物体可以从不同的角度观察和描绘。

2. 进行简单的构图练习

教师可以给儿童提供与主题相关的各种单张图片（如：人物、交通工具、动植物、建筑物等），让儿童根据主题进行构图。例如，儿童可以选择太阳、花卉、人物等图片来构成一幅主题为"美丽的花园"的画。到中班后期，教师可提供部分图片，并让儿童通过添画来完成一幅完整的画。

3. 通过情感体验来表现空间关系

罗恩菲尔德指出："第一个空间关系通常是透过感情来体验的，因此，有关主观关系的经验，是具有刺激性的，如：'你喜欢洋娃娃吗？''画你自己跟洋娃娃。'在这类绘画中，我们可能看到，儿童与身外的物体间并没有关系，而儿童和洋娃娃的感情关系则清楚地表现出来，这种反应显示了在早期阶段里，空间关系相当受到价值判断的支配。"

因此教师在指导时应尽可能使儿童的所画内容和其生活经验、情感体验相联系。

（三）大班

该阶段儿童的作品出现了散点式构图。大班后期，有一部分儿童已能用遮挡的方式来表现物体之间的关系。在形象的主次关系上，能以空间关系来安排形象，并形成主题和背景。因此，对他们在绘画构图上应提出更高的要求。教师可通过下列方式来指导儿童构图。

1. 鼓励儿童进行情节画的创作

到了大班以后，孩子们逐步开始使自己所画的人、物都围绕着绘画的主题，具有一定情节，因此教师要鼓励儿童把自己表现的人、物与周围的环境联系起来，在充分观察体验的基础上，借助绘画形式表达自己独特的视角。

2. 开展多种形式的绘画练习

大班幼儿已具有一定的绘画技能，并能灵活、综合地运用各种绘画工具和材料，因此，对同一个主题，教师可为幼儿准备不同的绘画工具和材料，让幼儿自由选择，并用自己喜欢的工具、材料来创作。例如，在"美丽的花"绘画活动中，教师为幼儿提供了油画棒、广告颜料、马克笔（粗、细）、画纸、卡纸、吹塑纸等。在活动中，有些幼儿用油画棒来表现，有些幼儿用不同粗细的黑色马克笔画单色画,有些幼儿用广告颜料、卡纸、吹塑纸创作版画,用不同形式来表现他们心目中美丽的花。

教师在指导儿童绘画时必须遵循儿童心理、绘画发展的规律,根据不同年龄阶段儿童的绘画特点进行指导。在指导的过程中,教师经常会遇到的问题是如何处理创造性与技巧之间的关系。如果技巧教得太多,会限制儿童创造力、想象力的发挥,使孩子们的画如出一辙;但如果不教技巧,儿童又无法有效地把自己内心所想用画笔表现出来,往往需要用语言来补充说明。所以,教师在指导儿童绘画时,要把技巧的学习和儿童的生活经验紧密地联系起来。例如,教师在指导儿童用蜡笔或油画棒涂色时,常常抽象地告诉儿童:"要用力地涂,涂得均匀,涂得浓",但结果却是:许多孩子把颜色涂到轮廓线的外面,由于线条的变化造成涂色不均匀,因线条连接不紧密而造成许多空白点等等。教师在指导时,可以根据儿童的生活经验,在画"冬天的人们"时告诉孩子:"冬天,人们为了抵御寒冷要穿上厚厚的衣服,衣服上不要有小孔,别让冷风吹进去";在画"小狗"时告诉孩子:"我们比一比,看看哪个小主人把小狗养得最好,毛色最漂亮,身上没有杂毛"等。这样,儿童在涂色时想到的不是怎样涂满、涂均匀,而是要给冬天的人们穿上厚厚的衣服,把小狗的毛梳理得整整齐齐,效果可能就好得多。

二、各类型的绘画指导

(一)物体画的指导

1. 引导儿童观察物体的基本结构和主要特征

教师应根据不同年龄阶段儿童的特点引导儿童观察。由于小班儿童的认知能力较差,还不会表现物体的基本结构和特征,因此,教师只需引导儿童观察物体的大致轮廓,形成对物体的基本视觉印象即可。中班儿童已能逐步地有目的地作画,教师可引导儿童观察物体的基本结构和主要特征,如:人物、动物、植物、交通工具、建筑物等的形状、颜色、结构。大班儿童已积累了较多的知识经验和绘画技巧,教师可引导儿童细致地观察物体的形状、颜色、结构和特征,并辨别物体的异同。

2. 引导幼儿从不同角度来表现物体

物体画主要表现物体的结构和特征,如果观察的角度有限,那么表现的物体形象就单一,所以教师应帮助儿童学会从不同的角度来观察、描绘物体。例如,儿童学习建筑物的造型表现时,教师可以指导儿童先表现房子的一般特征,接着表现几幢组合在一起的房子,再表现"我的家"、"我们的幼儿园"、街道,最后让儿童设计房子、想象未来的房子等。

(二)情节画的指导

1. 感知物体之间的空间关系

物体之间的空间关系是情节画的重要部分,包括现实中和画面中的空间关系。因此,教师可以引导幼儿分别观察现实和画面中的空间关系,提高幼儿对空间关系的认知能力。观察现实空间时,可以引导幼儿观察近处物体和远处物体看上去有何不同,例如,写生户外的一棵大树时,教师可引导幼儿观察,从近处看到了什么、从远处看到了什么、从近处看与远处看有什么不同等。观察画面中的空间安排时,可以分析画面中各形象之间的相互关系、主要形象与次要形象的大小比较、主要形象在画面中的位置、情节如何表现、画面中的背景如何设置、画面中主要对象的颜色与背景色之间的关系等。

2. 开展多种形式的构图练习

儿童要发展个别的技巧，就必须通过练习。但是，技巧练习的形式要多样化，才能引起儿童的兴趣。同时，教师要结合不同年龄阶段儿童构图发展的特点来选择适合他们的练习形式。

对于中班幼儿，教师可给幼儿提供与主题相关的各种单张图片（如：人物、交通工具、动植物、建筑物等），让幼儿根据主题进行构图。

对于大班幼儿，教师可运用合成、连环画等形式进行构图练习。合成就是把两个或两个以上的基本图形（包括点、线、面、体等）作有意义的联结，从而构成一幅完整作品的过程。如：把废旧的图书、广告纸上的图片剪下来，根据主题重新组合，并添画一些内容，使其成为一幅完整的画。连环画活动首先由幼儿 A 设计一个主题，例如"快乐的儿童乐园"，A 先完成第一幅画，然后由 B 完成第二幅画，再由 C 完成第三幅……以此类推，直至整套连环画完成。

3. 通过欣赏感受作品的构图形式

在幼儿积累了一定的构图经验后，可以让幼儿欣赏一些大师（如：马蒂斯、保罗·克利、奥基弗、梵·高等）的作品，以此了解即使是相同的主题也可以有不同的构图方式，不同的构图方式会产生不同的视觉效果。在欣赏和借鉴大师作品的过程中，能使幼儿的构图形式变得丰富多样，逐渐发展构图技巧。

（三）图案画的指导

1. 欣赏图案装饰作品，开阔幼儿的视野

图案装饰美在日常生活中随处可见，教师可以引导幼儿欣赏一些装饰性强、造型独特、具有民族特色、多元化的装饰花纹和图案构成。从幼儿最熟悉的物品着手，在认识形状的基础上，让幼儿观察、欣赏这些物品上的图案，如：引导幼儿观察、欣赏伞面的图案，启发幼儿思考伞与人们生活的关系，探索伞面图案的装饰特点，了解装饰与生活的关系。

欣赏的形式是多种多样的，如：观察生活用品上的图案装饰；欣赏丰富多彩的民间装饰艺术；逛街时观察橱窗里陈列商品的图案；欣赏专门的图案装饰画等。通过观察、欣赏，可以开阔幼儿的视野，培养幼儿对图案装饰美的感受，认识和理解图案装饰的实用价值，初步认识图案装饰的规律，培养对图案装饰画的兴趣。

2. 引导幼儿循序渐进地学习图案装饰画

图案装饰画的描绘过程比较规范、精细，教师要让幼儿由浅入深地学习图案装饰画。

从装饰的物品上看，小年龄儿童可以在"纸盒"、"桌布"、"毛巾"等规则纸型上进行装饰，大年龄儿童则可在"手套"、"领带"、"衣服"、"靴子"等不规则纸型上进行装饰。

从装饰的纹样来看，小年龄儿童可用点、线、简单的几何图形等简单纹样进行装饰，大年龄儿童则可用花草、树木、房子等较为复杂的纹样进行装饰。

从装饰的色彩上看，小年龄儿童可用两至三种颜色进行装饰，大年龄儿童则可用多种颜色较为协调地进行装饰。

3. 图案练习的方法要多样化

图案装饰画的描绘过程规范性较强，如果教师仅要求幼儿反复用一种形式练习某种表现技法，可能会抑制幼儿的想象力和创造力，使图案装饰画的练习变得枯燥乏味，从而使幼儿失去兴趣。因此，教师要采取多样化的练习方式培养幼儿对装饰的兴趣，如：小组间开展竞赛，看看哪组设计的纹样最多；结合节日，比如妇女节、父亲节，为妈妈设计"衣服"，为爸爸设计"领带"。

（四）想象画的指导

1. 欣赏抽象作品，发展幼儿的想象力和创造力

通常我们会觉得抽象作品不如具象作品容易感受和理解，但是，幼儿对抽象作品所抱有的兴奋程度，对线条、形状和色彩等的感受水平，以及围绕作品展开想象的能力，是绝大多数成人所望尘莫及的。因为美术欣赏的过程实际上也是幼儿积极主动的创造过程，抽象的艺术作品能把幼儿潜在的创造力充分调动起来，使他们用自身的知识经验和个性情感来进行创造，体现出独特的个性和创造色彩。

此外，在美术欣赏活动中，让幼儿共同讨论作品所表达的情感，透过作品猜猜画家创作时的心情以及作品表现出的画家的个性特点，给作品起名字等，也有助于幼儿想象力和创造力的发展。

2. 引导幼儿进行借形想象

借形想象，顾名思义就是借助一定的形状进行添画，使其变成另一样东西。这里的"形"可以是幼儿生活中所熟知的实物、物体、图形等。例如，在"手印真奇妙"活动中，幼儿对手印进行了再定义，把它变成了公鸡、大象、孔雀、鸽子等；在"图形变变变"活动中，孩子们对生活用品进行变形添画，把易拉罐变成了一个跳绳的小女孩（见图7-21），把靴子变成了一只游泳的鸭子（见图7-22），把汉堡包变成了城堡（见图7-23）等等。借形想象给幼儿提供一个想象的支点、幻想的空间，他们可以借助实体的"形"进行二维空间的想象拓展，又能进行三维空间的架构创造，甚至还能借助抽象的"无形"事物进行想象绘画。

图7-21 跳绳的小女孩

图7-22 游泳的鸭子

图7-23 城堡

3. 开展多样化的想象画创作

想象画创作是培养幼儿想象力和创造力的重要手段。幼儿的想象力很丰富，他们常常凭借自己的想象把许多不相关的事物组合在一起，不考虑时空关系和合理性，画出奇妙、怪诞的作品，往往具有构思大胆奇特、形象生动有趣等特点。想象画的方法有如下几种。

（1）变形法

这是通过夸张、添加、装饰等手段，使一个基本形变成另一个新形体的创作方法。例如，教师先画一只小鸟的基本形，然后通过夸大、缩小、增加或减少的方法，启发幼儿画出长脖子的小鸟、巨大的鸟、大尾巴的鸟等。

（2）接龙法

这是通过画连环画的形式来补充画面，从而形成比较完整故事情节的创作方法。例如，在

欣赏绘本《我的连衣裙》的基础上,让幼儿创编连环画《我的连衣裙》。第一个幼儿画马路上有很多小汽车;第二个幼儿接着画小兔来到了马路上;第三个幼儿画小兔的连衣裙变成了小汽车的花样(见图7-24~7-26)。使用接龙法,要为幼儿提供一个创作的范围和基础,但要留有想象的空间,空缺的画面要能激发幼儿的想象并能通过创作使其完整。

图 7-24　马路上很多小汽车

图 7-25　小兔来到马路上

图 7-26　小兔的连衣裙变样啦

（3）拼贴法

这是把撕或剪下的各种不同图形,或是从画报上剪下的图形随意贴到底纸上,然后展开合理的想象,通过添画来完成作品的创作方法。例如,让幼儿从画报上剪下各种不同的服装贴在底纸上,并添画上头部,就可以完成一幅 T 台表演的作品。又如,让幼儿将随意剪下的不规则图形贴在底纸上,再添画成海底世界。

（4）假想法

幼儿通过对已有的表象进行大胆的组合,就可以创造出新的形象,以表达自己的想法,发展创造力,如:"未来的房子"、"机器人"、"巨型玫瑰"等。

思考题

1. 象征期幼儿的绘画在造型、色彩和构图上有哪些特点?
2. 图式期幼儿的绘画在造型、色彩和构图上有哪些特点?
3. 幼儿绘画中有哪些特殊的表现形式?请举例说明。
4. 结合实际谈谈我们应为幼儿提供怎样的绘画材料?
5. 根据形象之间的关系,绘画中的形象分布由低到高分为哪几种水平?
6. 结合实际谈谈如何指导幼儿的物体画?
7. 结合实际谈谈如何指导幼儿的想象画?

第八章
学前儿童美术教育的基本内容——手工

第一节　学前儿童手工制作能力的发展阶段与特点

手工制作活动是幼儿园美术教育活动中的重要组成部分，是幼儿运用各种材料、工具，对材料进行加工改造，不断发现制作过程中的问题并尝试解决，进而创造出艺术形象以及表达自我的一种活动。根据对幼儿手工制作活动的研究，并结合国内外学者对儿童手工制作能力发展的研究结果，我们把学前儿童手工制作的发展划分为以下几个阶段。

一、玩耍阶段（约 2-4 岁）

该阶段初期，孩子的行为并没有明确的目的或意识，只是以纯粹的玩耍为中心，由于这一阶段幼儿的生理、心理发展水平有限，加之手部肌肉、骨骼的发育还不够完善，因此他们还不能很好地认识和掌握手工制作的工具和材料，他们凭借着好奇心去探索出现在他们面前的纸张、黏土等。我们经常看到孩子们用小手紧握、拍打黏土，把手边的纸抓起来挥舞、撕破，他们在玩耍的过程中享受黏土的触感和造型变化，在把纸张撕破、弄碎时得到快感。

这一时期的孩子在玩耍各种材料时没有什么明确的目的，他们并不在意自己把黏土揉捏成了什么，而是享受着黏土的触感以及形态的变化，他们也不知道剪刀的用途，只是好奇心驱使他们去摆弄、探究剪刀的用法，开始时，纸和剪刀不能配合，纸张经常会被绞在剪刀里或是从剪刀里滑出来。随着对手工制作工具和材料的不断探索，他们逐渐开始用手掌把黏土压平、伸展，用指尖挖；或是用剪刀随意地剪出纸条或纸片，并给偶然形成的造型命名。这一阶段，虽然幼儿没有明确的手工活动的目的，但在与工具和材料的充分接触中，他们感受到了材料的不同性质，也为下一阶段真正的手工制作打下了基础。

二、直觉表现阶段（约 4-5 岁）

这个阶段孩子的表现欲也非常强，喜欢使用剪刀、固体胶等工具进行手工制作，然而谈不上有什么技巧，工具使用的稚拙感很明显。他们已有一定的制作意图，在制作之前便宣称自己将要做什么，然后才开始着手制作。他们能利用黏土的可塑性展开各种尝试，能用纸张折出简单的物体，也能运用手、剪刀等工具撕、剪出简单的图形，进而全神贯注地实现自己的意愿。

在泥塑活动中，幼儿能运用团、搓、压、捏等技能塑造出物体的基本部分和主要特征，会使用一些简单的辅助材料。但由于幼儿直觉地表现，因此在他们的作品中会出现一些非理性的、夸张的表现,如:为了让自己制作的车子能立稳,便把四个轮子做得非常大。由于手部动作发展不够成熟,此时的幼儿还不能很好地表现物体的细节。

在纸工活动中,幼儿能用图形、几何形、自然物等进行粘贴,并能用单张纸进行简单的折叠。同时,还会进行目测剪(撕),剪(撕)出直线、弧线等,但作品往往较为粗糙,如:折叠不平整,剪(撕)出的物体轮廓不光滑等。

在废旧材料制作中,幼儿能利用现成的废旧材料进行简单的加工,制作出作品,但由于幼儿还不能熟练运用各种手工制作技能,因此制作出的东西显得较为幼稚、粗糙。

三、灵活表现阶段(约5-7岁)

随着幼儿手腕动作、手眼协调能力的不断发展,他们已不能满足于仅用一两种技能制作简单的物体形象了,他们希望能用各种工具和材料制作出他们喜欢的较复杂的物体形象,并用几个物体形象构成具有一定情节的场面,以表达自己的意愿。

在泥塑活动中,幼儿已能灵活运用各种泥塑技能,除掌握团、搓、压、捏等技能外,还逐步掌握了用拉、雕塑等较为复杂的技能制作出具有一定特征和细节的物体,变化人物或动物的上、下肢,从而塑造出动作、姿态各异的形象,并组成一定的情节,如:"我在看电视"、"手拿宝剑的士兵"、"小熊过桥"等。有时还与其他幼儿分工合作,把制作的物体组织成有趣的故事场面或生活场景。

在纸工活动中,幼儿不仅能沿轮廓线剪、目测剪,到了该阶段的后期,幼儿还能折叠剪出各种造型的窗花。手与纸的配合不断地协调,能自如地运用剪刀自剪自贴,且剪出的图形轮廓较为光滑、整齐。幼儿已不只是用单张纸进行简单的造型活动,还能用两张(或以上)纸折叠出立体的、简单的组合物体造型。

在综合运用各种材料制作时,能通过折、剪、粘贴、连接、弯曲和组装等技能对自然材料和废旧材料进行制作。作品较直觉表现阶段更为精细。

第二节　学前儿童手工活动设计

一、手工活动的材料

在手工制作活动中,幼儿正是在加工、改造和组合材料的过程中完成制作活动并习得学习经验的。由于幼儿在选择材料时目的性不强,具有一定的盲目性、随意性和试误性,并且在材料使用过程中存在固着化的特点,因此,教师在提供材料时应注意以下几点。

(一)材料要具有多样性和层次性

如果提供成品类的、定型类的、变化单一的材料,幼儿不能进行多种组合,则无法激发他们探索和制作的兴趣。因此,教师应给幼儿提供半成品类的、未加工的原材料和可供孩子进行多种组合的材料,为幼儿提供自己动手的机会,同时,具有多种组合的材料(如:纸盒、塑料瓶、罐头等)可让孩子通过"加法"(如:将几个纸盒组合成恐龙造型)和"减法"(如:在纸盒上剪去几块形成"车窗",再加上轮子,便成了一辆车)的不同组合方式,发挥想象力和创造力,激发制作兴趣。

（二）材料要具有不同的特性和功用

不同特性的材料是指不同质地、大小、重量等的材料，可以促进幼儿在选择、探究和加工材料的过程中感知不同材料的物理属性，了解材料之间的大小比例关系、空间组合关系和重力平衡关系，丰富幼儿有关材料的学习经验。

不同功用的材料包括：①制作活动所需的主体材料，对幼儿的制作活动具有决定性作用；②辅助材料，可以使幼儿的制作过程更为丰富、精细和完整；③工具性材料，如：剪刀、双面胶、绳、线等，可以促进制作活动顺利开展。

（三）材料的陈列要具有开放性

教师除了为幼儿提供丰富的材料外，在教室里陈列材料时也应是开放的。对于师生共同收集的废旧材料，可以分门别类地陈设，例如，根据材料的形状，分为点状（纽扣、珠子、小石子等）、线状（棉线、毛线、绳子等）、面状（纸、布、树叶等）、块状（盒子、瓶子、石块、泥块等）；可以根据材料的性质，分为植物（树叶、树枝、花瓣等）、农作物（大豆、米粒、面粉等）、金属材料（铁片、铁丝、螺丝钉、钢丝等）、其他（陶土、石头、贝壳、塑料等）；还可以根据成品、半成品、原材料等来分类。

陈列的材料在量和种类上都应丰富多样，不论是教师还是幼儿都可以随意取用，自己选、自己裁、自己做。这样做给了幼儿充分比较与选用的宽裕度与自由度，最大程度上尊重了幼儿。

二、手工的简单知识和技能

（一）手工工具、材料及其性质

1. 手工工具

相对于成人的手工制作，幼儿的手工活动是较为简单的操作活动，所以，使用的工具也较为简单，主要有剪刀、固体胶、胶水、塑料刮刀等。

2. 手工材料及其性质

学前儿童手工活动的材料可以分为点状材料、线状材料、面状材料和块状材料。[①]

①　点状材料：主要有珠子、纽扣、果仁、瓶盖、豆子、石子、沙子等。可用于作品完成后的装饰，也可通过串连、拼贴、镶嵌等方法制作平面和立体的作品。

②　线状材料：主要有绳子、线、纸条、橡皮筋、吸管、树枝、电线等。可通过编织、盘绕、拼贴、插接等方法制作平面或立体的作品。

③　面状材料：主要有塑料片、纸、纸盘、布、花瓣、木板、树叶、玻璃片、铁片等。通过撕、剪、折、卷、粘贴等方法来制作平面或立体的作品。

④　块状材料：主要有各种材质的盒子、瓶子、球体，以及水果、蔬菜、泥块、石块、纸杯等。可通过塑造、雕刻、组合、挖、剪、拼接等方法来制作立体作品。

（二）手工制作的简单知识与基本制作技法

1. 泥工材料及基本制作技法

幼儿园泥工活动中常用彩泥、橡皮泥、黏土、超轻黏土以及自制面泥。

---

①　孔起英著.学前儿童美术教育.南京:南京师范大学出版社,1998,第143页.

泥工的基本制作技法包括以下几种。

① 团圆:将泥放在手心中,两手配合,来回揉搓成球状物。可制成苹果、皮球、珠子等泥工制品。

② 搓长:将泥放在手心中,两手合拢,前后搓动成圆柱形。可制成面条、麻花、胡萝卜等泥工制品。

③ 压扁:将搓成的长条或团成的球状物放在手心中,用两手掌拍压。可制成饼干、花卷、车轮等泥工制品。

④ 捏:用拇指和食指互相配合捏泥。可制成物体的细部,如:动物的耳朵、嘴巴、器皿的边缘等。

⑤ 挖:将初步制成的物体用手指按压成小坑,或用工具将中间的泥挖去。可制成水果、碗、盆等泥工制品。

⑥ 嵌接:将团、搓、捏、拉出的物体细部组合成一体的方法,有粘接(橡皮泥直接粘接)和棒接(用火柴梗、牙签等连接)两种。凡嵌接的物体上半部分量较重时,必须采用棒接。

⑦ 分泥:用目测法将大块的泥按照塑造物不同比例的需要,分成大小不同的泥块进行塑造。

⑧ 伸拉:从整块泥中,按照物体的结构伸拉出各部分。

2. 纸工材料及基本制作技法

纸的种类有很多,常用的纸有:铅画纸、宣纸、瓦楞纸、皱纹纸、吹塑纸、海绵纸、电光纸、即时贴、铜版纸、玻璃纸、卡纸、牛皮纸等。

纸工材料的基本制作技法有以下几种。

(1) 折纸

① 对边折:将纸的两边对称折叠(见图8-1)。

② 对角折:将纸相对的两角对齐折叠(见图8-2)。

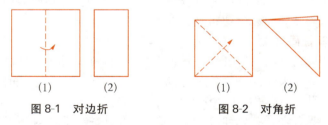

图 8-1　对边折　　　　图 8-2　对角折

③ 集中一角折:先将纸的对角折出对角线,再依据对角线,将相邻两边向对角线折叠(见图8-3)。

④ 四角向中心折:先通过两次对边折或对角折找出中心点,再将四个角分别向中心点折(见图 8-4)。

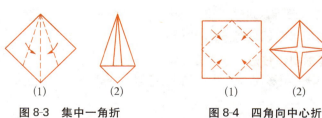

图 8-3　集中一角折　　　　图 8-4　四角向中心折

⑤ 双正方形折:将纸先对边折,再根据中线一角向前,一角向后折成三角形,然后从中间撑开、压平(见图8-5)。

⑥ 双三角形折:将纸先对角折,再根据中线一角向前,一角向后折成正方形,然后从中间撑开、压平(见图8-6)。

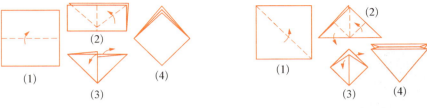

图8-5 双正方形折 　　　　　　　图8-6 双三角形折

⑦ 菱形折:先将纸折成双正方形,再依据中线,将开口端的四条边向内折叠,然后向下拉成菱形(见图8-7)。

图8-7 菱形折

⑧ 组合折:由数张纸经过相同或不同的折叠后,形成几部分物体形象,再把它们衔接起来,构成更复杂的造型(见图8-8,宝塔的做法即组合折的具体运用)。

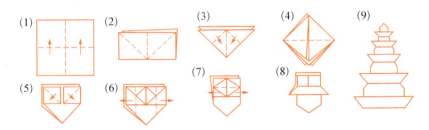

图8-8 组合折(宝塔)

(2)剪

① 目测剪:用目测在没有任何痕迹的面状材料上剪出形象。学前儿童用目测剪出的形象大多是一些具有简单轮廓线的物体。

② 沿轮廓线剪:根据已有的轮廓线来剪出所需形象。轮廓线可以是纸上现成的,也可以是事先在纸上画好的。

③ 折叠剪:将纸经折叠后剪出所需形象。

(3)撕

撕有目测撕、沿轮廓线撕和折叠撕三种。方法同剪。

图8-9 剪纸造型

图8-10　手工粘贴画

（4）粘贴

粘贴是把现成的纸形、几何图形或自然物贴在纸的适当位置上，表现物体形象的造型活动。

① 图形粘贴：把从图书、杂志等上剪下的实物图形，经过重新组织，拼贴成画。实物图形一般由教师提供给幼儿。

② 几何图形粘贴：用色纸剪出大小、形状不同的几何图形，拼贴出新的图像。

③ 自然物粘贴：把各种植物的叶子或其他废弃物（如：蛋壳、瓜子壳等）粘贴在衬纸上，形成新的图像，或拼贴成画。

（5）染纸

染纸主要包括折叠、染色、打开三个相互衔接的步骤。

① 折叠：根据制作的需要，可把纸裁成正方形、长方形、三角形等几何图形，或生活用品的形状，如：衣、裙等。折叠方形纸时，可将方形纸反复对边折，再对角折，折成一个小三角形，也可以折成四等分、八等分的小正方形；折叠圆形纸时，首先将纸以直径为折位线对折，折成半圆形，再以半径为折位线反复对折，折成小扇形。由于折叠的方式各不相同，最后染出的效果也是多种多样的。

② 染色：将折好的三角形、方形、小扇形等纸形用拇指和食指捏住，中指随在食指的后面，先把一个角蘸到盛有颜料的小碟内。由于所用的纸吸水性强，颜色自然就渗透进去，出现了晕染的艺术效果。蘸染时，如果先蘸黄色，再在黄色的基础上蘸蓝色，就会产生绿、草绿、黄绿等不同的色调变化；一个角染完，再染另一角或另一边，依次蘸染，直至完成。注意蘸色时，除了注意色调搭配，还要适当留出空白。

染色的方法主要有以下几种：

● 浸染法：通过浸的方法给纸染上颜色。

● 滴染法：将颜料直接滴到纸上，并将纸进行挤和捏，这样可以将颜色尽快地染进去。

● 点染法：用毛笔将颜色涂点到需要的地方。

● 浓破淡法：这是国画中的一种技法。为了使色彩层次丰富，在同一个地方用深浅不同的颜色进行染色，增加变化的效果。

③ 打开：将染好的纸，按折缝一层一层地轻轻打开，将展开后的纸进行晾晒干燥。干燥后，用喷雾器喷一点水雾上去，再用熨斗将纸熨平。

3. 废旧材料及基本制作技法

（1）废旧材料

废旧材料指因使用时间过长而发生性状改变或失去效用的材料。废旧材料虽然失去了原有的效用，但却能被应用于幼儿园教育教学活动之中。但这里所说的废旧材料必须是无毒无味、安全卫生的物品，能通过装饰、改造，被运用于教育教学、游戏之中，具体包括：

① 建筑用的材料：例如砖块、沙子、螺栓、纤维板、钉子、管子、螺丝、废木料等。

② 缝纫用品：例如带子、扣环、手套、帽子、饰物、花边、领结、袜子等。

③ 各种盒子：例如礼品盒、帽盒、冰激凌盒、塑料盒、鞋盒等。

④ 废布料：例如粗麻布、帆布、棉布、斜纹布、帏帐、毛毡、皮革、油布、天鹅绒等。

⑤ 美发用品：例如发夹等。

⑥ 家居用品：例如瓶盖、废地毯片、旧钟零件、钱包、绳索、旧地板、衣架、灯罩、油毡、装潢用品、包装材料、刷子、绝缘套管、缎带、橡皮圈、镜子、镜框、图钉、瓷砖、旧轮胎等。

⑦ 家务用品：例如蛋壳、旧铝片、瓶子（不易破碎的）、泡沫塑料、杂品袋、牛奶箱等。

⑧ 废纸品：例如硬纸板、卷轴、贺卡、杂志、报纸、餐巾纸、纸盒、砂纸、线轴、吸管、蜡纸、包装纸等。

（2）基本制作技法

废旧材料的基本制作技法除了前文提及的，主要还有弯曲和连接。

① 弯曲：指将纸卷曲成圆柱体、圆锥体等的方法。常用的弯曲方法有以下三种：①用圆木棒或笔把纸卷在上面，使纸定型，放开后在纸圈内垫衬物体，再加压黏合；②用手捏住纸的两端，在桌边棱角上来回拉动，使纸弯曲再黏合；③把较小的纸边放在手掌上，用铅笔刮压使之弯曲。

② 连接：用糨糊、胶水粘贴是连接纸的最简易方法；用乳胶可以粘连竹、木、自然材料等；布制品可用针、线缝合；空箱、厚纸板等可以用胶带或订书机接合；有时也可用橡皮泥来粘连不同的材料。

三、手工活动的内容

（一）各年龄班泥工活动的内容

1. 小班

小班幼儿泥工活动的内容主要是认识泥工的简单工具和材料，知道其名称，知道泥的性质是柔软的、可塑的。在为小班幼儿设计泥工活动课题时，最初可以是让幼儿任意玩泥，塑造一些简单的形体，体验泥工活动的快乐。同时，注意引导幼儿欣赏一些教师及中大班幼儿的泥工作品，以引起他们对泥工活动的兴趣。经过一段时间后，可设计一些让他们用 1-2 种基本技能来塑造简单物体形象的课题，如："苹果"、"汤圆"、"面条"、"饼干"等。以后，可以设计将两个基本形体结合在一起构成一个物体的课题，如：将两根一样长的小泥棍拧一拧做成"油条"，将两个小圆球叠在一起做成"葫芦"等。

2. 中班

中班幼儿的泥工活动要求幼儿表现物体的主要特征，会使用一些简单的辅助材料表现简单的情节，并能按意愿大胆塑造。为中班幼儿设计的课题是塑造出比较复杂的物体形象，能表现出物体的基本部分和主要特征，如：有厚壁又有一定容积的器皿（锅、盆、碗）、小动物的形象（猫、兔）及娃娃等。对中班幼儿塑造的作品，不必追求形象的比例及细节的表现。为了使幼儿塑造的作品形象更生动、真实，应为幼儿设计一些使用辅助材料的课题，如：塑造公鸡时，可用小珠子或小豆粒嵌在眼睛的部位，把羽毛或是纸做的尾巴插在公鸡的尾部，更好地表现出公鸡的主要特征。

3. 大班

大班幼儿在泥工活动中，应学会使用简单的工具和辅助材料塑造某些细节，学会塑造人物、动物的主要特征和动作，表现出主要的情节。为大班幼儿设计的课题时，在表现内容上已不再是简单的水果、器皿，而是以形体较复杂的动物、人物为主，同时要求幼儿塑造出形象的突出特征和某些细节，所塑人物和动物要有简单的动作，如："小兔吃草"、"跳舞的小朋友"、"小刺猬采果子"。在此基础上，再为他们设计一些塑造两个以上形体或借助辅助物表达简单情节的课题,如:"草地上的羊"、"小熊过桥"、"龟兔赛跑"等。

（二）各年龄班纸工活动的内容

1. 小班

小班幼儿的纸工活动内容主要是以培养兴趣为主,初步学习纸工的简单知识和技能。为小班幼儿设计的课题,主要是玩纸、撕纸和粘贴。教师可事先准备一些颜色各异、性质不同的纸让幼儿撕着玩,让幼儿体验纸的不同特性,发现各种形状的变化,并初步撕出一些简单的形状,如:"蘑菇"、"球"、"太阳"、"饼干"等。另外,还可以设计一些粘贴简单物体形象的课题,如:粘贴"草莓"、"菠萝"等。教师可以事先为幼儿准备一些剪好的图样,让他们把撕碎的小纸片粘贴在图形纸上。在粘贴的过程中,让幼儿认识粘贴的工具和材料,并掌握使用方法。小班后期,可让幼儿认识并初步使用剪刀,学习一些简单的剪纸技能。

2. 中班

中班幼儿的纸工活动包括折纸、撕纸、粘贴和少量的剪纸、染纸,应学会一些简单的折叠方法(如:对边折、对角折),较平整地折叠简单的玩具,能把现成的图形或自然材料按顺序粘贴在适当的位置上,并能认识剪贴的工具与材料,正确地使用剪刀。

中班的折纸课题多是用单张纸进行的平面折叠。开始时,可以设计结合简单实物进行折叠的课题,使幼儿熟悉、理解并掌握几种基本折法,如:小帽子(对角折)、飞机(集中一角折)、小手枪(双正方形折)等。做成后的玩具可结合游戏玩耍。

中班幼儿的撕纸课题,主要以目测撕的技能为主,进一步学习撕纸的技能,也可教一些简单的折叠撕技能,如:撕花边、窗花等。

为中班幼儿设计的粘贴课题,主要是几何图形和自然物粘贴,着重培养幼儿掌握正确的粘贴方法,要求粘贴得干净、平整、牢固、美观。粘贴时,既可以是成品粘贴,也可以是半成品粘贴,如:让幼儿先折叠几只小船,然后把小船当作花瓣拼贴成花朵,细部的花蕊、花茎、花叶可用笔画出。

教师可为中班幼儿设计一些结合实物进行目测剪的课题,包括以剪弧线技能为主的课题,如:"苹果"、"皮球"、"太阳"等;以剪直线技能为主的课题,如:"面条"、"小棍"、"电线"等。

可以让幼儿学着制作简单的染纸,通过三角形、正方形等的折叠,再进行染色,只要准备好染料,孩子们就可以很容易地染出各种纹路来。

3. 大班

大班幼儿要学习更为复杂的纸工技能,包括折纸、剪贴和染纸,要求幼儿能用两张以上纸折成简单的组合玩具,能按轮廓或目测剪(撕)出简单物体的外形,会用对称折叠的方法剪(撕)出简单的图形和窗花。

为大班幼儿设计的折纸课题是要用两张(或以上)纸折叠成简单的立体组合物体造型,并且运用辅助手法使表现的形象更生动,如:在折好的形象上涂色、画线,用剪刀剪去多余的部分,或是把折成的形象贴在衬纸上,再添画上背景和其他景物,组成一幅半立体的画面。

剪贴课题的设计是让幼儿自剪自贴,重点在于"剪"。目的是使幼儿更好地掌握三种剪法(即目测剪、按轮廓线剪和折叠剪)。剪贴课题的设计应先剪大面积的、线条较短、较直的物体形象,然后再剪一些有曲线的、有细节的物体形象。

关于染纸,一方面可以让幼儿将自己染好的纸作为素材,贴到纸盒、本子、面巾纸的盒子上,制作装饰品;另一方面,也可让幼儿在生活用品的纸型上进行染纸,变成漂亮的连衣裙、围巾、衣服、扇子等。

（三）各年龄班废旧材料制作的内容

1. 小班

为小班幼儿设计的废旧材料制作活动应简单易行,经过简单操作就能完成一件作品。例如,给幼儿提供废旧的盒子,让幼儿用纸团、海绵、印章等蘸上颜料在盒子上进行拓印。在一次性纸杯上将教师事先剪好的动物的耳朵、眼睛、鼻子、嘴巴等纸片贴到纸杯上,就可以做成不同的小动物。

2. 中班

为中班幼儿设计的废旧材料制作活动可以更为复杂。例如,同样是用一次性纸杯做成小动物的头像,可以让幼儿撕或剪出各种小动物不同的耳朵,然后在纸杯上用记号笔添画眼睛、鼻子和嘴巴。

3. 大班

大班幼儿的知识经验逐渐丰富,具备了一定的操作技能,能够较为熟练地运用各种工具和材料。因此,为他们设计的活动应侧重于让他们独立制作,并综合运用各种操作技能和工具材料表现立体作品。例如,幼儿制作京剧脸谱时,可以让幼儿先在面具上画上脸谱的装饰,然后用橡皮筋从面具的耳朵两边穿过,再连结固定,以后可用于表演。

图8-11 各种废旧材料作品

第三节 学前儿童手工活动指导

一、各年龄班儿童手工活动指导

（一）小班

1. 让儿童与材料充分接触

小班儿童制作手工的目的多是在与材料的接触中产生的,为此,要多为他们提供与制作材料接触的机会,如:让儿童在团、搓、拉、挖、压等活动中了解材料的可塑性;让儿童在撕、折、剪、卷等活动中了解材料的软硬程度,是否容易变化等特性。让儿童在与材料的接触过程中,了解材料的性能,在玩耍的过程中对手工制作产生兴趣。

2. 帮助儿童明确制作意图

小班初期的儿童没有明确的制作意图,手工制作纯粹是一种玩耍,到了小班后期,儿童能渐渐地在教师的指导下产生制作的意图,因此,教师应引导儿童明确其制作意图。如:儿童手上拿着泥在随意地玩,教师可启发他:"你想用它来做一样你喜欢的东西吗?"或"你想不想用这块彩泥来变魔术?"这样,儿童就会逐渐意识到自己可以用泥做出喜欢的东西。在手工制作的过程中,教师可向儿童建议:"你想不想也来做一个?"或"你想不想做一个送给爸爸、妈妈?"借此来激发儿童制作的兴趣,让儿童明确制作的意图。

(二)中班

1. 帮助儿童确立制作形象

中班儿童在手工制作过程中常常受外界环境的影响而变换制作的形象。如:在剪纸活动中,随着纸张变长,儿童会想到剪"面条"、"筷子"等;纸张变圆,会想到剪"苹果"、"太阳"等。根据儿童"借型造物"的特点,教师应有步骤地引导、帮助其借助已有的形状来表现形象。例如,儿童见纸张变方,想到剪"电视机",教师可建议他把剪好的方形贴到纸上,再添画电视机的屏幕、按钮等,甚至还可以添画看电视的人。

2. 帮助儿童了解制作工具和材料的基本使用方法

如何使用工具和材料是制作的关键,教师应根据中班儿童的年龄特点有选择地让他们掌握一些工具和材料的使用方法。例如,剪刀是剪贴用的工具,教师要引导儿童先学会使用剪刀,再认识剪贴材料(如:纸、树叶、布等)。只有让儿童初步掌握制作工具和材料的使用方法,才能帮助其形成技能,并通过技能实现制作的意图。

3. 多提供机会,让儿童练习各种制作技能

中班儿童的手部肌肉还不够协调和灵活,因此,技能的练习显得尤为重要。首先进行分步练习,即让儿童通过各种形式的练习来掌握每一种技能的要领,如:通过剪直线、弧线及各种形状(圆形、方形、三角形等),以及沿轮廓线剪、目测剪练习剪纸技能。分步练习可多次进行,时间长些。幼儿逐步熟练掌握基本步骤后,再进行整体练习,时间可相对长些,练习次数可少些。整体练习可让儿童掌握动作间的协调,练习的方法宜采用游戏的形式,以激发儿童练习的兴趣。

(三)大班

1. 给儿童提供多种制作材料,引导儿童进行丰富的想象

首先,教师应充分了解各类制作材料的特性。如:纸容易变形,但便于加工(折、叠、剪);泥具有可塑性,但湿度大、造型粗大;铁丝易塑,但不易使线条圆润、流畅等。其次,教师应为儿童提供多种材料,让儿童根据自己的需要进行选择,充分想象,构思制作方案。但是,为儿童提供的材料并非越多越好,过多材料容易使儿童把时间耗在材料的选择上而忽略制作的构思,因此,教师应为儿童提供适合他们表现的材料。

2. 引导、帮助儿童实现制作目的

大班儿童虽然已能根据制作意图进行制作,但是有些儿童在手工制作时即便有了明确的制作意图,也不一定能实现。为避免儿童产生挫败感而对手工制作失去信心,教师应及时给予帮助、指导,让儿童实现自己的制作意图,体验成功的快乐。比如折纸活动"小鸟",有些儿童能顺利折出并进行装饰,成功的喜悦挂在脸上,但未折出的儿童却面带焦虑。这时,教师应及时指导、帮助他们完成折纸,使其同样获得成功,和同伴一起体验成功的快乐。

3. 引导儿童欣赏手工佳作,学习制作方法

一般来说,儿童手工作品欣赏的内容大致分为三类:①单一材料的多种表现,如:各种泥工、剪纸作品等;②多种材料制成的单一形象,如:用各种材料(金属、木头、布、纸等)表现的人物形象;③多种材料制作的多种形象。

通过欣赏,使儿童了解艺术家的表现风格、表现手法和表现特点,从而让他们拓宽视野,从中学习到选材、搭配等技能。儿童经常欣赏佳作,可以丰富手工制作的表象,并在不知不觉中提高审美能力。

二、各类型手工活动指导

(一)平面手工活动指导

幼儿在平面手工活动中表现出以下特点:

首先,幼儿还不能很好地掌握和使用手工工具和材料。粘贴、剪(撕)纸使用的工具和材料较多,由于幼儿手眼配合还不协调,动作尚不准确,常常不能根据教师的要求进行剪(撕)、粘。粘贴时,容易把粘贴剂涂得满纸都是,手上也会粘上不少;剪纸时,剪刀与被剪物之间不能很好地配合,常常剪坏画面上的形象。

其次,幼儿在粘贴时不太注意先后顺序。幼儿在粘贴时常常没有目的性、计划性,不能按先后顺序进行粘贴,往往粘贴好了,又想撕了重新再贴,而没有想到在粘贴前先在底纸上摆放,确定后再用胶水粘牢。

根据幼儿平面手工活动的特点,并结合各类平面手工活动的不同功能,教师在指导幼儿进行平面手工活动时的侧重点各有不同。

1. 粘贴活动的指导

(1) 引导幼儿掌握粘贴的工具和材料的性质

粘贴的工具和材料比较简单,一般使用粘贴剂、底纸和各种粘贴物即可开展活动。①粘贴剂主要有固体胶、胶水、糨糊等。由于幼儿在使用胶水或糨糊时往往掌握不好使用的量,比如涂上过多的胶水而使纸张变得黏稠或褪色,从而破坏了纸的造型。因此,有条件的幼儿园可以让幼儿使用固体胶,使用较简便,幼儿也容易掌握使用的量。②底纸可选择与粘贴物颜色差别较大的纸,要注意与粘贴物之间的颜色搭配。③粘贴物主要有纸、布、树叶、花草、五谷、羽毛等。

在粘贴之前,教师应引导幼儿认识粘贴的工具和材料,了解它们的性质及用途,并学习其使用方法,如:如何将粘贴剂均匀地涂在粘贴物上,如何使粘贴物与底纸进行和谐的搭配等。

(2) 引导幼儿了解粘贴的步骤和方法

粘贴是有先后顺序的,因此,教师要引导幼儿了解粘贴的步骤和方法:在完成粘贴物的形象创作后,先在底纸上摆放形象,并注意画面的布局(先确定主要的、大的形象,再确定次要的、小的形象),将主要的形象摆放在底纸的主要位置上,再根据画面需要安排次要形象的位置;然后,在粘贴物的背面涂抹粘贴剂,注意要涂一部分、粘贴一部分,否则粘贴剂易干,不好粘贴;最后,把粘贴物伸平放置在确定好的位置上,再用手轻轻抹平,使粘贴物平整、牢固。

（3）一次活动中不宜给幼儿提供过多的材料

过多的材料容易使幼儿将注意力转移到材料的翻找上，干扰操作，从而影响完成作品的进程。教师在准备材料时应针对不同年龄幼儿的活动特点，适度地提供不同的材料，以满足操作的需要。例如，中班幼儿在制作"滑稽的人脸"时，教师如提供十多种材料，会使幼儿无法在活动中一一尝试，把大量的时间花在材料的探究上，从而忽略了活动的重点，即对滑稽人脸的想象。

2. 剪（撕）贴活动的指导

（1）为幼儿提供合适的工具和材料

剪刀是剪贴的主要工具。幼儿使用的剪刀以安全性为主，因此要注意选用剪刀头为圆形或方形，刀刃的长短能剪出长直线和大曲线，刀刃不宜过快的剪刀，以免幼儿在使用时发生意外事故。剪（撕）贴的材料主要是各种纸张，一般以幼儿能剪（撕）、不薄不厚的纸张为好。另外，一些自然物和废旧物品也可以作为剪（撕）贴的材料。同时要为幼儿准备粘贴时用的底纸、抹布、粘贴剂等工具材料。

（2）循序渐进地指导幼儿进行练习

对于小班幼儿，教师可让他们学习使用剪刀，并为幼儿提供各种纸张，让他们在撕、揉的过程中了解纸的性质。由于目测剪（撕）没有任何限制，因此幼儿在开始学习剪（撕）时可采用这种方法。

对于中班幼儿，可以让他们学习剪一些简单的图形，逐步学会剪弧线、圆曲线，并能根据教师的要求沿轮廓线剪出物体图形。最初剪（撕）的轮廓线要简单，所剪（撕）的形象要大。随着幼儿年龄的增长，剪（撕）的轮廓线可以越来越复杂。

对于大班幼儿，可指导他们综合运用剪（撕）纸的技能，进行主题创作——根据故事情节，将故事中的角色先剪（撕）下来，并添画相应的背景，最后进行粘贴。如此，既丰富了幼儿的想象力，又发展了语言表达和动手能力。大班幼儿也可开始学习折叠剪（撕）的方法。折叠剪（撕）的第一步是折叠，纸的折叠层数以 2～3 层为宜。折叠后剪（撕）时不能把两边全部剪（撕）断，否则会无法形成对称的纹样。剪（撕）完，教师还要指导幼儿按折叠层逐层地揭开并摊平，揭时的动作要轻，以保持作品的完好。

（3）引导幼儿对剪（撕）坏的形象进行修改

由于学前儿童手部肌肉尚未发育成熟，他们常常无法准确剪（撕）出完整形象，甚至会剪（撕）断连接的部分，因此，教师对幼儿剪（撕）出的形象不必过于苛求，如果与所构思的形象有较大的出入，教师可鼓励幼儿对自己手中的纸形开展想象，通过添画或装饰可以把它变成其他什么形象或一幅有意义的画面。

3. 染纸活动的指导

（1）循序渐进地开展活动

教师在开展染纸活动时，要注意把握循序渐进的原则。首先通过欣赏感受染纸艺术的魅力，激发幼儿对染纸艺术的兴趣。接着引导幼儿掌握几种基本的折法和染法，学习染出色彩鲜艳的、具有多种纹路的染纸作品。然后再让幼儿综合运用不同的折法和染法创造出独特的染纸作品。在染纸活动中要让幼儿由表及里、由浅入深地感受染纸艺术的美，通过一系列的教学、欣赏、评析，培养幼儿对染纸活动的兴趣。

（2）引导幼儿创新折法和染法

教师要启发幼儿大胆尝试新的折法和染法，鼓励他们大胆地设计折叠方法，以染出与众不同的作品。例如,由辐射折纸变化出中心辐射、四角辐射;由规则折纸变化出不规则的折法,如:大小不对称折、中心偏离折等;还可以在一张纸上同时使用两种折法。又如,染色时可以尝试运用不同的染法,如:浸染发、滴染法、点染法等。

(二)立体手工活动指导

1. 折纸活动的指导

(1)引导幼儿学习折纸的基本技法

折纸活动中教师要引导幼儿学习折纸的基本技法,如:对边折、对角折、集中一角折、双正方形折、双三角形折、四角向中心折等。在学习基本技法的同时,教师要引导幼儿学习一些折纸的基本术语(如:角、边、中心线、对角折、对边折等),以便幼儿能理解教师的指导。在折叠的过程中,教师还要引导幼儿掌握折纸的基本规则,即一定要对齐、抹平,这样折出的物体形象就平整,不能松松垮垮、歪歪扭扭。

(2)激发幼儿看图折纸的兴趣

兴趣是最好的老师,幼儿对图例是否感兴趣,取决于要折的物体是否能吸引幼儿。因此,教师可以事先折一些幼儿喜欢的小动物、小花等放在美术角中,以引起幼儿的兴趣,然后再告诉幼儿老师是看图例折出来的,并引导幼儿认识一些折纸的符号,如:峰线、谷线、正折、反折等符号。

图 8-12　各种折纸作品

在幼儿初步学会看图例折纸时,教师应有意识地选择一些符合幼儿折纸水平的主题,同时提供造型有趣、折叠工整的作品,既能激发幼儿看图折纸的兴趣,又为幼儿欣赏折纸作品提供了机会。当幼儿学会看图例后就能折出很多有趣的作品,教师可通过背景图来展示幼儿作品,如:在画有树叶的背景上展示幼儿折叠的七星瓢虫,可以使作品更加生动。

(3)引导幼儿进行创造性的折纸

在幼儿掌握了基本折纸技法后,教师可引导幼儿把折纸与添画、折纸与剪结合起来,根据造型的表现需要,配合使用剪刀,或在折叠的物体上添加部分描绘,使形象更加生动。

另外,在进行基本折纸技法练习时,教师可让孩子们发挥想象力和创造力,对折叠的造型进行加工改造,形成有创意的作品。例如,幼儿用长方形纸学习对边折,在把纸对折后,教师可让孩子在纸上添画车窗、坐车的人和轮子,就可变成一列火车或一辆大巴士等;也可让孩子把对折后的纸竖立起来,在上面添画窗、人物等,或是用剪刀开几扇窗,便成了一幢高楼。通过折叠和添画,让孩子们在折折、看看、想想、画画、剪剪的活动中,兴致盎然地学习折纸的基本技法。

图8-13　可爱的泥塑形象

2. 泥塑活动的指导

（1）引导幼儿了解泥塑材料的特性

教师指导幼儿学习泥塑，首先要让幼儿通过与泥工材料的接触来了解泥的性质，知道泥既柔软，又可任意变形。教师应给幼儿（特别是小年龄幼儿）提供充足的时间，让他们接触各种泥工材料（如：面团、彩泥等），在玩泥的过程中逐渐了解泥的性质，而不是一上手便教孩子塑造某一物体。同时，要让幼儿了解除了泥以外，还有其他可以用来装饰自己作品、使作品变得更加生动的一些辅助材料。

（2）由浅入深，形成系列化教学

泥塑系列化教学是指将事物通过归类，找出个别要素的共同特点后，让幼儿先学习每一系列的基本制作方法，然后在此基础上进行变化，塑造出同一系列却各不相同的作品。例如圆球形系列，将基本的圆球通过简单变形、添加，使之变成苹果、梨、柿子、橘子、茶壶等不同形态的物品，为使塑造出的物品更加形象、逼真，还可借助一些辅助材料，如：把苹果、橘子的把儿、叶子添加上去。

教师在教学中可根据自己的经验，结合幼儿学习泥塑的特点，对日常物品进行归类，并由易到难、循序渐进地形成各种系列。

（3）激发幼儿对泥塑活动的兴趣

在泥工活动中，教师应采用灵活多样的练习方法和形式，激发幼儿学习泥塑的兴趣，练习掌握泥塑的表现技能。如：彩泥贴画，根据表现内容的需要，选择合适颜色的彩泥，分别团成球、搓成条或拍成片，粘贴在一次性纸盘上，塑造成一个有趣的脸谱。

3. 废旧材料制作的指导

（1）教师提供的材料要丰富、多变

由于幼儿有许多潜能，且幼儿之间存在着个别差异，因此，为他们提供丰富多样的材料甚为重要。废旧材料的选择范围很广，一切我们生活中存在的物品都可成为幼儿体验环境的材料，从植物、农作物到石块、树皮、陶土，还有塑料、金属、零件等。但在实际生活中，有很多材料是教师平时避而不用的（如：轮胎的钢箍、铁片、铁丝、螺丝钉、钢丝等），担心孩子在使用这些材料时会存在安全隐患。事实上，多数的材料的利用是无止境的，可以启发幼儿创造大量不同的活动，发展幼儿探索和创造的能力。

（2）材料要能激发幼儿制作的兴趣

提供成品类的、定型类的、变化单一的材料，不便于幼儿对其进行多种组合，不能激发他们制作的兴趣。因此教师要鼓励幼儿尝试各种可能的方法，发现不同的材料能吸引视觉、触觉、听觉、味觉和嗅觉的要素，选择具有不定型、变化多样的废旧材料。

材料需要教师和幼儿共同去发现，并发动家长一起收集。对收集的废旧材料需要分门别类地存放，以便于拿取。

（3）鼓励幼儿创造性地使用各种废旧材料

在操作技能日趋熟练的基础上，幼儿逐渐表现出与众不同、具有创造性的问题解决能力。此时，教师应鼓励幼儿运用多种技能进行制作，对同一物体形象可用多种材料来表现。例如，

要求幼儿制作一架飞机,教师可提供给幼儿纸张、木材、铁丝、塑料瓶等各种材料,让幼儿选择自己喜欢的材料来表现。制作过程中,幼儿必须考虑不同的材料要用不同的黏着剂,有的可用胶水、固体胶、糨糊等进行粘贴,有的可用针、线等进行缝合,还有的可用双面胶、订书机、万能胶等进行接合。

思考题

1. 幼儿手工制作发展分为哪几个阶段? 其特征是什么?
2. 教师在提供幼儿手工制作材料时应注意哪几点?
3. 结合实际谈谈如何结合中班幼儿年龄特点进行手工制作活动的指导?
4. 结合实际谈谈如何结合大班幼儿年龄特点进行手工制作活动的指导?
5. 如何根据幼儿平面手工的活动特点进行粘贴活动的指导?
6. 如何根据幼儿平面手工的活动特点进行剪(撕)贴活动的指导?
7. 如何指导幼儿的泥塑活动?
8. 如何指导幼儿的废旧材料制作活动?

第九章
学前儿童美术教育的基本内容——欣赏

第一节　学前儿童欣赏能力的发展阶段与特点

美术是一种视觉艺术,儿童美术欣赏依赖其视觉的发展,只有当儿童的视觉发展到一定的阶段,才会发生美术欣赏行为。学前儿童美术欣赏发展分为以下几个阶段。

一、生理性直接感知阶段(0-2岁)

当代发展心理学对婴儿认知研究的新成果表明,婴儿的视觉和听觉的发展已相当活跃:儿童生命的最初几个月,视觉发展非常之快,6个月婴儿的视觉功能在许多方面已接近成人。视觉集中现象在婴儿出生后2个月表现得比较明显,对鲜艳明亮的物体,尤其是对人脸容易产生视觉集中,表现出意味深长的偏好。

美国心理学家范茨通过习惯化行为测量发现,出生2天的新生儿就能注视像面孔一样的模式刺激物,而不喜欢看没有图形模式的圆盘。婴儿似乎对人的面孔有特别明显的兴趣,他们注视人的面孔的时间比注视其他模式的时间更长。班克等进一步发现,引起婴儿视觉注视的是图像的明暗交替模式或轮廓。婴儿在图像识别中,对明暗交界的差异特别敏感。他们采用了多种黑白相间的格子或条纹图像进行测试,发现婴儿偏爱有明暗对比鲜明或颜色对比鲜明的图像,而不喜欢空白无条纹、无明度和单色的图像。[①]

加德纳认为:2岁以内的儿童,一般感知能力和审美感知能力还没有分化,但是他们感知觉的发展为其审美偏爱和审美感知奠定了基础。

二、主观审美感知阶段(2-7岁)

随着儿童认知能力的发展,其美术欣赏感知和理解方面,表现出下列特点。

(一)喜欢现代艺术作品

所谓现代艺术,是指19世纪末20世纪初兴起并发展起来的西方现代多种艺术流派作品的总称。他们大多强调主观、个性、情感及自我的表现,美术创作中的表现手法不受已有技法的约束,带有较大随意性。

儿童之所以喜欢现代艺术作品,是因为现代艺术与儿童的绘画非常相像。对于某些现代艺术家来说,其作品与儿童艺术的关系是直接、明了的;而对于另一些艺术家来说,他们与儿童

---

① 孟昭兰著. 婴儿心理学. 北京:北京大学出版社,1997,第155页.

艺术的关系可能是间接但是内在的。

幼儿的绘画表现特点与现代艺术家有着很多的相似之处,概括起来,主要有如下几点。

1. 作品具有主观空间的表现

幼儿在空间的认识和表现上,常常带有主观性。幼儿美术、一些西方现代美术将人的因素溶入空间,物体在客观环境中的原有位置和功能被改变或抛弃,甚至不同物体的局部被人的意念撮合在一起,这种空间样式以随意性、偶然性和幻想性为特征。例如,在儿童画里发现儿童将原本看不见的东西,按其认识和理解表现在画面中,出现"透明化"的方式;艺术大师毕加索也常将本来看不见的半张脸与看得见的半张脸组合在一起,把看不见的部分同时地展示给观者。

2. 作品具有多视点的表现

从不同的角度观看同一对象所见到的形象并不相同,一般的图画都是从一个角度看过去的,即从一个视点来表现的,但幼儿的图画却具有多视点性。他们总习惯于按自己的思考在画面上处理复杂的关系。比如在横竖交叉的马路两侧画树,那些树都以马路边为立足点,垂直于马路沿线而躺在地上。现代艺术中也有一些画家将形体分割成没有固定视点的基本形体,以求同时从不同角度观看同一物体。例如,塞尚是西方较早采用多视点来安排空间的画家。其作品中的景物都不是从一个固定视点观看的结果,而是将不同角度看到的物体组织在一个画面中,产生静中寓动的效果。

3. 作品具有恒常状表现

"恒常状指的是物体固有的形状与性质,一般指排除特定角度、光影和环境影响的物体常态。"[1]阿恩海姆列举了美术中存在的三种观看的态度,其中一条就是脱离背景及事物的相互关系,创造完全恒常现象。儿童画的一个重要特征是表现对象的常性:他们表现的人物常常是正面、侧面的,而不去表现人物的半侧面、顶面或是底面等;所表现的动物(如:鸡、鸭、马、猪等)、交通工具(如:大巴士、小汽车、面包车等)常常是侧面的。儿童在认识事物的过程中总是捕捉那些最有代表性的特征,这些特征就会在儿童印象中占有优势地位。

(二)强烈地注意颜色

在美术作品的选择中,幼儿很在乎画面的色彩,他们喜欢的作品大多数色彩非常鲜艳,如:马蒂斯的《蜗牛》、梵·高的《星夜》、永田萌的《风中的电话》等。在提供选择的美术作品中,有些作品虽然表现的是儿童题材,如:卡萨特的《海滩上的孩童》,但由于作品中的色彩不鲜艳,于是,"脚脏脏的,脸脏脏的","脸上一塌糊涂","难看","穿着黑袜子"等等,成了幼儿不喜欢这幅画的原因。对于儿童来说,色彩的美比形式的美以及没有色彩的光和影更有吸引力。"

图9-1　《星夜》

(三)对绘画题材产生自由联想的反应

幼儿在选择过程中,常常出现对绘画题材的自由联想,且常与自己的生活经验相联系。例

---

① 尹少淳著.美术及其教育.长沙:湖南美术出版社,1995,第225页.

图9-2　《向大卫·路易致敬》

如,莱歇的《向大卫·路易致敬》描绘的是一家人在星期天去旅游时的快乐情景,孩子们评论道:"自行车很好看,一百多元钱,骑着到家乐福去玩,可以买很多吃的东西";"有个女人坐在地上,腿很粗,脸色不好看"。又如,幼儿对于克利的抽象作品《鲁杰恩近郊的公园》产生丰富的自由联想,"看到好看的花,有两个亮晶晶的小眼睛,有小树,有黑色的小人倒在树叶的旁边";"五颜六色的,有果子树,还有两个果子从树上掉下来了";"路的拼图,拼得很乱,有些拼得对,有些拼得不对";"像楼房上的钉子,会戳到人,有刀、剪刀"。这里,幼儿对作品中的一些线条、点展开了自由联想,将它们想象成树、拼图、果子、眼睛、小人、钉子、刀、剪刀等。

(四)关注画面的局部特征

幼儿在感知一幅美术作品时,往往会注意作品中所表现的局部特征,喜欢或不喜欢一幅画,可能仅仅是因为画中的某些细节。例如,对于马蒂斯的《音乐》,有些幼儿喜欢这幅画,是因为"穿蓝衣服的人好像披着风衣,很好看";有些幼儿不喜欢这幅画是因为"那个女的腿好粗,没有穿袜子"。又如,米罗的《哈里昆的狂欢》有些幼儿喜欢它仅仅是因为"有黑色的茶杯,我家也有黑色的茶杯";不喜欢是因为"很难看,冒着黑烟,那么多虫,乱七八糟的"。从上述例子看出,幼儿已经感觉到了单个对象的美与不美,这确实是孩子们对于绘画的典型态度,但未涉及引人注目的作品的整体感。这种特征"可能是由于幼儿视知觉的分析型特征决定的,即幼儿的视知觉往往只注意事物的局部,而不注意事物的整体"。[①]

第二节　学前儿童美术欣赏活动设计

一、美术欣赏活动的选材原则

学前儿童美术欣赏教育活动是教师引导学前儿童欣赏和感受艺术作品、自然景物和社会环境中的美好事物,丰富儿童的美感经验,培养其审美情感、审美评价能力和审美创造能力的教育活动。

为幼儿选择艺术作品时,应遵循以下几个原则。

(一)经典性原则

"所谓经典,就是指永久不变的规范,也就是标准的范畴含义。经典之所以被当成标准,在于经典具有它成为经典所具有的权威性质和功能。"[②]人类社会的艺术作品浩如烟海,在那些不同历史时期所创造的杰出美术作品中,包含了人类对真、善、美等最高价值的不懈追求,在艺

① 张奇编著. 儿童审美心理发展与教育. 北京:北京师范大学出版社,2000,第160页.
② 孙津著. 美术批评学. 哈尔滨:黑龙江美术出版社,2000,第87页.

术领域中占有重要地位。教师应注意选择经典的美术作品,作为儿童美术欣赏的对象。

（二）差异性原则

1. 文化差异

美国艺术评论家费德门曾提出美感发展的"文化层次",即完整的美感发展理论架构应能涵盖文化差异。所以在选择欣赏的作品时,应涵盖不同文化传统的代表性作品。例如,提供给儿童欣赏的作品中既有中国水墨画作品,又有西方传统和现代绘画作品等。

2. 风格差异

各种不同风格和流派的绘画作品、雕塑作品等有其自身的独特性。选择不同风格的作品让儿童欣赏,可以帮助儿童汲取不同时代、不同表现内容、不同风格的作品中所蕴含的丰富人文精神,也有助于儿童通过美术的方法和媒材表达自己对作品的感受。教师可根据幼儿的年龄特点和对作品的理解程度,选择不同流派和风格的绘画作品。

3. 内容差异性

从美术要素"形"的角度出发,美术可以分成具象美术、意象美术和抽象美术。在选择欣赏作品时,要尽量做到这三种类型都有作品入选,如:有具象美术作品《荷花》、《插在白瓷瓶里的花束》等,有意象美术作品《星夜》、《蓝马》、《音乐》等,还有抽象美术作品《弧中的点》、《绘画一号》等。通过欣赏不同内容的美术作品,儿童能从"形"的不同表现形态中获取知识。

（三）题材的多样性原则

"从整体上说,孩子们对彩色画比对黑白画表现出更多的兴趣,当然,画的主题甚至更有影响力。"[1]因此,要选择题材各异的美术作品,包括儿童生活题材的作品,如:卡萨特的《海滩上的孩童》、《沐浴的孩童》;描绘自然景物的作品,如:林风眠的《山林》、奥基弗的《三只贝》;描绘动物和人物的作品,如:马蒂斯的《音乐》、齐白石的《螃蟹盆菊》、修拉的《大碗岛的星期天下午》等。

二、学前儿童美术欣赏的内容

（一）艺术作品

1. 绘画作品

绘画作品在平面上展现,以一般的纸、布和笔墨、颜料为工具,运用线条和色彩构成图像。供幼儿欣赏的绘画作品从使用的材料、工具和技法上来分,可以分为中国画、油画、版画、水彩画、水粉画、色粉画、丙烯画、蜡笔画等;以题材的不同,可以分为人物画、风景画、静物画、动物画等;以社会作用和表现形式不同,可分为宣传画、广告画、年画、漫画、连环画、组画、插图等;以表现手法不同,可分为抽象绘画、具象绘画、装饰绘画等;根据作画对象的不同,可分为成人画和儿童画。

2. 雕塑作品

雕塑是雕刻和塑造的总称,指以可塑的(如:黏土、油泥等)或可雕刻的材料(如:木头、金属、石头等)材料,制作出各种具有实在体积的形象。雕塑一般有两种形式:①圆雕,占有三度空间的实体,可以多方位、多角度欣赏的三维立体雕塑,形式多种多样,有写实性或装饰性的,也

---

① ［英］瓦伦汀著,潘智彪译. 实验审美心理学(绘画篇). 台北:台湾商鼎文化出版社,1991,第142页.

有具体或抽象的,室内或室外的,架上的或大型城雕;②浮雕,雕塑与绘画结合的产物,只供一面或两面观看,一般附属在另一平面上,因此在建筑上使用更多,用具器物上也经常可以看到。

适合学前儿童欣赏的雕塑作品应该是形象生动的,并能带给他们一定的想象空间的。幼儿所生活的城市街头、公园中有很多雕塑可以欣赏,同时,教师也可以选择一些著名的雕塑作品图片,如:罗丹、亨利摩尔等的作品。

3. 工艺美术

工艺美术通常是指美化生活用品和生活环境的造型艺术,具有实用和审美双重特性。工艺美术与人们的日常生活息息相关,如果没有工艺美术精彩生动的装饰,我们美好的生活将单调乏味。

工艺美术按其适用性,可分为日用工艺和陈设工艺。日用工艺师经过艺术处理的日常生活用品多是以实用为主,装饰为辅,如:漂亮的绣花枕套、精致的床单、美观的玻璃器皿等。陈设工艺(如:景泰蓝器皿、象牙雕刻、瓷器玉雕等)采用的原材料比较珍贵,工艺非常精细,价格也比较昂贵,主要供观赏和珍藏之用。

还有一类是民间工艺美术品,如:竹编器件、蜡染织物、泥塑、木雕、剪纸等,既实用,又可供观赏。民间工艺大多就地取材,采用当地丰富的资源,使用简单的工具,并以手工劳动为主。泥土、麦秸、竹、棉线、木、玉米皮等天然材料都可作为原料,产品具有粗犷、厚实、拙朴的艺术特色。不少民间工艺由于运用夸张、变形的手法,因而具有强烈的装饰趣味,从而受到孩子们的喜爱。

4. 建筑艺术

从建筑功能出发,通过对建筑材料与结构方式的技术处理,使建筑产生美的形式即建筑艺术。

适合幼儿欣赏的建筑艺术,有各地不同风格的民居,如:上海的石库门、北京的四合院、安徽的徽式建筑、福建的土楼,以及蒙古包、吊脚楼等;我国古代和现代的一些伟大建筑,如:长城、故宫、天坛、天安门、鸟巢、水立方等;世界各国著名的建筑,如:巴黎的埃菲尔铁塔、悉尼歌剧院、意大利的比萨斜塔等。

(二)自然景物

自然景物是以地理、物象、水文、天象等为主的自然造化。自然界的景物千姿百态、美不胜收。日常生活中,可供学前儿童欣赏的自然景物有很多,如:动物、花草、树木、山川、河流、星空、高山、海滩、冰雪、晨露、霞光、贝壳、海星等。

大自然可以使幼儿观赏到协调的色彩和形象,获得丰富的创作素材和灵感。孩子通过观赏辽阔的原野、巍峨的山丘、葱郁的森林、碧绿的湖水、浩瀚的海洋等,可增加认识、欣赏自然美的知识和能力,从而产生创造美的激情。

(三)周围环境中的美好事物

幼儿生活的周围环境中有很多美好的事物,包括:家庭环境、幼儿园环境、街道、园林、庭院、住宅小区、店铺等。生活中的美还包括经过装饰美化的生活用品,如:服装、鞋帽、围巾、日用品、花瓶、雨伞等。孩子们通过欣赏可以激发内心感受,开阔视野,丰富审美经验。

三、 美术欣赏的简单知识和技能

(一)艺术作品形式分析

所谓形式分析,是指分析视觉对象之间的关系,也就是作品所表现的美的形式,如:造型、色彩、构图等形式语言,以及对称、均衡、变化、统一等构成原理的应用。在教师的引导下,幼儿通过对作品的形式分析,可以让幼儿懂得美术家使用的每一笔色彩、每一根线条都不是随意的,而是和作品的主题紧密联系在一起的,这也为进一步的欣赏活动奠定了基础。例如,欣赏蒙德里安的作品《红、黄、蓝构成》,教师可引导幼儿从色彩和形状方面来欣赏这幅抽象画,并感受作品方格子风格的理性和冷静的意味;引导幼儿注意线条对画面的分割,感受作品中冷暖色的搭配所形成的画面色彩、色块大小的对比,并通过对某一色块的遮盖,让幼儿与原作对比,感受作品中每一部分的不可或缺,进而体验整个画面的和谐、均衡的美。

(二)作品主题分析

美术欣赏要求幼儿能把握作品所传达的气氛、感情、心情、主题意义、观念、思想等。在对作品中的美术要素及美的原理分析的基础上,教师应引导幼儿对美术作品的主题、意义进行探讨,了解艺术家在作品中表达了什么样的思想感情。对于作品主题的分析应基于幼儿的年龄,对于小年龄的孩子来说,由于生活经验较少,较难理解作品的主题,因此这部分可以省去,对于稍长一点的孩子,教师可以在他们理解的基础上简单分析作品的主题。

(三)对作品的联想

一方面,美术欣赏的形象思维特点要求幼儿欣赏时必须展开自己的联想;另一方面,美术作品是美术家的联想和想象的创造物,欣赏者要领悟其形式、内容有机统一的奥妙,就必须调动自己的联想和想象。这有助于幼儿将各种视觉感受连结起来,更加深入地理解作品表达的情感,领悟美术作品所表达的美感和意蕴。例如,幼儿在欣赏卢梭的丛林景色作品时,教师先请幼儿闭上双眼,聆听录有水声、鸟鸣的音乐,让幼儿想象丛林中的景象,想象画中描绘的丛林,使幼儿在心中形成一种审美期待。这样,当幼儿第一眼看到卢梭的作品时,就会被作品中奇异的丛林景色所吸引。

(四)对作品的表达

对作品的表达可以有多种方式,既可以用自己的语言对欣赏对象适当加以描述,也可以用其他各种"语言"表达自己对欣赏对象的感受和认识,如:口头语言、形体语言(动作、舞蹈、戏剧、哑剧等)、美术语言(色彩、造型、构图等)等。还可以运用不同的艺术形式表达自己的感受和体验,如:绘画、泥塑、粘贴、剪纸、撕纸等。例如,幼儿在欣赏修拉的《大碗岛的星期天下午》时,可以用肢体动作模仿作品中人们在塞纳河畔欣赏美丽风景时的各种姿势,也可以想象自己躺在草地上时会是怎样的姿势,并用动作来表现。欣赏作品后,教师再为幼儿准备各类活动,让幼儿选择进入不同的小组玩"点彩",学做小修拉,活动内容有颜料点彩、撕纸点彩、小的圆形纸拼图、手指点彩等,让幼儿通过多种方式来表达对点彩的感受和认识。

图9-3 《大碗岛的星期天下午》

(五)作品背景知识

了解作品的背景知识有助于幼儿理解艺术家是如何被周围的世界所影响的。他们创作的时间、地点,他们对身边发生的各种事件的态度和评价都直接影响着他们的艺术作品。关于一个艺术家的背景、朋友、个性和对生活的憧憬等信息都有助于幼儿理解艺术家为什么用那种方式进行创作。例如,幼儿在欣赏卢梭的作品《奇异的景色》、《饥饿的狮子》、《被花豹袭击的黑人》等丛林组画时,教师可为幼儿介绍:卢梭是一位法国画家,他从来没有去过真正的丛林,自然也无法欣赏和体验到热带丛林的景色和气息,但是他经常去巴黎的植物园,在那里仔细观察各种各样的植物,经常一看就是一天,所以他画的丛林中,树干、花朵、叶子、果实各具特色,植物富有生命力,看上去像活的一样。画面色调明快,以绿色为主调,仅树叶的颜色就有二十多种。作品充满了生机,茂密的、占满了画面的森林,奇异的花和果实,可爱的、富有灵性的动物,构成了生机勃勃的、具有异国风情的丛林景色,引起观者对热带丛林的遐想和向往。

第三节 学前儿童美术欣赏活动指导

儿童对美的欣赏的需求是自发的,然而纯粹自发的美术欣赏可能产生双重效应。正效应与美术欣赏教育的目标相一致,表达了儿童发展的正确方向;副效应将反映儿童受到美术欣赏中消极因素的不良熏陶。因此,教师必须对儿童的美术欣赏活动进行指导。

一、各年龄班儿童美术欣赏指导

(一)小班

"三岁左右的儿童开始萌发了审美心理。这时的儿童有了审美心理结构的雏形,即优美形态的审美态度,对优美事物的偏爱和识别优美物体的审美敏感性及相应的美感体验。"[①]教师在指导小班儿童欣赏时有以下几个要点。

1. 激发幼儿美术欣赏的兴趣

该阶段儿童一般都能接受优美形态的艺术品,如:色彩亮丽的动物图画、漂亮的玩具、欢快的舞蹈、具有节奏感的儿歌等。教师可让小班儿童走进自然,从接触身边的美的事物开始,如:带孩子散步时,欣赏柳树的婀娜多姿、松树的挺拔,到动物园游玩时,感受动物的不同姿态和各色皮毛。通过各种随机的、专门的美术欣赏活动来培养他们对欣赏活动的兴趣。

2. 布置多样而优美的环境

环境是儿童生活和受教育的场所,为儿童创设优美的生活环境,可以对儿童进行美的熏陶和感染,引起儿童对美的兴趣,使其经常感受环境中的美。

幼儿园环境的设计要兼具实用性和美观性。也就是说,要让幼儿有一种美的享受。环境美包括室内与室外环境的布置。就室内环境中的设备及布置而言,除了让儿童具有足够的活动空间以外,应在室内可利用的空间中做多种装饰,展示各种图片和儿童作品。在教学楼的过道、楼梯边的墙上可陈列幼儿的创作作品和名画复印品,有条件的幼儿园还可专设一间幼儿美术活动室。

环境布置须有色彩和形式的特点,应做到整洁化、绿化、艺术化、儿童化,使幼儿园成为花园和乐园。环境设备力求适用、美观、整洁、有序。美的环境可以唤起儿童的美感,儿童在多样而美观的环境中,能随时观察各种事物或动手操作,这样有助于增进对美的欣赏力,提高儿童

---

① 张奇编著. 儿童审美心理发展与教育. 北京:北京师范大学出版社,2000,第239页.

的审美能力。

（二）中班

中班儿童已有了明显的审美偏爱。他们一般偏爱色彩鲜艳的、具有夸张和拟人表现风格的美术作品，喜欢那些能带给他们愉快情绪体验的自然风光和景物。但他们还没有一般的审美标准，喜爱或不喜爱某一幅作品往往取决于个人的喜好或生活经验。指导中班儿童美术欣赏的要点如下。

1. 鼓励幼儿用简短的话语大胆地表达自己的感受

幼儿表达的过程是一个体验的过程，是一个进一步感受和理解美术作品和美的事物的过程。教师必须给幼儿表达和交流的机会，让幼儿把自己对所欣赏对象的感受用语言、肢体等表达出来。同时，教师也要有意识地用一些优美的语言感染他们，比如对自然景物、美术作品的带有感情的艺术性描绘，让幼儿在良好的语言环境中学习，这对培养幼儿的艺术感觉是非常必要的。

2. 引导幼儿对美术作品进行简单的形式分析

随着幼儿美术欣赏能力的提高，教师应逐步要求幼儿对美术作品进行简单的形式分析，从美术作品的形式美角度分析作品中的线条、色彩、形状、构图等，并用口头语言表达自己的感受和对欣赏对象的简单描述。例如，欣赏马蒂斯的作品《罗马尼亚罩衫》时，教师可根据画面内容引导幼儿感受作品中衣服上对称的图案，简洁的红、白、蓝三种颜色。

图9-4 《罗马尼亚罩衫》

（三）大班

大班的大部分儿童已能区分什么是美的、什么是丑的，并有了一定的审美标准，但带有明显的个体倾向，即他们在对美术作品、歌曲、舞蹈等的评价上倾向于用自己的标准进行评价。且其审美评价往往容易受到周围其他人的影响和左右，这表明他们的审美评价标准还较为模糊，正处于初步的、低级的萌发阶段。

1. 多角度地欣赏美术作品、自然景物和周围环境中的美好事物

随着学前儿童知识面的扩大，教师要有意识地培养幼儿从多角度欣赏美术作品和自然景物、对周围环境中美好事物的欣赏意识和方法，如：从作品美术语言的角度，侧重于观察与分析作品的色彩、线条、构图等是怎样围绕着表达作者的思想感情或作品的主题进行组织的；也可从文化的角度，将不同历史时期、不同国家的美术作品中同一类题材放在一起欣赏。

例如，在幼儿表现天空中的云朵前，教师可引导幼儿先观察不同天气下天空中云朵的造型、色彩，再欣赏不同画家笔下的云（如：梵·高的《星夜》，奥基弗的《晚星》），然后再让幼儿用各种绘画工具和材料来表现，结果，孩子们笔下的云朵呈现出千奇百怪的景象。

2. 运用多种手段引导幼儿进行欣赏

教师可采用视觉、听觉、触觉等手段加深幼儿对自然美、艺术作品的体验。例如，幼儿欣赏插花艺术时，教师可引导幼儿闻闻花的香味、数一数并记录不同花的花瓣数、根据插花造型书上的图例学着插花、利用花瓣进行拼贴或拓印等，能使幼儿通过眼、嘴、耳朵、鼻子等多种感觉通道的协同活动，加深对插花艺术的了解。多种手段的并用较之教师单一的示范讲解更能引起幼儿探究和制作的兴趣。

二、各类型美术欣赏活动指导

（一）艺术作品欣赏指导

艺术作品一般指美术领域中的绘画作品、工艺美术、建筑艺术、雕塑等。根据学前儿童绘画感受能力发展的特点，我们把学前儿童艺术作品欣赏教育活动的指导分为以下几个环节。

1. 初步感知艺术作品

这是学前儿童美术欣赏的第一步，能使儿童对艺术作品有初步印象。在这一环节中，让儿童描述教师所呈现的艺术作品中有些什么，他们往往局限于艺术作品的内容，而不是作品的形式审美特征。此时，儿童对作品内容的把握还处于浅表层次上的感知、理解，因此，教师要提供给儿童自由、无干涉观看作品的时间，然后鼓励儿童用简短的话语大胆地表达自己的感受。儿童表达的过程就是体验的过程，是进一步感受、了解作品的过程。通常教师的提问是"你看见了什么"，当儿童描述时，教师要耐心倾听他们的描述，并让他们充分表达。当他们遇到一些感到困惑的作品时，教师可通过提问给予一定的线索提示，如："看看画上有没有人？他们在做些什么？""有没有看到红色的长方形？看上去像什么？"

这一环节的指导要点如下。

（1）给予幼儿充分感知作品的时间

教师展示艺术作品后，不要急于让幼儿描述他们所看到的内容，而是应先让他们静静地欣赏，然后再根据艺术作品的内容问孩子们看到些什么。对于幼儿在看到艺术作品第一眼时所表现出的欣喜、惊讶、惊呼等，教师应该表现出与幼儿一样的感受，而不是制止、阻拦幼儿的随意、不守规矩的态度。当幼儿未能准确说出作品内容时，教师不能阻拦其表达，而应鼓励幼儿尝试用表情、姿态、动作等来补充。

（2）创设欣赏的情境，引起幼儿欣赏的兴趣

教师应考虑用合适的方法呈现艺术作品，以引起幼儿欣赏的兴趣，如：在欣赏梵·高的作品《向日葵》时，教师可不直接呈现作品，而是先让幼儿结合教学课件听一个与《向日葵》有关的故事，然后在幼儿沉浸于故事情节中时，教师再适时地展示作品，这样，孩子们便满怀着期待的心情开始欣赏名画《向日葵》。

（3）鼓励幼儿自由表达

教师必须给幼儿表达和交流的机会，让幼儿把自己对作品的感受用语言、肢体动作等表达出来。同时，教师也要有意识地用一些优美的语言感染他们（如：对自然景物、美术作品带有感情的艺术性描绘），让幼儿在良好的语言环境中学习，这对培养幼儿的艺术感觉是非常必要的。

2. 艺术作品的形式分析

通过形式分析，可以加深幼儿对作品的审美体验。由于受其心理发展水平的限制，幼儿还不能把注意力集中在对象的形式和结构上面，但是在教师的引导下，幼儿逐步开始关注作品中的形式审美特征。例如，大班幼儿欣赏雷东的《插在白瓷瓶中的花束》（见图9-5），画面中白色的花瓶中插着一束品种繁多、色彩鲜明的野花，画家把各色鲜艳的花朵，以强烈的固有色展现在人

图9-5　《插在白瓷瓶中的花束》

们面前。各色、各样的花朵,在画面上被处理得如此和谐,如同一支乐曲中各种乐器演奏出的和谐的曲调。教师在引导幼儿欣赏时,可以问他们:"仔细看看花瓶里插了哪些花? 为什么画家要把花插在白瓷瓶里呢? 如果把花插在一个五颜六色的花瓶中会是什么样的呢?"通过感受,幼儿可以理解各种颜色的花如果插在一个装饰花哨的花瓶中,就会显得杂乱无章,而白瓷瓶能够很好地将观众的视线集中到色彩鲜明的野花上,因此,画家在创作时是仔细琢磨过作品中的色彩搭配的。

这一环节的指导要点如下。

(1) 引导幼儿感知艺术作品中形式美的特征

教师首先要对艺术作品中的点、线、形、色等形式要素以及作品所表现的美的形式(如:造型、色彩、构图及其所表现的对称、均衡、节奏、韵律、变化等)有一定的理解与欣赏能力,同时还要使用启发性的语言来引导幼儿感受作品中形式美的原理。

(2) 引导幼儿通过美术创作来认识美术作品中的艺术语言和形式美原理

对于作品中的艺术语言及形式美的原理的认识和理解,有时可以通过幼儿自身的动手实践来获得。例如,欣赏梵·高的《向日葵》时,为了让幼儿更好地理解向日葵的造型以及向日葵插在陶罐里时那种错落有致的排列,教师可为幼儿提供实物经验,即真实的陶罐和向日葵,让幼儿通过插花来感受。

图9-6 《向日葵》

3. 艺术作品的解释

这一环节主要是探讨艺术作品的创作背景、解释作品所蕴含的内在意义、创作者的风格等,以加深幼儿对作品的理解。对于抽象作品,也可让幼儿通过命名的方式来进行,以此反映他们对作品的总体感受。其实,每一幅作品的背后都有一个故事,对有些作品的理解需要联系一定的社会历史背景,对这类作品的欣赏不必苛求儿童完全按照画家的原意来理解。教师应鼓励幼儿根据自己对作品所传达的信息的体验和理解,站在自己的角度对作品作出新的"诠释"。

对于那些幼儿能够理解的作品,教师可根据作品内容适当地介绍画家的小故事、作品创作的背景等,以帮助儿童理解作品的含义。例如,中班幼儿欣赏马蒂斯的《蜗牛》时,教师可结合作品内容介绍马蒂斯创作剪纸作品的背景:

马蒂斯爷爷是一位很有名的画家,一生创作了很多的画,但是在他年纪很大的时候由于一次手术严重影响了他的身体健康,使得他不能持久地站立,只能坐在病榻上画些小画。他很想画画,可是坐在床上无法尽情地画。有一天,他在涂上各种颜色的纸片上剪出一个个形状,然后把这些漂亮的剪纸任意拼贴在一起,就形成了一幅奇妙无比的画。剪刀在他的手中如同使用画笔一样轻松自如,他觉得剪纸非常有意思,以后,他便用这种方式创作了很多的作品。那么如果要创作很大的作品时,怎么办呢? 你们能不能帮马蒂斯爷爷想个好办法?(幼儿讨论)结果,马蒂斯爷爷想出了一个非常奇妙的办法:他坐在轮椅上,手里拿着绑有炭笔的长竿打轮廓,然后按轮廓把剪纸一个个贴上去,或者用长竿指导他的助手去安排画面。就这样,马蒂斯爷爷创作出了很多为大家喜爱的作品。

这一环节的指导要点如下。

（1）对于作品的解释应基于幼儿的理解能力

不同时期的艺术作品有其产生的时代背景和社会文化的需求，这些不一定要求幼儿理解。教师应在充分了解作品创作背景的基础上，用幼儿可以理解的语言帮助其获得对作品更加深刻和更到位的理解。

（2）允许幼儿对作品的理解有自己的解释

虽然教师在教学之前对作品的意义已经有了预期，但应该允许幼儿有自己的解释，不受教师预期和创作者原创作意图的限制，充分发挥自己的想象力和创造力，根据自己的体验和理解来发表见解。

4. 艺术作品的评价

对学前儿童来讲，评价作品阶段不是欣赏的重点，他们对作品的评价只是简单地说出自己喜欢或不喜欢这幅画的理由，或是说出对作品含义的某些理解而已。教师在这一阶段可对作品的内容作较为综合性的、具有一定指导意义的总结，帮助幼儿加深印象，提高审美判断能力。

这一环节的指导要点如下。

（1）尊重幼儿对作品的感受

常言道："一千个观众就有一千个哈姆雷特。"通过儿童与教师的共同欣赏、分析和讨论，儿童对美术作品必然会产生不同的评价，喜欢或不喜欢。由于儿童经验、认识能力有限，这些看法也许是十分可笑的，但只要是他们在对作品感知和体验基础上产生的，教师都应予以尊重和认可。教师可作一些适当的提示或补充，但切不可轻易地将自己的观点强加于儿童。

（2）鼓励幼儿用简短的语言大胆地表达自己的感受

对于中班幼儿来说，他们对作品的评价也许就是喜欢与不喜欢，此时教师可以提示："你喜欢这幅画，是因为好看的颜色吗？""是因为画里有一个可爱的小朋友吗？"对于大班幼儿，则可以鼓励他们从作品的艺术语言和形式美的原理方面来评价。同时，教师也可有意识地用一些优美的语言去感染儿童，如：对画面中一些出色之处的描述，以及儿童读物中对美术作品的描述等，这都有利于培养幼儿的艺术感觉。

5. 创作与表现

在这一环节中，教师可为幼儿提供良好的绘画表现环境，如：给予幼儿各种表现的媒材、宽敞而舒适的教室环境、轻松而愉快的心理环境；帮助幼儿积累视觉经验、美术表现的经验等。

教师应鼓励幼儿把欣赏的经验运用于自己的作品中，同时学习或借鉴大师的作画方式和表现手法，或用自己的美术语言表现该作品所传达的情感等。例如，在欣赏马蒂斯的剪纸作品《克里奥尔的舞者》后，鼓励幼儿也学习用色纸剪贴的方法来表现跳舞的人。

这一环节指导的要点如下。

（1）提供丰富并具有表现力的工具和材料

当幼儿创作和表现时，教师提供丰富多样的、具有表现力的工具和材料，有利于幼儿将自己对作品的感受通过不同的媒材表现出来。例如，在幼儿欣赏梵·高、鲁本斯、伦勃朗等画家的自画像后，教师提供铅画纸、卡纸、色纸、油画棒、色粉笔、记号笔、水彩笔等可以让幼儿画自画像，这些具有不同表现效果的工具和材料，可以让幼儿表现出来的自画像各不相同、各具特色。

（2）运用多种创造性方法鼓励幼儿进行创作和表现

幼儿在欣赏艺术家的作品后有一种创作的冲动，此时，教师可以运用多种方法鼓励幼儿进行表现。例如,在欣赏夏家尔的《我与村庄》后,教师提出开放性问题:"画家画了一个奇妙的梦,你有没有做过梦?梦见了什么?请你把自己的梦境画下来。"

(二)自然景物和周围环境的欣赏指导

对自然景物和社会环境的欣赏常在户外进行,因此,教师在指导学前儿童欣赏时应注意如下几个要点。

图9-7　《我与村庄》

1. 有"距离"地感知景物

心理学家舒帕尔·卡格安通过观察发现,儿童对于那些十分熟悉或是完全陌生的事物会表现得毫无兴趣,只有那些与他们熟悉的事物有所不同,但又可以看得出与它们有一定联系的事物,才能真正吸引他们。由此可见,只有那些与心中图式有一定距离的事物,才能引起儿童敏锐的知觉。

教师在引导幼儿欣赏美术作品时,应经常有距离上的变化,帮助儿童从不同的角度、距离上去感知。欣赏过程中,儿童对心理距离的把握,依赖于他们的知识经验、审美经验、情感经验的体验。美术欣赏教育虽然不是为了让每个孩子成为大师级的人物,但应该让孩子们既有审美的眼睛,又有审美的耳朵,更有审美的大脑,能运用艺术家的眼光去欣赏周围的各种事物。

2. 增强美术欣赏中的情绪体验

移情是儿童情感发展中的一个重要特点,他们常常把自己的想法和情感赋予到有生命或无生命的物体上去,这为他们欣赏各种景物提供了情感基础,因为美术欣赏本身就是一种感情的投入。

图9-8　鹅在碧波中游弋

例如,春游时孩子们看到鹅在碧波中游弋,教师便有感情地吟道:"鹅鹅鹅,曲项向天歌,白毛浮绿水,红掌拨清波。"孩子们在老师富有感染力的诗句中,体验春天的美景。教师也可引导孩子说说:"鹅为什么在水中游得那么欢?""你觉得面前的景色美吗?为什么?""如果自己变成一只鹅会是怎样的?"等等。这些语言与美景的交融,可以使孩子们浮想联翩,获得美的享受。

从这一例子可以看出,在美术欣赏中强调情感的体验,可以磨练幼儿敏锐的审美知觉能力,从而培养幼儿的审美情感。

3. 鼓励幼儿模仿自然界和周围环境中的各种声音和形态

大自然和周围环境中蕴藏着无穷的美。幼儿经常欣赏自然与周围环境中的美景和美好事物,可以使他们开阔视野,增长知识,发展想象力,激发创造性思维。例如,让幼儿多接触大自然,感受和欣赏美丽的景色和好听的声音;经常带幼儿参观园林、名胜古迹等人文景观,讲讲有关的历史故事、传说,与幼儿一起讨论和交流对美的感受。又如,让幼儿观察常见动植物以及其他物体,引导幼儿用自己的语言、动作等描述它们美的方面,如:颜色、形状、形态等;让幼儿倾听和分辨各种声响,引导幼儿用自己的方式来表达他们对音色、强弱、快慢的感受。

因此在欣赏自然景物和周围环境时,成人应鼓励幼儿模仿自然界中各种动听的声音(如:鸟叫、鹿鸣、风声、雨声、雷声、叮咚的泉水声、直泄的瀑布声)以及各种优美的形态(如:随风摇曳的柳枝、百花丛中飞舞的蝴蝶、相互追逐的猴子、翩翩起舞的丹顶鹤等)。

思考题

1. 学前儿童美术欣赏发展分为哪几个阶段？其特征是什么？
2. 为学前儿童选择美术欣赏作品时应遵循哪几个原则？
3. 学前儿童美术欣赏包括哪些简单知识和技能？
4. 指导中班幼儿进行美术欣赏有哪些要点？
5. 指导大班幼儿进行美术欣赏有哪些要点？
6. 结合实际谈谈如何指导幼儿欣赏艺术作品？
7. 结合实际谈谈如何指导幼儿欣赏自然景物和周围环境？

案例篇

第十章
歌唱活动案例选编

例1：这就是我（小·班）①

一、设计思路

每一个孩子都是独特的，当我跟孩子讨论起每个人不同的地方时，孩子们常常能滔滔不绝地讲出自己和别的小朋友不一样的地方。动物又是孩子们非常喜爱的，对于动物的特征，孩子们特别乐意去发现。基于小班孩子具有强烈的好奇心，模仿性又很强的特点，结合"小宝宝"的主题，我设计了这节"这就是我"的音乐活动。我选取了河马、小猪、小白兔等动物形象，和孩子们一起猜猜、说说、唱唱它们的特点，最终迁移到孩子自己，在愉快的歌唱过程中使孩子们更了解自己及周围动物的特征。

二、活动目标

① 在猜猜、说说、玩玩的情景中，学唱歌曲《这就是我》。
② 愿意在集体前大声地演唱，体会歌唱的快乐。

三、活动准备

① 多媒体课件。
②《这就是我》音乐伴奏带。
③ 照片墙。

四、活动过程

（一）来到动物园，初步感受音乐旋律

1. 去动物园，感受旋律

① 师：小朋友们，天气这么好，我们一起去玩吧！看看我们来到了哪里啊？
② 师：动物园到了，准备好进去看小动物咯。一扇扇的小门里住着各种小动物哦。（快节奏音乐，抬头挺胸走）

---

① 此活动设计由上海市荷花池幼儿园张雯提供.

（二）讲讲动物园里的小动物，学唱歌曲

1. 拼拼河马的大嘴巴，熟悉歌词

① 来到了第一扇门，猜猜这里可能是什么小动物住在里面呢？

② 师：（展示操作图，有各种嘴巴的选项）可是，到底哪个是河马的嘴巴呢？请小朋友来找一找。这个是河马的嘴巴，你们同意吗？

③ 师：是呀，我们一起来帮河马介绍一下自己吧。

2. 猜猜胖胖的小动物，跟唱歌曲

① 师：我们来到了第二扇门，里面住着一个大大的动物，会是谁？

② 师：那么这些大大的动物怎么走路的？走给我看看好吗？

集体——个别——大家一起模仿。（3 遍音乐）

过渡：你们的耳朵真灵，里面呀，真的是住着一个大大、胖胖的动物。

③ 师：看看到底是谁来了啊？（小猪头饰）我们听听小猪是怎么介绍自己的。

过渡：还想去看其他小动物吗？赶快走咯。

3. 说说小白兔的特征，完整演唱

① 师：这次我们又来到了什么地方啊？谁会住在里面呢？小白兔长什么样子的？

② 师：这个门会变的哦，只要说出来，小动物就变出来了，一起来试一试吧。

③ 小白兔变的好玩吗？还想再变一变吗？想让它怎么变要唱出来哦，先变的是（眼睛），再变的是（耳朵），最后变的是（尾巴），看看是不是会跟着你唱的变出来。

师：我们一起来和小兔跳个舞吧。（音乐：摇摆舞）

过渡：小兔说我介绍了我自己，可是我还不认识你们，你们是谁呢？

（三）介绍自己，简单创编歌词

1. 说说自己的特征

师：我们怎么介绍自己？你什么地方长得和别人不一样呢？

幼：我××和别人不一样。我长得好看的地方是××。

总结：原来我们每个小朋友都长得不一样。

2. 照片墙

① 师：（展示照片墙）看看，老师这里有好多好多的照片呢，快来找找你自己。想好了吗？要怎么介绍你自己？

② 师：现在小兔认识你们了，可是还有很多动物朋友不认识你们，我们下次去动物园把自己介绍给更多的动物朋友认识，好吗？

例 2：巴啦啦棉花糖（小班）[①]

一、设计思路

糖果对于小班的孩子来说是一个非常喜欢的话题。因为他们对糖果情有独钟，有着丰富

---

① 此活动设计由上海市荷花池幼儿园童佳丽提供.

的生活经验。由此,教师通过一个神奇的魔仙棒把孩子带入动画般的活动情境中,并以一个欢快的律动开始,让幼儿在小蓝姐姐变糖果的情境中,开心、自然地说出自己最喜欢吃的糖果。同时,在制作棉花糖的过程中,把幼儿带入又一个欢乐的天地,孩子们在亲眼目睹了棉花糖的现场制作过程后,会对棉花糖产生浓厚的兴趣,把幼儿的情绪推向了一个高潮,在这种情绪的带动下,让孩子们在玩玩、乐乐的过程中熟悉《棉花糖》这首歌曲的旋律和歌词,并能初步哼唱,感受到其中的快乐。

二、活动目标

在听听、玩玩的音乐情境中,快乐地哼唱歌曲,感受歌唱活动的快乐。

三、活动准备

① 棉花糖机器。
② PPT 媒体、视频。

四、活动过程

(一)畅游魔仙堡

1. 听听猜猜：魔仙棒

师:今天,老师带来了一件神奇的宝贝,是什么宝贝呢? 请你仔细听!

2. 学学跳跳：巴啦啦小·魔仙

——让我们一起去神奇的魔仙堡吧!

(幼儿跟着巴啦啦小魔仙的乐曲和教师一起表演律动)

(二)糖果变变变

1. 看看、说说喜欢的糖

师:魔仙堡到了!(展示魔仙堡 PPT)看! 谁来迎接我们啦? 小蓝姐姐你好! 今天小蓝姐姐听说小朋友要到魔仙堡来做客,她要用魔仙棒变出各种各样好吃的糖送给小朋友。谁来告诉小蓝姐姐,你最喜欢吃什么糖?

2. 听听、哼哼变出的糖

(1)幼儿边看媒体边欣赏歌曲的后两句旋律

师:看看小蓝姐姐会变出什么好吃的糖?

(2)幼儿边看多媒体边欣赏教师演唱歌曲的后两句

师:小蓝姐姐又变出了什么糖?

(3)幼儿跟唱歌曲的后两句

① 师:这次你们说变什么糖,就让小蓝姐姐变什么糖。只要你们能和我一起把你们喜欢吃的糖唱出来,小蓝姐姐就能把它变出来。

② 幼儿跟着教师一起哼唱歌曲的后两句,多媒体根据幼儿的意愿变出各种糖。

(三) 唱唱棉花糖

1. 看看、猜猜：棉花糖机

师(展示棉花糖机)：你们觉得它会变出什么样的糖呢？

2. 看看、听听：变出棉花糖

(1) 幼儿边看教师做棉花糖，边完整欣赏歌曲旋律

① 师：棉花糖是怎么变出来的？用什么变出来的？(幼儿自由说)

② 师：除了要用这个机器，还要用它。(出示糖宝宝)

(2) 教师完整演唱歌曲。(执教老师与伴奏老师共同演唱歌曲)

3. 听听、唱唱：巴啦啦棉花糖

(1) 幼儿与教师一起完整演唱

以教师演唱为主，幼儿听到自己会唱的部分跟着老师一起哼唱。

(2) 教师与幼儿集体接唱

师：你们唱得那么好听，魔仙棒也要来和你们一起做游戏了。魔仙棒指到谁，谁就来唱，不能让歌曲断掉哦！

第一次：教师唱前两句，幼儿唱后两句。

第二次：教师唱一句，幼儿唱一句。

(四) 我变棉花糖

1. 棉花糖大变身

师：(展示棉花糖 PPT)你们都能用动作变出这些棉花糖的样子吗？(幼儿集体用肢体动作表现棉花糖)

2. 歌曲表演

师：现在我们一起边唱歌，边用动作来做棉花糖，你们能不能变出和别人都不一样的棉花糖？

(五) 结束

① 师：今天你们的本领真大，变出那么多棉花糖。不过有一位棉花糖大王叔叔，他变棉花糖的本领更大！想不想看他来变棉花糖？

② 幼儿观看视频后离场。

例 3：好听的电话铃声(小·班) [①]

一、 设计思路

在主题活动"好听的声音"中，幼儿发现娃娃家里的小电话会发出叮铃铃的声音……由于小班孩子的依恋情结较重，十分喜欢在娃娃家中玩打电话的游戏，"喂，爸爸，早点来接我……"因此，我就选择了打电话游戏，预设了本次集体活动，旨在让幼儿通过欣赏、学唱歌曲《谁找

① 此活动设计由上海市荷花池幼儿园李文娟提供.

我》，丰富幼儿有关电话铃声的经验，并进一步激发幼儿对各种铃声的探索，在短短的二十分钟的集体活动中，怎样调动幼儿的各种感官去感受音乐的美，激活他们歌唱、表现的欲望，我的设计思路是如下三步曲。

（一）激趣

在经验准备阶段，我和孩子们一起探索和认识了各种有趣的电话，开展了制作小手机的亲子活动，在优美的音乐伴奏下孩子们学会了玩"宝宝打电话"的音乐游戏。因此，本次活动的开始就是在孩子们最喜欢的音乐游戏中进入的，激发了幼儿参与活动的兴趣。

（二）渐进

幼儿每拨通一个动物朋友的电话，都有不同的感知重点，可以帮助幼儿循序渐进地学唱歌曲。第一次拨打电话的重点是让幼儿初步感知歌曲的旋律；第二次重点是让幼儿仔细倾听歌曲，说说听到的歌词；在幼儿充分感知了歌曲的旋律和歌词之后，通过谜语编唱的形式第三次拨打电话，让幼儿听听、猜猜动物朋友，给游戏增加了小小的挑战，同时又让幼儿再次感受歌曲的旋律，给接下来的跟唱打下伏笔。给小鸭拨打电话的环节，主要是通过教师的弹唱示范、媒体情境与幼儿的互动，鼓励幼儿跟着音乐的旋律唱歌曲《谁找我》。

（三）表达

《3-6岁儿童学习与发展指南》中强调：激发幼儿用各种感官探索周围事物和环境中的美，用自己喜欢的方式表达感受和体验。活动中，运用迁移的方法引导幼儿运用已经学会的、自己喜欢的歌曲，为自己的"手机"设置一个喜欢的音乐铃声，鼓励幼儿大胆地表达、表现。

二、 活动目标

① 在打电话的游戏情境中感受歌曲的旋律，愉快地学唱歌曲《谁找我》。
② 尝试用自己喜欢的歌曲唱出自己的音乐铃声。

三、 活动准备

（一）经验准备

在主题活动"好听的声音"中，对生活中各种能发出声音的物体有初步的感知和探索。

（二）材料准备

① 亲子制作：幼儿和家长一起用废旧纸盒等制作各种有趣的手机。
② 多媒体课件：Flash 动画——打电话。

四、 活动过程

（一）电话叮铃铃——复习律动

1. 听听、猜猜引起兴趣——播放"叮铃铃"的电话铃声
① 教师重点提问：

师：听！这是什么声音？

幼：可能是闹钟的声音/电话的声音。

② 教师出示手机，原来是电话响了，有人打电话给我了。（通过"叮铃铃"的电话铃声，引起幼儿对电话铃声的关注）

2. 唱唱、跳跳复习律动——播放律动音乐《宝宝打电话》

① 师：你要找谁呀？ 找他干什么呢？（用问答的形式赋予游戏情景"喂，喂，喂，请问你找谁？""我要找×××。""找我干吗呀？""和我一起做游戏……"）

② 幼儿在音乐的伴奏下表演律动。

③ 小结：电话铃声，叮铃铃，告诉我们朋友找，接起电话问声好，说说话，真高兴。

（二）铃音声声响——学唱歌曲

1. 给小·狗打电话(重点感受歌曲优美的旋律)

① 让幼儿欣赏 Flash 动画。多媒体出现手机图案和动物电话本，拨打电话号码（如：2514）。根据小班幼儿对数字的认知特点，电话号码仅设定为数字 1−5，且为四位数的组合。

歌曲《谁找我》

你打我电话，

找我有事吗？

我正忙着呢，

请你多等一下。

马上就来了，

马上就来了，

你别挂！

② 教师重点提问：

师：咦？ 小狗的电话铃声和我们的电话铃声有什么不同？（引导孩子发现电话铃声发生的变化）

幼：音乐铃声/会唱歌的铃声……

小结：对了，这种有歌曲、会唱歌的铃声，我们叫它音乐铃声。

③ 教师扮演小狗接电话："你好呀，我是小狗，找我干吗呀？"（鼓励幼儿大胆说出自己打电话的想法）

幼：小狗我想请你吃肉骨头/请你出去玩……

2. 给小·兔打电话(重点倾听、记忆歌词)

让幼儿欣赏 Flash 动画。（拨打小兔的电话号码，铃声响起）

① 师：你们听到小兔的电话在唱什么？（鼓励幼儿大胆说出自己听到的歌词，教师根据幼儿的回答用相应的歌曲曲调演唱、重复，帮助幼儿回忆、记忆歌词）

幼：我听到歌里唱"请你等一下"……

② 师：小兔的铃声和小狗的铃声一样的，很好听，还想听听吗？（教师在拨打电话时，故意拨错一个电话号码，电话铃声没有响起，以丰富幼儿的生活经验，让他们知道拨错号码就找不到朋友；拨打正确的电话号码，引导幼儿再次感受歌曲，仔细倾听歌词）

③ 教师扮演小兔接电话:"你好呀,我是小兔,找我干吗呀?"(继续鼓励幼儿大胆说出自己打电话的想法)

3. 给小鸭打电话(听唱猜谜、尝试跟唱)

① 师:刚才你们打电话给自己的好朋友,我也想打给我的动物朋友,猜猜我的电话打给谁?(把谜语作为歌词演唱歌曲,变化歌词,引起幼儿兴趣,为幼儿跟唱做铺垫)

教师用歌曲的旋律编唱:

> 我有圆脑袋,
> 穿着黄黄衣,
> 走路摇摇摆,
> 猜猜我是谁?
> 唱歌嘎嘎嘎,
> 爱吃鱼和虾,
> 爱在水里游,
> 猜猜我是谁?

② 欣赏 Flash 动画。(拨打小鸭子的电话号码,铃声响起,小鸭子在河里游泳没接电话)师:小鸭子,怎么没接电话呢?

幼:小鸭子在河里游泳,手机在岸边听不到!

③ 师:那我们一起唱出音乐铃声,让小鸭子能听到。(鼓励幼儿在音乐的伴奏下,大声地跟唱歌曲 1—2 遍)

④ 师(扮演小鸭子接电话):"你好呀,我是小鸭子,我正在游泳呢,星期天你们来我家玩吧!"

4. 给大象打电话(尝试根据角色形象唱歌)

① 欣赏 Flash 动画。(拨打小兔的电话号码,电话里传来粗粗的声音演唱歌曲)

② 师:大象的电话铃声有什么不一样?

③ 师:我们一起唱唱看!(启发幼儿用粗粗的声音扮演角色演唱,增强演唱的趣味性,进一步熟悉歌曲)

(三)铃声我来唱——快乐歌唱

1. 教师示范唱出音乐铃声

师:小动物们的电话铃声会唱歌,真好听。我们也来给自己的电话设计一个音乐铃声吧!(教师演唱一首幼儿学过的歌曲,作为自己的手机铃声,启发幼儿运用学过的歌曲为自己的手机设计铃声)

2. 幼儿大胆歌唱

师:让我们的电话也会唱歌;说说、唱唱我们自己设计的歌曲铃声。(复习熟悉的歌曲)

(四)活动延伸

师:在我们的身边除了好听的电话铃声,还有许多好听的声音,我们一起再去找找好吗?

例 4：欢迎来我家（中班）①

一、设计思路

本活动源自主题活动"我爱我家"，孩子们在收集、整理每个家庭不同的照片资料的过程中，了解了自己的家庭成员和自己的家。现在的孩子大多是独生子女，歌曲《欢迎来我家》旨在让幼儿在有趣的动画情境中通过变换不同的"家庭房屋的场景"，在猜猜、玩玩中运用"对唱"、"齐唱"的方式快乐地学唱歌曲。

二、活动目标

感受歌曲欢快、跳跃的旋律，在有趣的情境中愉快地学唱歌曲《欢迎来我家》。

三、活动准备

① 经验准备：主题活动"我爱我家"。
② 材料准备：PPT、动画片《蓝精灵》片段。

四、活动过程

（一）动物朋友的家——熟悉歌词、旋律

1. 小兔子的家

① 师：猜猜这会是谁的家呢？你从哪里看出来的？（引导孩子从观察画面中出现的胡萝卜、兔子头像等推测这是小兔的家）
② 师（扮演小兔）：嗨，大家好！（小兔子出现，演唱歌曲《欢迎来我家》）

2. 小鸭子的家

① 播放多媒体音乐。
② 师：这会是谁的家呢？你听到小鸭子在说什么？小鸭子和我们平时说话有什么不一样？（有节奏的）
③ 师：小鸭子的家真漂亮啊！有沙发，有……
师（扮演小鸭）：欢迎你们经常来！再见！

（二）森林奇遇——学唱歌曲

过渡：森林里住着这么多可爱的动物朋友，还会住着谁呢？
播放多媒体动画《蓝精灵》。

---

① 此活动设计由上海市荷花池幼儿园李文娟提供.

1. 欢乐对唱

① 师(扮演蓝妹妹):嗨,大家好!我是蓝妹妹,瞧,这是我的蘑菇房子!

- 蓝妹妹:"这是我的房子,我的家,欢迎你来我家。"
- 小朋友:"来了,来了,来了,来了,我就来你家!"

② 师:精灵村里住着蓝妹妹,还住着谁呢?(播放粗粗的演唱声音)

师(扮演蓝爸爸):对了,孩子们,我是蓝爸爸,欢迎你们!

- 蓝爸爸:"这是我的房子,我的家,欢迎你来我家。"
- 小朋友:"来了,来了,来了,来了,我就来你家!"

③ 师:精灵村里真热闹,你们还想去谁家?

- 我要请唱歌声音响亮的孩子来我家。
- 我要请快乐爱笑的孩子来我家……

2. 魔法变变变

① 师(扮演蓝精灵):你们想和我一起做游戏吗?念咒语:"魔法变变变!"

孩子们,现在你们的小椅子就是你们的蘑菇房子,你们都是小精灵啦!

蓝精灵们!(幼:哎……)你想邀请谁来你家做客?

② 师:我们一起用好听的歌声来邀请蓝精灵们来家里玩吧!

3. 游戏——做客

① 在音乐的伴奏下,让幼儿边唱歌曲边做游戏。旋律停,就要走到朋友的家里;跟着音乐,变换不同的家。

② 师:到朋友家真开心,你到朋友家想和他一起做什么?

(三)蓝精灵到我家——想唱就唱

正当大家快乐地游戏时,多媒体出现格格巫,蓝精灵们四处逃跑,他们离开了精灵村,来到了我们的城市!

① 师:小朋友,现在蓝精灵们没有家了,到哪去好呢?

② 幼:×××幼儿园。(介绍好看的教室)

③ 跳欢乐的舞蹈《乌萨乌萨》。

例5:我爱吃蔬菜(中班)①

一、设计思路

本次活动是在中班"好吃的食物"主题背景下开展的,幼儿在主题背景下了解了许多的蔬菜,知道了蔬菜的品种、名称、颜色。因此,在已有丰富经验的背景下,将蔬菜这一孩子们平时经常接触的生活元素融入孩子的学习活动中,"我爱吃蔬菜"这一活动内容就产生了。

这是一个歌唱活动,所以旋律的易学性是非常重要的。在这首歌中,有一段创编的内容,"哈哈,我变成了××"对于孩子来说是有一定的难度的。因此,需通过把音乐融入故事中的形

---

① 此活动设计由上海市荷花池幼儿园张雯提供.

式来让孩子们先倾听范唱，再进行创编。

二、活动目标

① 在故事情境中感受旋律，尝试改编歌词。
② 加深对蔬菜的颜色等特征的了解，有兴趣地吃蔬菜。

三、活动准备

① 物质准备：多媒体课件。
② 经验准备：幼儿对常见蔬菜的名称、颜色等基本特征已有一定的了解；已学会歌曲《买菜》。

四、活动过程

（一）复习歌曲，尝试编编唱唱

【设计意图：在唱唱跳跳的过程中，为后面的肢体模仿做铺垫。让幼儿说说唱唱几种蔬菜的颜色，为解决活动的重难点做准备】

1. 表演歌曲《买菜》

师："今天天气多好呀，我们去买菜吧！来吧来吧。"

2. 认识蔬菜，说说蔬菜的颜色

师：这么多颜色漂亮的蔬菜，我们用歌声来把蔬菜编进去。

大蒜白又白呀；南瓜橙又橙呀；红椒红又红呀；土豆黄又黄呀。哎呀呀，菜儿真正多，哈哈！

（二）学习新歌，体验编唱乐趣

【设计意图：在故事情景中，学会倾听音乐，把故事中的情景引到幼儿身上，唱唱幼儿喜欢吃的蔬菜，进行创编】

1. 欣赏故事，感受歌曲

——"蔬菜宝宝真高兴，我们小朋友都喜欢蔬菜宝宝，还有谁也很爱吃蔬菜呢？"

第一段故事：

师：谁也爱吃蔬菜呢？小兔带着什么？

师（故事讲述）：小兔说我最爱吃胡萝卜了，今天我想把最爱吃的胡萝卜跟我的好朋友奶牛一起分享，于是奶牛大口大口地吃了起来。

师（播放录音）："我吃我吃我吃吃吃！我爱吃胡萝卜，我爱吃胡萝卜，我吃吃吃吃吃，我变变变变！"

师：奶牛说什么？奶牛吃完了说我变变变，奶牛可能有什么变化？小兔看到橙色牛奶，会爱喝吗？小兔心想那一定是胡萝卜口味的吧，拿起胡萝卜牛奶就咕嘟咕嘟地喝了起来……

小结：小兔喝了牛奶，变成了橙色的小兔。

第二段故事：

师：奶牛吃了胡萝卜，挤出了橙色的奶。第二天，第二个好朋友又来找奶牛，是谁呢？（长颈鹿）

师(讲述故事):长颈鹿最爱吃青菜了,它想把它最爱吃的青菜和好朋友奶牛一起分享。于是长颈鹿把青菜送去给奶牛吃,奶牛大口大口地吃了起来。

师(播放录音):我吃我吃我吃吃吃!我爱吃青菜,我爱吃青菜,我吃吃吃吃,我变变变变!

师:长颈鹿看到绿色牛奶,心想今天的牛奶是绿色的,一定更美味。这次长颈鹿会怎么唱?

2. 教师即兴编唱,引发幼儿歌唱兴趣

① 师:小兔爱吃胡萝卜,长颈鹿爱吃青菜,你们知道老师爱吃什么吗?我喜欢吃的蔬菜说,要把自己变成一个谜语让你们来猜猜,仔细听哦!

师(谜语编唱):你猜你猜你猜猜猜!我的皮肤滑滑的,我长得红又红,我的身材胖胖的,我的味道酸又甜。哈哈!猜猜我是谁?(西红柿)

② 师(歌曲编唱):"我吃我吃我吃吃吃!我爱吃西红柿,我爱吃西红柿,我吃吃吃吃,我变变变变。哈哈!我变成了红色!"

③ 师:牛奶变成了什么颜色?我们一起来尝尝西红柿吧。

3. 幼儿说说自己爱吃的蔬菜,编唱歌曲

师:刚才我介绍了我喜欢吃的蔬菜,你们觉得我健康吗?这个菜篮子里有这么多的蔬菜,看看都有些什么?你最爱吃什么蔬菜?能不能做个动作让大家猜猜?我们唱给大家听听。

说明:请个别幼儿用不同的方式让大家猜猜自己喜欢的蔬菜,如:肢体动作等。然后随歌曲旋律进行编唱,鼓励也喜欢吃这种蔬菜的幼儿共同编唱。

(三)蔬菜拼盘

【设计意图:在蔬菜拼盘的情境中,幼儿自由地寻找伙伴并围成一圈,各自唱唱自己喜欢的蔬菜】

师:小朋友都很喜欢蔬菜,我把你们喜欢吃的蔬菜放在一起,变成了蔬菜拼盘。

五、活动建议

将最后一个环节蔬菜拼盘的游戏继续放入个别化学习活动当中,鼓励支持孩子持续性地创造。

例6:京歌大家唱(大班)[①]

一、设计思路

本次集体活动源于我班当前的主题"我是中国人"下的二级主题"了不起的中国人"。在这个二级主题中,有一个京剧脸谱的内容,引发了孩子们对京剧的好奇和兴趣。那么怎样满足幼儿的需要呢?我发现,京歌既有京剧的韵味,又有歌曲的风格,比起纯粹的京剧,在难度上降低了许多。于是我选择了《北京,我们的首都》这首非常独特的歌曲进行教学。这首歌曲的曲调类似京剧,并配有一些锣鼓经的节奏,有着浓郁的民族风味,歌词浅显易懂,能使

---

① 此活动设计由上海市荷花池幼儿园童佳丽提供.

幼儿对首都北京及名胜古迹有所了解，并让幼儿在演唱过程中，对京腔京韵有进一步的感受和体会。

在活动的设计方面，我更多考虑孩子的发展，顺应孩子的需求，一改往常教师主观意识很强的预设性内容，注重每个孩子的体验与感受。我尝试让孩子们通过在欣赏京歌后的自主讨论，发现京歌独特的韵味，并按照自己的意愿尝试将这些特点融入《北京，我们的首都》这首歌曲中，使其更具有京剧的韵味。此时，教师是孩子发现与尝试后的肯定者和经验的梳理、提升者，而不是给予幼儿一个标准的、统一的答案。

整个活动中，孩子们通过欣赏京歌视频，感受京剧中最具有特色的拖腔韵味。同时，大班的孩子在艺术活动中能与他人相互配合，也能独立表现。因此在分散探索亮相动作的时候，有些能力强的幼儿就有了初步的相互合作表现的愿望，他们合作尝试一个亮相的动作。这能进一步提升孩子的创造性动作表现力和合作交往能力。

希望这个活动带给孩子的感受是快乐、放松的，能萌发孩子对京剧艺术的喜爱之情。

二、活动目标

① 感受京歌的特点，了解拖腔、亮相等京歌特有的表现方式。
② 对京歌表演的方式产生兴趣，在演唱中表达对祖国、家乡的热爱。

三、活动准备

① 经验准备：幼儿初步学会演唱歌曲《北京，我们的首都》。
② 材料准备：电脑、视频；钢琴伴奏、京歌伴奏带；京板鼓、钹。

四、活动过程

（一）唱唱、听听——感受京歌的特点

① 幼儿演唱歌曲《北京，我们的首都》。
② 欣赏视频《说唱脸谱》。
师：你们唱得真好听！今天，老师也请来了一个很会唱歌的小姐姐，我们一起来仔细听听她给我们演唱的歌曲。
③ 自主讨论：
师：小姐姐唱的这首歌曲和平时我们唱的歌曲有什么不一样？
（幼儿在欣赏视频后自由回答）
师：小姐姐唱的这首歌曲跟平时我们唱的歌曲真的不一样，它是一首带有京剧味道的歌曲。我们可以叫它京歌。

（二）说说、唱唱——京歌《北京，我们的首都》

1. 听听、唱唱京歌中的京味儿

① 师：小姐姐唱京歌的声音听上去是什么感觉的？
② 师：你们能不能用有力的、洪亮的声音来演唱《北京，我们的首都》，唱出京歌的味儿？
③ 幼儿演唱歌曲一遍。

2. 感受体验京歌中的拖腔

（1）幼儿尝试拖长音

① 幼儿寻找适合拖音的句子并尝试。

师：你觉得歌曲里哪句话在唱的时候可以把音拖得长一点？

② 师生拖音大 PK。

师：老师为什么能把音拖得那么长？你们有没有发现我的小秘密？

③ 幼儿将拖长音的句子放进歌曲里尝试演唱。

（2）观看视频中京剧演员的拖腔

师：你们的拖音拖得还真长，不过比起京剧演员来还差一点儿，他们在京剧里唱出来的拖音，那真是太厉害了，我们来看看吧！

3. 尝试表现京歌中的亮相

（1）再次欣赏视频《说唱脸谱》

师：小姐姐在唱这首京歌的时候，还有什么特别的地方？

（2）幼儿学做亮相的动作（根据幼儿的即时反应，以集体或个别的形式进行）

① 幼儿尝试五官的亮相。

② 幼儿尝试头部和五官的合作亮相。

③ 让幼儿了解亮相的意思。

师：把自己最神气的脸亮出来给大家看，这就叫京剧中的亮相动作。

（3）自由探索亮相动作

幼儿自选喜欢的图片进行亮相动作模仿。

师：其实京剧中的亮相动作有各种各样的，今天，老师给大家准备了很多京剧演员亮相的动作图片，等会儿请你去仔细看一看，学一学。

（三）唱唱、演演：表演唱《北京，我们的首都》

幼儿尝试改变后的完整演唱。

师：孩子们，刚才我们用了几个好办法，把歌曲变成京歌，现在我们把这些办法都唱进歌里，听听有没有把这首歌变成了一首京歌。

例7：老鼠娶新娘（大班）[①]

一、设计思路

本活动内容源自一本非常好看的绘本作品。它是结合大班《动物大世界》的主题产生的一个绘本音乐活动。活动在孩子们熟悉的故事内容的基础上，将比较静态的听与说转化为讲讲、唱唱——老鼠娶新娘，编编、说说——老鼠姑娘选新郎，完整表演——说唱歌曲，教师表演——RAP 节奏儿歌四个环节。

这个活动的设计亮点在于融入了 RAP 说唱的节奏，把流行音乐真正带入教学活动中，把

[①] 此活动设计由上海市荷花池幼儿园童佳丽提供.

一首普通的歌曲变成了有说有唱的说唱歌曲，让幼儿在编编、说说、唱唱中感受 RAP 音乐带来的欢乐和与众不同。

教学重点是让幼儿尝试将创编出的说词填入教师指定的一条节奏型和自己创编的节奏中。教学的难点是让幼儿根据绘本故事的情节分别创编出一句话，概括每幅绘本作品的内容，作为说唱歌曲的说词，并将说词填入自己创编的节奏时，要在两拍的时值中，这对幼儿来说既有挑战性，也充满乐趣。

二、 活动目标

① 尝试用多种节奏编唱歌曲的说词部分，感受"说唱"轻快、活泼的节奏。
② 运用多种形式表现音乐故事《老鼠娶新娘》，体验故事情节的生动有趣。

三、 活动准备

1. 前期经验准备

① 让幼儿熟悉绘本《老鼠娶新娘》的故事内容。
② 幼儿已经学会唱歌表演《老鼠娶新娘》。

2. 教学材料准备

① 绘本故事《老鼠娶新娘》的 PPT。
② 一段 RAP 音乐。

图 10-1　老鼠娶新娘

四、 活动过程

（一）讲讲、唱唱——老鼠娶新娘

1. 幼儿跟随音乐，完整讲述故事

师：今天让我们一起边听音乐，边讲故事，把它变成一个音乐故事。

2. 歌曲表演

小结：我们不但会把这个故事讲出来，还会用歌声把它唱出来。

（二）编编、说说——老鼠姑娘选新郎

1. 倾听对比，了解说唱

（1）让幼儿说说唱歌的形式

师：你们知道唱歌有哪些唱法呢？（独唱、齐唱、小组唱……）

（2）欣赏教师演唱两首歌曲的片段——《茉莉花》《中国话》

师：今天老师要为大家演唱两首歌曲，请你仔细听一听，猜猜哪首歌曲是说唱歌曲？为什么？（让幼儿通过倾听、对比，了解说唱的含义）

2. 说词创编，填入节奏

（1）说词创编

① 师生合作，边看图、边创编第一句说词。

师：太阳怕谁？太阳怕谁怎么样？（教师将幼儿创编的内容，以图片的形式展示出来）

② 幼儿小组创编第二、第三、第四句说词。

师:还有三张图片,请你们分组讨论来编,每张图编一句话,编的时候想一想,云朵怕谁,大风怕谁,围墙又怕谁呢?(幼儿分组创编,教师巡回倾听、指导)

③ 每组请一名代表上来交流创编的内容。(教师将幼儿创编的内容以图片的形式展示出来)

(2) 将说词填入节奏

① 让幼儿感受节奏。

师:四句话都编好了,这样就是说唱了吗? 还少什么?(节奏)

教师弹奏一条节奏,让幼儿跟着节奏拍打身体的不同部位。

② 幼儿尝试将说词填入节奏。

师:试试看,能不能把这几句话"装"进节奏中去?

③ 幼儿一组一句以开火车的形式,跟着节奏完整说一次。

3. 节奏创编,填入说词

① 幼儿在节奏拍点下,尝试自由创编节奏,并填入说词。

师:刚才的节奏是老师编的,你们能不能自己来编一条节奏,然后把这四句话"装"进你们自己编的节奏中去呢?(幼儿创编节奏、填入说词,教师巡回指导)

② 个别幼儿交流创编的节奏。

师:谁能把自己创编的节奏告诉大家?

③ 幼儿集体跟学。

(三)完整表演——再现故事

① 让幼儿选择喜欢的节奏。

师:你们想用哪条节奏?

师:你们觉得这段说的部分应该放在歌曲的什么地方比较合适? 在歌曲的开头、中间,还是最后呢?

② 幼儿完整表演说唱歌曲《老鼠娶新娘》。

(四)教师表演 RAP 节奏儿歌

师:刚才你们在编节奏儿歌的时候,我也在一旁编了一首,我把它放在一段节奏感非常强的音乐中,表演给你们看,好吗?

X X X X	X X X	X X	X	X X X X	X X	X X	X
原来原来	老鼠它	本领	大,	老鼠老鼠	终于	明白	了,
X X X X	X X	X X	X	X X X X	X X	X X	X
世上世上	没有	最最	强,	老鼠配老	鼠呀	最恰	当。

活动延伸:将幼儿创编的节奏制作成节奏谱,投放到教师的音乐个别化学习活动中,让幼儿边看节奏谱,边在音乐角里表演说唱歌曲《老鼠娶新娘》。

第十一章
韵律活动案例选编

例 1：糖果舞会（小·班）①

一、设计思路

糖果是小班孩子最喜欢的食品之一，也是过新年时不可缺少的食品。新年将至，爸爸妈妈让孩子们带着各种各样的糖果来到幼儿园和小伙伴一起分享，庆祝新年的到来。小班的许多孩子想得到的新年礼物就是糖果，因此也对缤纷的糖果产生了兴趣并积累了有关糖果的经验。本活动旨在激发幼儿通过感观，感受糖果的硬软，说说摸到的糖果，并借助两个有趣的糖果形象（硬糖、软糖），帮助幼儿区分不同曲风的音乐，提升小班幼儿的音乐听辨能力。

二、活动目标

① 感受糖果的硬和软，乐于说说自己摸到的糖果。
② 区分不同性质的音乐，感受硬糖士兵和软糖小姐不同的音乐形象。

三、活动准备

① 硬糖、软糖若干。
② 红色的口袋。
③ 进行曲音乐和圆舞曲音乐。

四、活动过程

(一) 猜猜、摸摸、讲讲，感受糖果的不同

师：小朋友，你们知道吗，再过几天我们要过新年了，你们高兴吗？新年老人会给小二班的宝宝送礼物呢，你们想要什么礼物啊？（车子、玩具等等）看看，今天我带来一个神秘袋。

1. 出示礼物袋

师：你们猜里面会是什么？
师：听一听声音，摸一摸，猜一猜。（糖）

---

① 此活动设计由上海市荷花池幼儿园严华英提供.

147

师：糖果摸上去是什么感觉？（通过触摸觉感受硬糖和软糖的不同）

教师出示硬糖,幼儿摸糖果,说：我的糖果硬硬的。

教师出示软糖,幼儿摸糖果,说：我的糖果软软的。

每位幼儿都摸一粒糖,并且说一句话：我的糖果硬硬的/软软的。

2. 出示硬糖士兵和软糖小姐两个音乐形象

师：你们看这是谁？你怎么知道这是硬糖/软糖？

3. 送糖果回家（分类）

师（扮演硬糖/软糖妈妈）："我的硬糖/软糖宝宝在哪呀？"（幼儿将摸到的糖果送回笤箩）

师：我们数数,硬糖/软糖妈妈有几个宝宝？哪个妈妈宝宝多？新年快到了,硬糖和软糖也要像我们小朋友一样聚到一起,他们聚到一起会干什么呢？

（二）听听、讲讲、跳跳,区分不同的音乐

1. 欣赏硬糖士兵的音乐,幼儿做相应动作

师：糖果宝宝们在一起玩得真高兴啊！他们一会儿跳,一会儿扭动……听,这是哪个宝宝呀？

师：你怎么知道是硬糖士兵来了呢？（声音有力气的）

师：硬硬的糖果士兵是怎么走路的呀？我们一起来试试！

幼儿听着音乐有力地模仿硬糖士兵动作。

师：硬糖士兵是怎么抬起手的？（个别幼儿进行分享）

师：硬糖士兵们,我们一起跳起来。（全体幼儿一起跟着音乐跳起来）

小结：原来硬糖士兵们动作都是硬硬的,非常有力。

2. 欣赏软糖小姐的音乐,幼儿做相应动作

师：现在谁来了呢？哪里听出来是软糖小姐呢？

师：软糖小姐动作柔柔的、软软的,就像小朋友吃的棉花糖一样。

师：刚刚硬糖士兵举手是这样的,那软糖小姐举手是怎样的呢？软糖小姐走路也是美美的、轻轻的,软糖小姐们跳起来！（全体幼儿一起跟着音乐跳起来）

师：我看到一个动作柔柔的软糖小姐,转个圈儿也是柔柔的。

小结：软糖小姐动作柔柔的、轻轻的,跟硬糖士兵不一样。

3. 师生共同舞蹈

（1）分角色参加舞会

师：现在舞会马上要开始咯！这次你们想扮演硬糖士兵还是软糖小姐呢？硬糖士兵到我这里来,软糖小姐到那儿去。准备好了吗？舞会开始咯！

跟着不同音乐跳舞。

（2）两段音乐混剪在一起,提高幼儿听辨能力

师：刚刚硬糖士兵和软糖小姐跳得真美！这次,音乐要变换了,你们先听一听。

师：跟刚刚有什么不同？对呀,这次上场的一会儿是硬糖士兵一会儿是软糖小姐,你们要仔细听哦！

小结：舞会上的硬糖士兵和软糖小姐都超级棒,能跟着不同音乐做不同的动作。

（三）摸摸、跳跳、尝尝,体验舞会的快乐

师：哇,这是谁呀？圣诞老爷爷,您怎么来啦？

师：圣诞老爷爷来发礼物啦，请你来摸一个宝贝糖果，告诉同伴你的糖果是什么样的。

师：硬糖和软糖的朋友可真多呀！那么多糖果宝宝要和我们一起开舞会，带着你的糖果宝宝，让我们一起跳起来吧！舞会结束之后让我们来品尝一下他们的味道吧！

五、 活动建议

① 可以延伸到音乐个别化学习活动，准备一些不同的头饰，跟着音乐做不同的动作。

② 糖果软硬的区分也可以做成个别化学习活动，用小勺将糖果宝宝分进不同的家里。

例 2：逛公园（小·班）[①]

一、 设计思路

本次活动正值温暖的春天，孩子们刚参加完愉快的春游回来，而且踏青时节也有很多家长带着孩子出去郊游，因此公园成了孩子们最熟悉、最喜欢的地方之一。本次活动我就借用孩子最喜欢的游乐场作为切入口，在孩子身边寻找到许多有趣的游戏情景，从音乐的角度引导孩子看、听、游戏，不知不觉中渗透各种符合小班孩子年龄特点的音乐信号，由浅入深地带着孩子游戏、学习。

二、 活动目标

在逛公园的游戏情景中，感受不同的音乐信号，快乐地游戏与表现。

三、 活动准备

① 多媒体情景"逛公园"，三角铁，音乐《火车快飞》、《小星星》。

② 幼儿非常熟悉公园里的各种游乐项目。

四、 活动过程

（一）边走边唱逛公园

重点：鼓励观察孩子将动作做大，表情、姿势到位，倾听信号。

1. 歌表演：《一起逛公园》

师：小朋友，你们喜欢去公园吗？你们去过哪些公园？在公园里我们可以玩些什么呀？原来有这么多好玩的公园，现在我们就一起去逛公园好吗？

2. 快乐地照个相

切换不同的背景（荷花池和大草坪）幼儿听见信号（跳音）就摆出各种姿势拍照。

[①] 此活动设计由上海市荷花池幼儿园赵妍提供.

师：快看，我们到哪儿啦？（绿油油的大草坪）这里好漂亮，我们一起来照相。

第一次教师给幼儿照，第二次幼儿给教师照（示范），第三次教师再次给孩子照相。

（二）公园里面真热闹

1. 上上下下滑滑梯

重点：听辨音乐的上行和下行，并用动作表现。

① 师：公园里真热闹，很多小朋友在游戏，你们听，这是在玩什么？

弹奏一次上行（慢速）两个八度＋下行（快速滑下）两个八度。

② 幼儿猜猜说说自己的想法并说明理由。

师：你怎么知道他在玩滑滑梯？滑滑梯是怎样玩的？（先……再……）

③ 再次倾听音乐。

师：我们来听听看是不是这样。什么时候在爬楼梯，什么时候下楼梯？

④ 幼儿听着音乐用动作表现滑滑梯的情景。

鼓励孩子动作表现时脚尖踮高，下来时身体摆到最低的位置。

⑤ 再次游戏，音乐可以增加几个八度，让孩子决定是否可以下滑了、何时下滑。

2. 开来开去碰一碰

重点：听辨重音，在重音的地方用各种动作表现碰碰车碰在一起的情景。

① 播放媒体"碰碰车"的录像。

② 师：他们在玩什么？碰碰车是怎么玩的？

③ 教师示范听着音乐玩碰碰车：谁愿意和我一起玩？

邀请一名幼儿和教师一起玩。听见欢快音乐教师和孩子自由开汽车，听见重音教师和孩子一起拳头对拳头碰撞在一起。

师：我们什么时候碰在一起？（重音）

师：什么时候要准备好？（颤音）

④ 幼儿再次倾听。

⑤ 幼儿集体游戏，教师注意观察幼儿听辨音乐的情况。

师：碰碰车开的时候会怎么样？不能乱开哦。仔细听，碰碰车开来了，什么时候碰碰车碰在了一起？（音乐）

⑥ 幼儿还可以随意说说碰的部位。

3. 开开心心玩转公园

重点：听辨音乐，有节奏地一蹲一上。

① 师：公园里还有个地方你们会更加喜欢哦，看这是哪里？对，这是儿童游乐场，咱们进去玩吧！（照片＋录像）边看边说，你们坐过吗？坐上去怎么样？（抬、上下、转、高低）

② 师：旋转木马真好玩，我们也来听着音乐骑木马好吗？（到中间的旋转舞台来吧）骑好了吗？你的手抓住哪里？我开开关啦？（音乐转的画面）

③ 师：木马一上一下转得真有趣，可是有些小朋友的木马骑得太快了，有点危险，要慢悠悠地骑才安全，对吗？我找了个小乐器来帮帮你们的忙，小木马最听它的话了，只要三角铁响一次，小木马就蹲一下，不快也不慢，我们来试试！（木马骑好，按开关）表演一遍。

（三）开小火车回家

① 师：听，旋转木马换音乐啦！是《小星星》。（可以带着大家转起来）

② 最后孩子听着火车的汽鸣声，开小火车回家。

活动建议：小班音乐活动中，教师要注意营造游戏的愉悦氛围，鼓励孩子积极参加每一个环节的互动，体验快乐的情感最重要。

例 3：动物摇摆舞（中班）①

一、设计思路

该学习活动是在主题活动"身体的秘密"背景下开展的。该主题的目标是认识自己身体主要部位的外部特征，体验它们的作用。活动初期，我们开展了"小手真能干"、"小机灵练本领"、"我的小脚丫"等活动，并在个别化学习活动中设计了"会动的身体"、"会跳舞的娃娃"等，使孩子们积累了探索身体各部位名称、动作的经验，使他们对会动的身体非常感兴趣。另外，小动物们永远是孩子的好朋友，它们活泼可爱的形象、灵巧有趣的动作时常牵动着孩子们幼小的心灵。孩子们喜爱小动物、乐意模仿小动物，渴望与小动物们亲密接触。

因此，基于孩子们在主题活动中前期的大量探索和获得的已有经验，把绘本《动物欢乐舞》、老少皆宜的《甩葱歌》音乐和配合其旋律修改合成的动画 Flash 视频进行了整合，设计了中班律动活动"动物欢乐舞"，旨在提升幼儿身体协调动作的能力，丰富幼儿肢体动作的变化，促进幼儿空间方位感的形成。围绕活动的价值设计了走走摇摆舞、扭扭摇摆舞和拍手摇摆舞三个主要的活动环节。

二、活动目标

① 感受欢快的音乐旋律，尝试根据音乐节奏的快慢变化动作。

② 通过绘本情景和同伴一起跳跳、玩玩，乐意用身体的动作模仿和表现动物的舞蹈特征。

三、活动准备

① 经验准备：幼儿有动物模仿操的律动经验。

② 材料准备：多媒体绘本《动物摇摆舞》；慢、中、快三段不同速度的《甩葱歌》旋律；Flash 动画《动物欢乐舞》；小鼓。

四、活动过程

（一）欢乐律动——动物模仿舞

1. 复习律动——动物模仿舞

师：冬天到了，天气越来越冷了，我们一起来跳个热身舞吧！

---

① 此活动设计由上海市荷花池幼儿园李文娟提供.

2. 找找律动中模仿了哪些小动物

师：刚才我们跳的舞蹈里，模仿了哪些小动物？（小狗、小猫、小猪）

（二）跳跳、玩玩——和动物一起跳舞

1. 走走摇摆舞——尝试在音乐节拍中变换不同的速度摇摆起舞

（1）结合多媒体、音乐，观察企鹅走路的样子，尝试模仿

教师播放《甩葱歌》旋律——慢速，展示绘本画面一：小企鹅跳舞。

师：这段乐曲听起来什么感觉？企鹅是怎么走路的？谁来做做小企鹅？

小结：我看到了摇头晃脑快乐的小企鹅、脚下装着小弹簧的企鹅、小翅膀上下拍动的企鹅……

（幼儿在音乐旋律的伴奏下，大胆地用不同的动作模仿企鹅走路，教师适时地观察，及时地用语言和动作进行提升）

（2）听鼓声猜动物形象，对比、表现稳定节拍中的不同速度

① 教师播放《甩葱歌》旋律，并敲鼓（四拍敲一下）。

师：你猜是谁来了？为什么？（展示大象图片）

师：看，大象是怎么走的？（大象的腿粗粗的，走起路来慢慢的、重重的）

师：还有什么原因让它走路重重的？（胖胖的肚子等）

② 个别幼儿表演。

小结：大象的一家向我们走来了呢，有胖胖肚子的爷爷、有大大屁股的妈妈，有的小象弯着背，还有的摇摇摆摆地甩着长鼻子……

③ 引导幼儿感受4拍一个鼓点的音乐旋律，能用肢体动作表现胖肚子、屁股、长鼻子等，和着鼓点摇摇摆摆慢慢走。

2. 扭扭摇摆舞——结合动画和图片，丰富幼儿肢体扭动的动作变化

（1）引发幼儿关注扭动、摇摆动作的主要特征

① 展示多媒体——一头犀牛扭屁股。

师：犀牛在跳什么舞？它什么地方摇摆得最厉害？

（播放音乐）个别幼儿模仿图片中的犀牛摇屁股。

② 展示玩具——扭屁股的小兔。

师：它扭起来怎么样啊？（它的小屁股很灵活的）

③ 展示两只犀牛摇屁股的图片。

幼儿和同伴一起用肢体动作表现两个好朋友一起扭屁股的动作。

师（模仿小犀牛说）：我一个人跳舞真孤单，我要叫我的朋友一起来，这两头犀牛是一对好朋友，两个好朋友在一起，可以怎么扭？（手拉手、面对面、屁股对屁股、两手相搭）

④ 小结：原来两个好朋友一起跳扭扭摇摆舞的时候，要一起扭动。方向一样，扭扭摇摆舞就会跳得更好看了。

（从图片观察到展示摇摆玩具，是为了引发幼儿关注扭动、摇摆动作的主要特征（如：腰部摇摆、屁股撅起、双腿弯曲等），帮助幼儿把握动作要素，艺术化地提升动作的美感）

（2）叠加动作，增加动作模仿难度

① 师：奶牛小姐看到你们在跳扭扭摇摆舞，它也来了，看，它是怎么跳舞的？

② 让幼儿观察图片：扭屁股的犀牛＋摇手的牛。

师：这是什么意思？加号代表什么？这两个好朋友的动作合起来怎么跳？

（3）接龙游戏，复习走、摇手、扭屁股等舞蹈动作

① 师：现在，我要开着一列小火车，带着会跳摇摆舞的孩子一起去大森林郊游了。请到的孩子就请你们摇摆起来，跟着我的小火车出发吧！（鼓励幼儿将企鹅、大象走路、犀牛扭动屁股等动作组合起来，用肢体动作表现）

② 过渡：森林快要到了，小动物们快乐地跳起来，摇摆起来！

3. 拍手摇摆舞

（1）结合多媒体动画，师生共同玩音乐拍手游戏

① 让幼儿观察拍手演示图（上、下、左、右）。

师：美丽的森林到了，你们看到了什么？你们看懂了吗？这是什么意思？

② 幼儿尝试游戏，老师适时演示给予幼儿引导，根据拍手的方位——上、下、左、右，随着音乐的节拍有节奏地变化动作。

③ 幼儿和多媒体互动，跳拍手舞。

（2）听辨音乐旋律和媒体示意图的变化，幼儿动作模仿

师：孩子们，现在我的音乐节奏要加快了，方向也要变了，准备好了吗？

（在幼儿熟悉音乐旋律和节奏的基础上，随机变换上、下、左、右拍手的方向示意图，增加游戏难度的同时，可增强游戏的趣味性）

（三）延伸活动——动物欢乐舞

① 师：刚才我们拍拍手、跳跳舞，现在我们要让手、脚、头和身体一起来跳舞，一起来看看吧！

② 幼儿欣赏多媒体课件，观察动物欢乐舞的动作规律。

③ 幼儿说说自己最喜欢的动作片段，试着快乐地表现。

④ 师生共同跳动物欢乐舞。

例 4：超级马里奥（中班）[①]

一、设计思路

这节"超级马里奥"的音乐活动是在中班"身体的秘密"这个主题背景下产生的，在主题的开展中，我们的孩子了解了自己身体明显的外部特征以及它们的作用，并且非常乐意地分享着"我长大了"这样一件事情，基于这样的背景我设计了这节教学活动，将音乐的律动、节奏加入进去，和孩子们一起感受肢体的变化。

二、活动目标

① 感受音乐的节拍，试着在不同的音乐情境中进行肢体表现。

② 能积极地与音乐信号互动，感受音乐游戏带来的快乐情绪。

---

① 此活动设计由上海市荷花池幼儿园徐嘉提供.

三、活动准备

① PPT、小铃。
② 会变的超级马里奥道具。
③ 金币巧克力。

四、活动过程

(一)神气的超级马里奥

1. 出示图片,引导幼儿学做神气的超级马里奥

① 师:今天有一位新朋友要加入我们的游戏。看!是谁?(超级马里奥)
② 师:马里奥先生神气吗?哪里看出来他很神气的?你能来学学这位神气的超级马里奥吗?(鼓励幼儿仔细观察,用握拳、抬头挺胸、身体和手臂硬硬的来表示)

2. 展示更多马里奥的图片,鼓励幼儿大胆表现

师:看看,超级马里奥还有更神气的动作呢。你们想都看一看、学一学吗?

3. 律动表演——我是超级马里奥

师:现在就让我们跟着音乐,把这些动作连起来跳个超级马里奥舞好吗?
过渡:每一位孩子都特别的神气。现在,超级马里奥打算邀请你们和他一起去完成一个特别难、特别神奇的任务,你们愿意吗?

(二)超级马里奥勇夺金币

1. 多媒体展示,让幼儿了解超级马里奥夺金币的任务

师:超级马里奥有一位好朋友,是一位漂亮的公主,她现在正被困在远处的城堡里,要救出公主的方法是要取得这一路上的金币,只有得到全部的金币,超级马里奥才能救出公主。孩子们,你们愿意和他一起去救公主吗?那我们和超级马里奥一起出发吧。

2. 第一关——高高低低吃金币

① 在游戏情境中引导幼儿尝试"变大"自己的身体。
师:第一枚金币在那么高的地方,怎么办?(手够一够、跳起来……)(连续跳跃吃金币失败后用多媒体继续启发幼儿)
师:原来,超级马里奥吃了一个神奇的蘑菇后身体变大了,这下他能跳上去吃到金币了。
追问:你能让自己的身体变大吗?(把手张开,脚垫起来,脖子伸长,头抬得高高的……)
② 教具演示,引导幼儿跟着节奏、乐句,"变大"自己的身体。
师:我们来看看超级马里奥到底是怎么样让自己变得大大的。(教具演示:跟着节奏"变长"手、脚、身体,一个部位三拍)
追问:马里奥的手是一下子变长的吗?(是慢慢地变长,一节一节地)
③ 幼儿跟着音乐一起"变大"自己的身体。教师找出动作特别到位的孩子示范给大家看。
④ 继续在情境中引导幼儿跟着音乐节奏、乐句,"变小"自己的身体。
师:刚才我们把自己的身体一节一节变大了,吃到了高高的金币,现在我们要吃矮矮的金币了,那么就要把自己变小。变小怎么变的?我们先来变手,谁来把小手变变短?(个别幼儿演示,强调变三下变小;以此类推跟着音乐将身体"变小")
⑤ 完成第一关,得到四枚金币。

3. 第二关——海底世界吃金币

① 鼓励幼儿表现不同的游泳动作。

师：进入海底世界，我们要会游泳才行。你会游泳吗？你是怎样游的？（双手交替、双手向外划、仰泳……）

② 让幼儿感知三拍子节奏，尝试在最后一拍拍手以示击破泡泡。

师：游泳我们都会了，可是我告诉你们，要得到海底世界里的金币还有一个小秘密，就是要在游泳时停下来把泡泡弄破，这样才能得到金币。什么时候可以拍泡泡呢？我请来一个小帮手，让它先来告诉我们哪里可以拍泡泡。（小铃演示，在乐句的第三拍处响铃；配合手势 1、2、3，在 3 时响铃，引导幼儿说出是在第三拍的时候；请幼儿用拍手表示在第三拍时拍泡泡）

③ 尝试跟着音乐先游泳，再停下来拍泡泡。

师：原来，在游泳的时候，第三拍要停下来拍一下泡泡的，那么前面两拍呢？我们要干什么？（游泳）记住咯！每一拍做的事情是不一样的哦，不要忘记停下来啊！

（如果个别孩子不能掌握的话，请会的孩子演示一遍。幼儿都掌握以后，可以将拍手的动作发展成其他的动作，如：屁股撅一下、头抬一下等）

④ 完成第二关，得到三枚金币。

4. 第三关——旋转吃金币

① 多媒体演绎，幼儿表现不同的转圈动作

师：原来，这些悬挂着的金币是在转圈圈的，要得到它们，我们也要转个圈。你会转圈吗？（个别幼儿示范。提升动作，快快地转圈、美美地转圈……）

② 让幼儿跟着音乐旋转。再看一次多媒体，让幼儿明确在乐句的第三拍转一圈。

师：金币是一直在转的吗？不是。是在音乐的第三拍转的，那么前面我们要干嘛？（准备好，用手先抱好金币）

个别幼儿尝试跟着音乐转一圈（普及到全体）。幼儿自主地跟着音乐节奏用身体的各个部分旋转。

③ 完成第三关，得到四枚金币。

（三）超级马里奥解救公主

在大家齐心协力的帮助下，超级马里奥得到了所有的金币，救出了困在城堡里的公主。公主说她要把这些金币变成可以吃的金币巧克力送给大家。看！让我们一起分享这些"金币"吧！

例 5：白雪公主——洗刷乐（大班）①

一、设计思路

《白雪公主》是孩子们很喜欢的迪士尼经典故事，孩子们特别喜欢故事中善良美丽的白雪公主和七个可爱的小矮人，特别是看到白雪公主在帮小矮人打扫房间时，都能跟着欢快的音乐

---

① 此活动设计由上海市荷花池幼儿园李文娟提供.

情不自禁地扭动起自己的身体,因此我就想到借助多媒体动画,让孩子们用肢体动作模仿和创造性表现劳动的场面。孩子们平时在生活中很少劳动,因此,在活动开展前期,我让孩子们回家帮助妈妈做家务,积累了劳动的经验。这样孩子才能在多媒体的激发下大胆地用肢体动作表达、表现。同时,大班的孩子可以开始尝试合作游戏,因此,我根据多媒体里小动物们集体整理碗、盘的场景,设计了一个传递游戏,让孩子们相互之间尝试合作、配合,体验一下和同伴合作表现的快乐。在节奏体验上也是从个体到群体的一个递进。

二、 活动目标

① 感受不同风格的乐曲,在动画情境中观察和体验动物们劳动的特征,尝试用身体动作表现各种劳动场景的变化。

② 尝试根据音乐节奏的快慢变化进行游戏,初步体验与同伴合作游戏的乐趣。

三、 活动准备

① 经验准备:幼儿在家有扫地、擦桌子等劳动的体验。

② 截取动画片《白雪公主》的动画片段。

③ 音乐:《洗刷刷》、《杜鹃圆舞曲》、《火车开来了》。

四、 活动过程

(一)引出故事

1. 听录音、猜名称

师:今天李老师请你们仔细听一段录音,猜猜这是什么故事?

2. 回忆故事片段

① 师:恶毒的皇后从魔镜那儿知道白雪公主是世界上最美丽的女人后,她很生气,她对白雪公主做了什么?

② 师:白雪公主拼命地逃呀,逃到了森林里,她发现了一座小木屋,推门走了进去。

(二)洗刷乐

1. 扫除灰尘——联系生活经验,在音乐的伴奏下用肢体动作表现扫灰的场景

(1)播放片段一"发现脏脏的小木屋"

教师鼓励幼儿大胆用肢体动作表现各种扫地的姿态。

师:这个小木屋真脏啊!什么地方看出来的?

师:你们有什么办法让屋子变干净吗?(扫地,拖地,擦桌子、窗户……教师用动作进行提示、小结)

师:你们会吗?给你们一段音乐,在音乐的伴奏下劳动会更快乐的。你们要想好哦,准备打扫哪里?

(2)播放音乐《洗刷刷》

幼儿自由打扫。

① 第一次:

师：从你们的动作我看到有的小朋友在用力地扫灰尘，有的小朋友在上下左右地擦除灰尘，有的小朋友在轻轻晃动着身体……

② 第二次：

动作提升：幅度大、身体晃动、注意打扫的方向。

师：小木屋很久没有打扫了，灰尘又厚、蜘蛛网又多，如果轻轻地扫，（教师模仿）扫得干净吗？怎样才能打扫干净？（用力气）屋顶上的灰尘呢？墙上的呢？（上下、身体扭动）

小结：白雪公主和小动物们也在打扫，看一看他们是怎么清洁屋子的。

(3) 播放片段二：旋转擦灰

① 让幼儿感受杜鹃圆舞曲三拍子的旋律，鼓励幼儿用肢体创编旋转的动作。

师：有趣吗？小洞洞里的灰尘怎么打扫的？（旋转）

师：小松鼠的尾巴本领真大，你们有尾巴吗？你们可以用身体的什么地方来做尾巴，像它一样转动起来？

② 个别幼儿创编动作，听音乐，做动作。

第一遍：幼儿自由表现，教师示范，让幼儿感受三拍子乐曲与动作的特征（强弱弱）。

第二遍：幼儿自由表现。

小结：孩子们，你们真有办法！有的用头，有的用手，有的用身体旋转起来。现在连板凳的花纹、缝隙，都打扫干净了，你们真能干！

2. 清洗衣服——在音乐的伴奏下，自由创编各种洗衣服的节奏

(1) 播放片段四"快乐洗衣"，欣赏小动物洗衣的不同

师：灰尘扫干净了，小动物们发现屋子里有许多脏衣服，你看看它们是怎么洗衣服的？（引发幼儿关注洗衣服的动作和节奏）

(2) 在音乐伴奏下自由洗，表现各种不同的洗衣节奏

① 第一遍：幼儿集体尝试随着音乐洗衣服。（重点丰富节奏）

师：你是怎么洗的？

幼儿动作模仿，教师联系生活小结、启发幼儿做动作。

② 第二遍：师：他刚才怎么洗的？听听看。（老师用蛙鸣桶辅助，音乐伴奏）洗大大的被子可以怎么洗？洗小袜子呢？洗衣服呢？你会用什么声音表现洗衣服？

③ 第三遍：（个体引发群体模仿）师：你为什么洗得这么慢，你在洗什么？（个别展示）

(3) 集体表演（来到池塘边，围成一个圈）

3. 传递盘子——与同伴合作，在音乐的伴奏下传递盘子

(1) 第一次尝试：集体合作传一个盘子

玩传盘子游戏，播放 PPT "传盘子"。

师：桌子上有那么多的脏盘子，我们一起帮它们清理吧！你们会一起合作吗？

重点：有节奏地传盘子。

(2) 第二次尝试：集体合作传多个盘子

游戏：在音乐伴奏下，老师用手势提示，幼儿合作。

（三）快乐的舞蹈

① 完整地在音乐伴奏下，欣赏、表现律动——洗刷乐。

师：孩子们，我们再检查一遍，看看哪些地方还需要打扫！（完整表演）

② 播放 PPT"小矮人回来"。

师：小矮人劳动好回来了，嘘，我们快快躲起来！给他们一个惊喜吧！

例 6：快乐洗衣（大班）[①]

一、设计思路

上海市二期课改极力突显"学习内容向幼儿生活回归"的理念，倡导"为生活而教育，用生活来教育"，可见与幼儿实际生活脱节的音乐活动不可能发挥应有的教育功能。所以本次活动的内容完全来源于我们的主题背景，来源于孩子的生活。

本次活动来源于主题"有趣的水"，教材中有关水的内容有很多，在该主题中孩子们通过不同的渠道感知水，玩水，了解水资源、水的功能等等。孩子们都有在游乐场玩水的经历，他们发现有会旋转的水、直流而下的水、喷泉一样变化形状的水……就这样，"有趣的水"这一主题在孩子们身边悄悄热了起来。他们逐渐在家里、在幼儿园里发现、寻找玩耍各种水的乐趣。

在"水使我们变清洁"的小主题中，我们生成了有关洗澡、洗衣服的话题。由此，我设计了以洗衣机为表演角色的音乐集体活动。把水和音乐有机地结合起来，即把生活中孩子们看洗衣机工作的经历和肢体动作的表现结合起来。本次活动我着重体现了主题背景下音乐活动的乐趣、情趣和挑战。

二、活动目标

① 尝试用各种旋转动作表现"快乐洗衣"的情景。
② 感受音乐优美的旋律，体验合作游戏的快乐。

三、活动准备

① 有看家长洗衣服的经验。
② 每人自带爸爸的长袖白衬衫一件。
③《快乐洗衣》音乐。

四、活动过程

（一）经验回忆——洗衣机的工作

① 分享：简单讲述爸爸妈妈洗衣服的过程。
② 看视频《洗衣机的工作》（教师引导幼儿观察衣服在水中缓慢漂浮起来、涨起来的情景，学学做做）。
③ 交流讨论：洗衣机洗衣有哪些主要流程？（注水、清洗、漂洗、脱水）

[①] 此活动设计由上海市荷花池幼儿园赵妍提供.

（二）编跳动作——衣服转起来

① 倾听，和着洗衣机开关、水声的音乐学学做做洗衣服。

② 让幼儿自主创编洗衣动作。

师：假如你是一件衣服，洗衣机开动后，你会怎么样？（引导幼儿用身体的某个部位创编旋转的动作）

师：衣服哪里最容易脏？ 你用什么办法能把它洗干净？（请个别幼儿交流、展示）

师：看看他（她）把衣服的什么地方洗干净了。

教师将幼儿创编的动作组合后示范表演。

师：看看我是怎么洗的，我是不是把整件衣服洗干净了？

③ 学习洗衣双人舞（双人合作旋转动作）。

教师与一幼儿即兴示范双人合作旋转动作。

幼儿结伴探索练习双人合作旋转动作。

④ 幼儿穿上衬衫表演《衣服转起来》。（可以一人表演旋转动作，亦可双人合作表演旋转动作）

（三）集体游戏《快乐洗衣》

1. 探索集体旋转动作

师：我们大家能不能一起想办法变个洗衣机？

幼儿手拉手围成一个大洗衣机。师生共同练习表演洗衣机工作（旋转）。

2. 集体游戏《快乐洗衣》

请个别幼儿扮演小衣服，集体扮演洗衣机，合作表演《快乐洗衣》一遍。

师：哪几件衣服脏了？ 我们帮它洗一洗。

3. 用各种动作表演"晾衣服"

师：太阳出来了，我要把小衣服晒干，晒得香喷喷的。（音乐伴奏，"小衣服"随着音乐的变化摇曳、舞动）

（四）情景延续——衣服洗好了

让幼儿脱下外套，折叠整理。

例 7：欢乐草原（大班）①

一、设计思路

本次集体活动源于大班主题"我是中国人"，在当前的主题背景下，根据孩子们的兴趣，我以民族舞蹈——内蒙古舞蹈为素材，设计开展了该活动。内蒙古舞蹈的范围很广，我结合大班孩子的年龄特点选择了一个比较简单、易学又有趣的内容——挤奶舞进行学习。另外，作为一个舞蹈活动，我觉得教师的教和示范是必须的，但是又不能让孩子觉得学得很累、被迫着学习、枯燥地练习，关键就看如何教、如何示范。所以在设计的过程中，我把舞蹈分成两个部分，既有

---

① 此活动设计由上海市荷花池幼儿园赵妍提供.

让孩子自由发挥为主的部分——讨好奶牛、爱护奶牛的创编舞蹈,又有学习、丰富正确挤奶动作技能的部分。这样,孩子在创编部分可以尽情发挥想象,跟着音乐的节奏愉快地舞蹈,在练习挤奶动作的部分也可以有目的地学习正确的舞蹈手势。

另外,我把教师的示范放在此次活动的最后,希望可以激发起孩子下一次再学习、再探索、再表现的欲望。

二、活动目标

① 在情境中大胆创编、模仿挤奶舞的各种动作和姿态,并有节奏地舞蹈。

② 感受蒙古舞的特点,愉快地表现蒙古歌舞。

三、活动准备

内蒙古风光图片、挤奶舞音乐。

图 11-1 蒙古舞

四、活动过程

(一)跳一跳,草原小骏马

① 伴随着音乐,欣赏草原风景,说说聊聊"内蒙古大草原上有什么"。

② 律动表演——草原小骏马,并进行丰富提升(不同的骑马姿势和步伐)。

(二)学一学,快乐挤奶舞

① 欣赏蒙古风光片,了解蒙古族人的生活。

② 大胆想象各种能让奶牛多产奶的好方法,并用动作表现。

师:你们有哪些好办法可以帮助奶牛产更多的奶,让它和你成为好朋友?(孩子听着音乐有节奏地动作表现)

③ 教师将孩子创编的动作串联、组合起来,引导孩子一起舞蹈。

提示:提、压手腕的提示,动作做大、夸张一点,听着音乐表演。

④ 幼儿听着音乐初步尝试挤奶。

⑤ 多媒体互动,在比较观察中学习正确的挤奶动作,注意手腕的提和压。

(提示"轻轻提,往下挤")

⑥ 丰富各种挤奶的姿势。

师:挤奶的时候,我们的身体姿势是怎样的?你觉得什么姿势挤奶你可以挤得稳、挤得多?(各个方向挤;立、跪等姿势)

⑦ 听着音乐,进行完整的挤奶舞表演。

(三)看一看,优美蒙古舞

幼儿欣赏教师的蒙古舞表演。

第十二章
打击乐演奏活动案例选编

例 1：啪啪啪面包树（小·班）①

一、 设计思路

《啪啪啪面包树》的故事情节设计非常有趣，小动物拍拍手，面包树上的面包就会掉下来，小班的小朋友们非常喜欢。于是，我就以小动物拍手这个点切入，结合小班当前主题"好听的声音"，设计了这个小班玩节奏的活动。

活动以这本故事书里的内容作为情境贯穿的主线。在面包树慢慢长大的环节中融入歌曲的演唱；在面包掉下来的环节中，融入节奏的尝试。让孩子们在唱唱玩玩中初步感受节奏活动的乐趣。

二、 活动目标

尝试用身体的各个部位表现不同的节奏，体验与同伴一起在故事情境中唱唱玩玩的乐趣。

三、 活动准备

① 故事媒体、音乐。
② 仿真面包若干。

四、 活动过程

（一）情境导入——小火车爬上山

【设计意图：在这个环节中，调动孩子的情绪，让孩子们跟着音乐，开着火车，走进整个活动的情境中】

1. 小火车呜呜

师：小朋友，今天我们一起开着小火车到大草坪上去玩好吗？

2. 发现神奇的面包树

师：看看草坪上有什么？（一棵树）它是一棵什么树？它喜欢听什么？（音乐）

---

① 此活动设计由上海市荷花池幼儿园童佳丽提供.

小结:原来它是一棵喜欢听音乐的音乐树,听到好听的歌声就会发生很多奇妙有趣的事情。

(二)听听唱唱——面包树慢慢长

【设计意图:这是一个复习歌曲的环节,为了能让孩子们愿意开口唱,唱得好听,唱得开心,我这里就加上了一个音乐树的情境。让孩子们一边唱歌,一边看着树在慢慢长大,树在慢慢开花,最后结出面包。孩子们觉得音乐树就是听了自己的歌声才慢慢长大的。有了这样情节铺垫,激发了小班孩子主动歌唱的情绪,为下一个环节的开展做好准备】

1. 教师第一次演唱
师:大家仔细看音乐树,看看它听了我的歌会有什么变化?

2. 幼儿集体演唱第一遍
师:你们会唱这首歌曲吗?你们也来唱给它听一听,看看它听了你们的歌声还会有什么变化。

3. 幼儿集体演唱第二遍
师:音乐树听了你们的歌曲变出了叶子变出了花,你们还想让它变吗?想让它变什么?

小结:听着你们的歌声,音乐树上长出了叶子、开出了花儿,还结出了香喷喷的面包。

(三)拍拍玩玩——小面包掉下来

【设计意图:这个环节通过层层递进的方式,让孩子们从感知节奏,到在没有音乐的情况下拍节奏,再到跟着音乐拍身上一个部位并拍出节奏。幼儿每次发出声音和节奏都会有面包掉下来作为回应,这充分激发了小班幼儿尝试节奏的兴趣,从而进一步提高了幼儿主动学习的积极性。让幼儿愿意去尝试、模仿不同的节奏,满足好奇感受快乐】

1. 小熊的面包掉下来
师:
① 现在这棵树听着你们的歌声长成了一棵香喷喷的面包树,你最喜欢吃什么面包?

② 面包那么好吃,可是它长在那么高的树上,怎么才能吃到面包呢?

③ 小熊也想吃面包,一起看看,小熊想了什么办法?

(在故事媒体中出示拍节奏✕✕　✕　|✕✕　✕　|两次)

④ 现在小熊有几个面包啦?我们也来学学小熊的好办法,一起来拍拍看。

(幼儿集体跟着老师一起空拍节奏一遍)

⑤ 让我们一边听音乐,一边来拍一拍小手。

(幼儿集体听音乐跟着老师一起拍一遍节奏)

⑥ 拍拍手可以发出好听的声音,你的身上还有什么地方也能发出声音,让面包从树上掉下来的呢?

小结:你们想出来那么多的好办法,让树上掉下来很多面包。小熊说,谢谢小朋友。

2. 小兔的面包落下来
师:
① 看,又有谁来了?(媒体出示小兔)

② 小兔也想吃面包。可是面包都被小熊拿走了,这可怎么办?

(幼儿再次跟着钢琴演唱歌曲一遍,在幼儿的歌声中长出新的面包)

③ 面包又长出来喽,仔细看小兔是怎么做的。

（在故事媒体中出示小兔拍节奏：手　手｜腿腿　腿,幼儿集体跟着音乐模仿小兔的节奏拍一次）

师：除了小兔拍的两个地方以外,你还会拍哪两个地方?

（个别幼儿上来分别尝试拍不同的两个部位）

小结：让我们一起跟着音乐,拍拍身上不同的地方,让树上所有的面包都跳着舞掉下来吧!

（四）唱唱跳跳——我来吃面包

【设计意图：这个环节是整个活动的尾声部分。孩子们在《吃面包》的歌声中结束整个活动。最后他们拿着面包,开着小火车心满意足地离开了】

① 幼儿跟着钢琴伴奏演唱歌曲《吃面包》。

② 教师出示仿真面包和幼儿一起离场。

小结：让我们一起唱着歌,回教室尝一尝好吃的面包吧!

五、 活动建议

① 该活动适合小班下学期的幼儿进行。

② 活动开展中注意把控好小熊和小兔两个情景之间节奏难度上的提升。支持小班幼儿小步递进的尝试,才能取得较好的教学效果。

例 2：可爱的小蚂蚁（小班）[①]

一、 设计思路

该活动来源于小班主题活动"小花园"。小班孩子对于平时经常看到和接触到的小动物都比较亲近和熟悉,他们在午休的时候经常会围在幼儿园操场边的小花园中仔细观察、探索,只要一发现小动物就会立刻雀跃起来,小蜗牛、小蚂蚁、西瓜虫等都是他们的"最爱"。因此,本次活动就选择引用了小蚂蚁这个媒介作为活动的主角。

另外,由于蚂蚁的体型较小,走路轻巧,因此在活动中孩子们觉得响板的声音更适合表现小蚂蚁,而且小班孩子也比较适合使用响板作为演奏的小乐器。在音乐上,我选择了节奏感强、欢快的《蚂蚁进行曲》作为本次活动的主要音乐,同时根据活动的需要对它进行了剪辑,有变慢的、有配上歌词的、也有无歌词的纯伴奏,让音乐始终贯穿在活动中,为孩子的演奏服务,帮助孩子快乐演奏。

二、 活动目标

在有趣的音乐故事中,听辨节奏的快慢与强弱,体验用响板表现小蚂蚁的快乐。

---

① 此活动设计由上海市荷花池幼儿园赵妍提供.

三、活动准备

① 小蚂蚁教具一只,响板、大鼓各一面,教学课件及音乐。

② 幼儿学唱歌曲《蚂蚁搬豆》。

③ 幼儿对小蚂蚁的生活习性有初步的了解。

四、活动过程

(一)手指游戏——小蚂蚁爬呀爬

① 歌曲表演——蚂蚁搬豆。

蚂蚁搬豆

1 = D 4/4

| 1 2 | 3 3 | 2 3 | 5 | 6 5 | 3 6 | 5 | — |
|小 小|蚂 蚁|在 洞|口|看 见|一 粒|豆,|

| 5 6 | 5 3 | 1 2 | 3 | 5 3 | 2 3 | 1 | — |
|怎 么|搬 也|搬 不|动,|急 得|直 摇|头,|

| 1 2 | 3 3 | 2 3 | 5 | 6 5 | 3 6 | 5 | — |
|小 小|蚂 蚁|想 一|想,|想 出|好 办|法,|

| 5 6 | 5 3 | 1 2 | 3 | 5 3 | 2 3 | 1 | — |
|回 洞|请 来|好 朋|友,|抬 着|一 起|走。|

注:适当加一些动作在里面,进行歌表演。

② 出示小蚂蚁,听着音乐做律动小游戏"小蚂蚁爬呀爬"。

师:你们看看,我的小蚂蚁是怎么和我做游戏的? 它在哪里爬呀?

③ 教师和幼儿一起游戏。

师:还想让小蚂蚁爬到你身上的哪些地方去?

小结:我的小蚂蚁是听着音乐,一步一步往前爬的,不快也不慢,孩子们,跟上咯。

(二)拍拍、玩玩——出门找食物

① 让幼儿听辨蚂蚁的脚步声。幼儿听听、说说,分辨声音的强和弱。

出示两种乐器:大鼓和响板。

师:听听这是谁的脚步声? 为什么?

小结:原来,响板的声音和小蚂蚁的脚步声有点像,小小的、轻轻的。你们听,小蚂蚁高高兴兴地出门找食物去啦……

② 幼儿拿起响板和教师一起听着音乐演奏,轻快的、欢乐的。

③ 让幼儿观看多媒体。

师:小蚂蚁发现什么啦? 幼儿使用响板表现蚂蚁爬树、下树的脚步声。

④ 幼儿和老师一起听着音乐把豆豆搬回家。用响板快慢交替地演奏表现故事情景。

师:小蚂蚁,你们找到豆豆了吗? 找到什么豆豆呀?

该游戏可视情况再玩一次。

教师注意提醒孩子:小蚂蚁要慢慢走哦,听着音乐一步一步走,别让身上的豆子滚落下来哦!

（三）音乐游戏——搬起大饭团

① 猜猜看看:小蚂蚁发现了什么? 幼儿观看多媒体。

② 结合多媒体变化,教师用响板表现"小蚂蚁叫伙伴一起搬饭团,伙伴越来越多,脚步声越来越响"的故事情景。

师(扮演小蚂蚁):那么大的饭团,我一个人搬不动怎么办呀?（听辨）听听,我的朋友是不是越来越多了?

多媒体演示:随着响板由弱变强,蚂蚁由一只逐渐变为一群。

③ 再次和幼儿一起探索响板由弱到强的演奏方法,团结协作将饭团运回家。

例 3: 蜜蜂 Party（中班）①

一、 设计思路

在中班"春天"主题活动中,我们有一个"蜜蜂蝴蝶"的二级主题,我惊奇地发现孩子们很喜欢模仿蜜蜂飞的样子。在之后学习认识乐器的时候,我发现孩子们似乎对使用乐器非常感兴趣。我适时地捕捉了这样一个教育契机,把孩子们感兴趣的两者做了结合——在玩"蜜蜂飞"的时候学习使用串铃。由此我设计了"蜜蜂 Party"这一活动,旨在让孩子们在情境体验中学习用不同的方法演奏串铃,体验用乐器演奏的快乐,并在学习后,让幼儿自主地选择他要演奏的顺序和方式。

二、 活动目标

① 听辨串铃的声音,尝试用正确的方法演奏串铃。

② 乐意在音乐的情境中快乐表达,萌发对演奏的兴趣。

三、 活动准备

① 多媒体 PPT。

---

① 此活动设计由上海市荷花池幼儿园唐玉婧提供.

② 铃鼓、打棒、小鼓、串铃等乐器。

③ 改编钢琴曲《七式进阶》。

四、活动过程

（一）蜜蜂飞舞

1. 嗡嗡·小蜜蜂

师：今天有个小客人和我们一起玩，听听看，它是谁？

师：原来小蜜蜂飞的时候会发出"嗡"的声音。你们想不想也变成小蜜蜂？

师：那我们用我们的声音来学小蜜蜂。我们要飞得远远的哦！

2. 学学蜜蜂飞

师：现在我带你们一起去草地上飞一飞吧，小蜜蜂们快来我的身边。我们起飞吧！草地上的空气真新鲜。

师：刚刚我们都在草地上飞了一会儿。但是你们知道小蜜蜂是怎么飞的吗？看！小蜜蜂的翅膀是什么样的呀？小蜜蜂是怎么飞的呀？和小鸟有什么不一样？

师：小蜜蜂的翅膀是薄薄的，飞起来的时候是快快的、轻轻的。蜜蜂飞起来的样子和小鸟不一样，小鸟飞起来是大大的、慢慢的。你们想不想来学蜜蜂飞一飞？

（二）蜜蜂与串铃

1. 神秘的盒子

师：今天我带来了三个神秘的音乐宝盒。其中有一个盒子就藏着一只小蜜蜂。小耳朵竖起来仔细听，找找看它在哪个盒子里？

师：我们来看看是不是哦。谁飞出来了？是小蜜蜂吗？

师：它有个好听的名字叫串铃。串铃摇起来的时候就很像蜜蜂飞的声音。小蜜蜂飞咯！串铃是什么样子的？串铃的声音是怎么样的？我是怎么让串铃发出好听的声音的？

师：现在一人上来拿一个，轻轻地为自己装上。我们来飞一飞。你飞起来了吗？

2. 一起采蜂蜜

师：刚刚我们去草地上玩过了，我现在要带你们去新的地方玩。你们看，这是哪里？花园里有什么呀？

师：小蜜蜂们除了喜欢飞还喜欢什么呀？

师：蜜蜂是怎么采花蜜的呀？我们现在一起来采一采花蜜，串铃准备好。

师：一朵花只采一次哦，多采它要痛的。小花说："小蜜蜂们，你们要一起采哦！"我们再来采一采。

师：花园里还有好多的花，我们去采更多的花蜜吧！

3. 轻轻采蜂蜜

师：快把你们采到的花蜜放到我的蜂蜜罐头里面。蜂蜜好像采得还不够多，我们再去采一些！

师：（音乐）小花园到啦，采一下！呀！是什么声音呀！

师：原来是一个大网兜！它会把小蜜蜂都抓走的。我们快飞得低低的，躲起来……网兜飞走咯！

师：当我们看到大网兜来抓我们的时候我们就要怎么样？

（三）蜜蜂飞去哪儿

师：我们今天去过哪些地方玩呀？

师：我们还差点被大网兜抓走是吗？现在我让你们决定，你们想先去哪里玩？

师：我请一个小朋友上来摆一摆你想先去哪里？我们按照他飞的路线再去玩一玩好吗？

师：串铃宝宝准备！我们起飞咯。（钢琴）网兜飞走咯。我们快飞回教室去吧。

例 4：快乐的小木匠（中班）[①]

一、设计思路

在主题活动"有用的工具"中，孩子们对木匠的工作产生了兴趣，但因为这个工作离孩子们的实际生活有些远，所以孩子们常常很好奇。正好有一部动画片叫《小熊猫学木匠》，孩子们一看，里面的工具基本上都认识了。可是，仅仅是认识而已，对于不可能用到这些工具的孩子们来说，学习就到此为止了吗？当然不行，于是我把工具与乐器联想在了一起，这样不仅可以消除幼儿学习演奏乐器的乏味性，更能延续幼儿的学习兴趣，让这些工具真正成为孩子们能使用的东西。

二、活动目标

① 认识乐器音砖与多音响筒，掌握演奏方法。

② 能够分辨音砖与多音响筒的音乐形象，尝试两种乐器的合奏。

三、活动准备

① 多音响筒、音砖。

② 音乐、多媒体 PPT。

③ 锯子和锤子的模拟玩具。

四、活动过程

（一）提问引入

师：孩子们，你们瞧（熊猫图片 PPT），这是谁？（熊猫）

师：它是做什么工作的？（木匠）

小结：哦，原来这位熊猫是一名木匠。木匠工作的时候需要许多不同的工具。（教师指向大屏幕，播放《小熊猫学木匠》视频）

师：你们看到了什么工具？（锯子、锤子……）

---

① 此活动设计由上海市荷花池幼儿园常甜提供.

师:哎,我呀,今天就把熊猫的工具借来了。(出示展示板,三种工具)

我今天就带来了木匠的工具,你认识它们吗?(教师拿出模拟工具)

(二)听音乐,感受节奏

师:咦?它叫什么名字(教师拿起小锯子)(幼:锯子)谁来试一试?

师:好,我们来点音乐,快乐地工作吧!(幼儿尝试时,配合音乐1)

师:看来你们的技术很不错。(边说边走到挡板后)听,小木匠又开始干活了!(敲音砖)猜猜小木匠在干什么?(敲钉子)

师:对啦,(拿出音砖)这就是小木匠的音乐锤子,我们来学学怎么用:右手拿着小锤子,左手拿稳小钉子,对着中间敲下去。每人拿一个音乐小锤子,我们一起敲一敲。(音乐1;幼儿快慢随意,教师注意纠正演奏方法)

师:我们幼儿园也有一位本领很大的木匠叔叔。看看小陈叔叔怎么用锤子的?(播放视频)

小结:哦,原来用锤子敲钉子的时候要稍微快一点。(PPT演示敲钉子)你们看!(播放PPT钉子这一段)

师:小陈叔叔是怎么敲的呀?(再看一遍,带着孩子"叮叮叮叮")赶紧跟着小陈叔叔一起敲一敲。(PPT演示敲钉子)

师:啊,原来音乐小锤子是这样用的呀。我这里还有一样神奇的工具呢,先把小锤子送回工具箱吧。(拿出多音响筒)我要用它锯木头。(锯出声音;教师走过每一位幼儿演示)锯的时候要贴着边,用力转一圈。这是多音响筒,你们听,每一片木板的声音都不一样哦。每位小木匠去拿一个来试试看。

(音乐1)教师观察演奏方法,指导如何发出好听的声音。

教师寻找演奏得好的幼儿上来表演。敲完把锯子送回工具架。

小结:我们今天一下子学会了用两样工具,真厉害!

(三)辨识乐器,尝试合奏

师:聪明的小木匠们,现在小熊猫要给你们布置一个任务了,看!(PPT演示哭泣的椅子)它坏了,需要有人去修一修,怎么修呢?给你们一点小提示。(从第二张开始播放PPT)

师:修这把椅子需要几种工具?(两种)它们是分开干活还是一起干活的?(分两边站)

师:我们先跟着提示试一试。(播放PPT)(可以重复两次,使幼儿搞清乐器出现的先后、什么时候合奏)先是哪个工具在工作?什么时候一起工作?

师:现在可以去拿你的小工具了,没有提示帮助,可以吗?记住锯子沿着每块木板锯一圈哦。

师:看看熊猫的任务我们完成了吗!(展示正在笑的椅子)啊,你们太厉害啦,看来你已经是非常棒的小木匠啦。现在请你们自己去看一下,把旧的小椅子都修修好!哎,注意哦,两种工具都要用才行哦。

(四)选择不同节奏合奏

师:小木匠们,你们今天的工作完成得非常出色,所以,熊猫要鼓励你们一下。(翻出节奏谱)这些啊,都是做木匠的小诀窍,它们会让你的工作更出色!我们回去再学一学!

师:把你们的小工具送回工具箱,我们下班啰!(播放《快乐的小木匠》音乐;退场)

例 5：好玩的声音（中班）①

一、设计思路

兴趣是产生学习动机的重要心理因素。我班孩子在"常见的用具"主题活动中，对各种用具的声音产生了浓厚的兴趣，因此，本节活动是"常见的用具"主题下生成的一节活动。孩子们所收集到的声音已经远远超过了常见的用具范畴，更生活化、情感化，如：幼儿自己喜欢吃的茄子、巧克力豆和奶奶买菜用的塑料袋等，充分展示了幼儿在主题中自由、自主、自发的学习态度和学习热情。《指南》中的"艺术领域"中指出能用拍手、踏脚等身体动作或可敲击的物品敲打节拍和基本节奏。

二、活动目标

① 尝试敲打生活中的物品来表现乐曲的旋律节奏。
② 对不同音色有听辨的兴趣，感受玩奏的快乐。

三、活动准备

① PPT、音乐、视频、指挥棒、实物卡片。
② 幼儿收集的各种物品，如：锅、碗、杯子、筷子、塑料袋、小铃、纸盒、铁盒、口哨、玩具、面粉筛等。
③ 幼儿对身边的声音有一定的前期经验。

四、活动过程

（一）美妙的声音

1. 游戏——声音接龙

师：哇，这里有这么多的客人，赶快和他们打个招呼吧。好，我们一起来玩声音接龙游戏，准备好了吗？到我身边来，听好音乐哦。（拿卡片）

哎，这个是什么啊？（下雨）

追问：下雨时有什么声音啊？（叮咚、哗啦啦、唑、沙沙）

你用什么动作表示下雨呢？

嗯，都很特别的，那这回我们把下雨的声音也编到接龙里去咯，准备好，这次要加快速度哦。

2. 说说听过的声音

师：真好玩，刚才我们的接龙游戏里有这么多声音。除了这些，在家里、在幼儿园里，你还

---

① 此活动设计由上海市荷花池幼儿园钱珺提供.

听到过哪些有趣的声音啊?

幼:我听到过小狗的叫声是汪,汪汪。

还有喇叭的声音是滴,滴滴滴滴滴。

3. 介绍带来的声音

师:你们的耳朵真灵,听到过这么多不一样的声音。瞧,这里还有那么多会发出声音的宝贝,是谁带来的呀?

好,赶快去找一找你的宝贝吧。

你们的宝贝会发出什么声音啊? 怎么发的?

幼:这是我带来的锅盖和筷子,会发出"哐哐哐"的声音,你们听听看。(要专注倾听)

师:你看它怎么发出声音的?(敲)

谁有不一样的方法让它发出声音?

原来,演奏的方法不同,声音也是不一样的。

还有谁来介绍你的宝贝?

幼:我的宝贝是拍的,声音很响很重的。你们听。

师:像谁的声音啊?(大熊、老虎、狮子……)

它的声音是重重的、粗粗的。还有声音和它不一样的有吗?

幼:我的宝贝是吹的,吹一下就有声音,像小鸟在飞一样,很亮的。

师:谁的声音也是亮亮的、脆脆的?

小结:我们的宝贝都会发出各种不一样的声音,好,让你的宝贝休息一会。

(二)找找音乐小精灵

1. 听听、找找音乐精灵

师:我带来了一段好听的音乐,请你们仔细听一听,看一看,里面有什么秘密?

2. 说说发现的秘密

师:你发现了什么?

幼:里面有小精灵、小天使。

看到一个个小天使飞起来了。

师:她们什么时候飞起来的。(再看一遍)

幼:出来一个音就飞起来一个。

小结:原来音乐里藏着这么多小天使。我们一起听着音乐拍拍手,把每一个小天使找出来好吗?

3. 初次尝试(幼儿跟着音乐看着多媒体拍手)

师:真厉害,小朋友都找到音乐小天使了。这回,小天使要躲起来了,躲到音乐里和我们捉迷藏了,你还能用耳朵听出来、用小手拍出来吗?(小天使消失,都藏到音乐里去了)仔细听哦。

4. 再次尝试(幼儿跟着音乐,没有多媒体)

小结:太棒了,听着音乐找,不快也不慢,每个小天使都找到了。

(三)演演音乐小精灵

1. 一起演奏

师:和小天使做游戏开心吗? 我们带上宝贝和小天使一起玩。轻轻地请他们出来。

2. 视频欣赏

师：真好听，听，这是什么声音？

和我们刚才的音乐一样吗？（一样/不一样；说说各自的理由）

(1) 一样

追：这个音乐也是所有的东西一起发出声音吗？我们来看一看，看完之后就知道是不是一样了。

(2) 不一样

追：真的不一样吗？我们来看一看。

让幼儿一个一个轮流玩。

小结：是啊，每一样东西都能发出不一样的声音，合在一起就变成了一首美妙的音乐。

3. 幼儿在座位上轮流演奏

师：我们也来试试看吧，一个一个轮流来。先没有音乐试试，可要看好、听好旁边的小朋友，什么时候轮到你了哦。

好，那我们加上音乐咯。（播放音乐）

哎，刚刚谁没跟上音乐啊？（幼儿回答）他的声音很轻很轻，动作呢？（很小）所以大家都听不见呀。我们来试试看，动作大大的，声音响亮而且好听，从谁开始？

4. 幼儿围成圈，老师指挥，点到谁、谁演奏

师：这次声音太动听了，不过这都难不倒你们，我们来增加点游戏难度好吗？现在不像刚刚一样一个挨着一个咯。我现在来当指挥，我的指挥棒点到谁，谁就要发出声音哦。行不行？来，我们围成一个圈。

小结：玩得真开心，你们真棒！

(四) 视频欣赏、教师表演

师：赶快坐下，看看哥哥姐姐们在厨房里玩什么呢？

有趣吗？老师也来玩玩我的宝贝好吗？仔细看哦，我会一边跳舞一边玩呢。

想和我一起玩吗？我们去教室里玩吧，和客人说再见。

例6：小·闹钟（大班）[①]

一、设计思路

最近天气越来越冷了，很多孩子来园的时间都比以往晚了一点。我和孩子们讨论，怎么样才能让自己准时来园呢？孩子们想了很多的办法，有的说让爸爸妈妈再早点起床把自己叫醒，有的说我可以自己调个小闹钟呀，这样就绝对不会晚了。就这样，孩子们都开始用小闹钟提醒自己早上准时起床了，因为天天使用闹钟的关系，他们还一直会在幼儿园里和同伴讨论：我的闹钟每天都是"滴答滴答"不停地走路的。我就孩子们最新关注的兴趣点设计了该学习活动，该活动的设计亮点在于引导孩子运用身体各个的部分进行丰富的创造表现。用几个视频作为

---

① 此活动设计由上海市荷花池幼儿园徐嘉提供.

支撑,让孩子开动小脑筋,全身动起来;将自己变身小秒针,在一次次的模仿中加深对于节奏的巩固;在一个个情境中让孩子通过模仿游戏起来。活动中所有的小乐器,都由孩子们在听辨的过程中自由选择,这样孩子的参与性也会有进一步提高。

二、 活动目标

① 感受秒针轻快的节奏,乐意用身体的各个部分创造性地表现秒针的走动。
② 尝试用不同的小乐器演奏、表现秒针和闹铃,体验演奏的乐趣。

三、 活动准备

① 多媒体 PPT。
② 铃鼓、圆舞板、碰铃、双响筒、三角铁。

四、 活动过程

(一)唱唱、跳跳——我是小闹钟

1. 听声音,猜猜是什么(一段闹铃声)

师:今天,老师带来了一段声音,有点特别的,你们来听听看,是什么声音?

师:原来是小闹钟的闹铃声啊,我们一起做一做会提醒人起床的小闹钟好吗? 把小懒虫都叫起来!

2. 唱唱、跳跳《小闹钟》

师(游戏中):滴答滴答滴答滴答,叮铃铃,几点啦?

(二)秒针滴答滴

① 教幼儿认识小秒针。

② 引导幼儿用身体声音来模仿秒针。

师:小秒针走路的声音是怎么样的? 你能来学学看吗?(弹舌、拍手、跺脚等)

师:小秒针除了用各种各样的声音告诉我们它在走路,它还会有动作的,我带来了几个,看看它们是用什么动作的啊?

③ 让幼儿欣赏几种不同的钟(普通钟面、钟摆的摇晃、猫头鹰的眼睛),引导幼儿用动作模仿不同的秒针走动的样子(摇头、眨眼、扭屁股等)。

④ 让幼儿随着音乐,做一根有节奏的、稳稳的小秒针。

师:现在,我们要做一只会唱歌的小闹钟里的秒针,跟着音乐走一走好吗?(引导幼儿用相同的节奏表现秒针统一的速度)

⑤ 演示三种小乐器(双响筒、三角铁等),让幼儿选择最像小秒针走动的乐器,跟着音乐敲奏。

(三)闹铃叮铃铃

① 师:小闹钟"滴答滴答"不停地走,它还会用"叮铃铃"的闹铃声提醒我们时间,你觉得哪个小乐器最像闹铃的声音?(演示铃鼓、圆舞板、碰铃)

② 选择最像闹铃声音的乐器演奏。

③ 合作表演《小闹钟》。

（四）活动延伸

师：其实啊，在钟表店里，除了小闹钟的声音之外，还有很多很多不同种类的钟的声音，我们一起来听听看好吗？

第十三章
音乐欣赏活动案例选编

例1：春天里的瓢虫（小·班）[1]

一、 活动目标

① 在听听、做做、玩玩中尝试区分大和小。
② 有倾听音乐的兴趣，感受轻和响的音乐，体验在音乐中游戏的乐趣。

二、 活动准备

瓢虫的家、PPT课件、瓢虫胸卡、树林布景等。

三、 活动过程

（一）说说、看看瓢虫

1. 瓢虫见面会
① 师：春天到了，瓢虫都出来玩了，你们看。（演示瓢虫多媒体）
② 师：瓢虫长得漂不漂亮呀？你们喜欢吗？那我们一起和瓢虫做游戏好吗？

2. 做做瓢虫
① 师：瞧，桌上都是大大小小不一样的瓢虫，自己去选一个你最喜欢的吧。
② 师：呦，你们现在都是这么漂亮的瓢虫啦！来来来，快来介绍一下你是怎样的瓢虫吧。

（二）做做、玩玩瓢虫游戏

1. 可爱瓢虫飞
① 师：你们知道瓢虫最喜欢干什么吗？对呀，瓢虫最喜欢到处飞了，我们也飞出去玩玩吧。（播放音乐，音量中等）
② 师：瓢虫飞累啦，快快飞到草坪上坐着休息吧。看来啊，瓢虫真的很喜欢飞。咦，又有两只瓢虫飞来咯，请你猜猜是怎样的瓢虫飞来啦？仔细听。（第一段播放响响的音乐，第二段播放轻轻的音乐）
③ 师：第一段音乐是谁在飞啊？为什么呢？那第二段音乐是谁在飞呢？这又是为什么呢？
总结：原来啊，响响的音乐就是大大的瓢虫，那大瓢虫是怎么飞的啊？谁来学学看？那小

---

[1] 此活动设计由上海市荷花池幼儿园钱珺提供.

瓢虫怎么飞呢？

④师：原来，大瓢虫和小瓢虫是完全不一样的呀，你们也是大大和小小的瓢虫吗？那我们一起跟着音乐做做游戏好吗？要听好是响响的音乐还是轻轻的音乐哦。（播放音乐响一次，轻一次，时间长些；如果出错，音乐停，问"发生了什么事"，让幼儿自己讨论，然后再重放音乐）

⑤大瓢虫飞的同时，教师强调：大瓢虫哪里是大大的，还能再大一点吗？小瓢虫飞的同时，强调：小瓢虫的翅膀是小小的，身体是小小的。

2. 瓢虫找家

①师：我们都飞累了，要去休息会儿啦，快快飞回家吧。咦，那瓢虫的家在哪里呢？（在茂密的树林里，在青青的草地里，在五颜六色的花朵里）

②师：你们说的这些就是瓢虫的家，我也把瓢虫的家带来了。瞧，这个瓢虫的家多漂亮呀，一个洞洞就是一个瓢虫的家。那我们也去找找自己的家好吗？音乐一停，我们就要找到自己的家哦。（播放音乐）

③师：你们都找到家了吗？我发现一个问题呀，谁的家大？谁的家小？大大的洞住的是怎样的瓢虫呢？大大的还是小小的呢？那小小的瓢虫住在哪里呀？

总结：原来啊，大大的瓢虫住的是——（大大的家），那小小的树洞住的是——（小瓢虫），这次可不能找错家咯。

3. 音乐瓢虫

师：这下我们都找对家了吧，看，草地上还有许多瓢虫呢，我们飞到椅子上和他们做游戏吧。

瞧这只大大的瓢虫身上少了什么呀？那你猜猜她身上可能有几个斑点呀？我们来听听看。（播放两遍音乐）身上有几个斑点呀？（两个）为什么呀？（因为音乐有两次）

哦，那我们快点帮她画上美丽的点点（花纹）吧。（用手指点，配合音乐）呀，真好看，谁身上也是两个点点的啊？（我，我是两个点点的）

那你和她是好朋友，还有谁和她是好朋友呀？呦，原来两个点点的瓢虫都是好朋友。

哈，又飞来一只瓢虫，她身上有几个点点呀？（四个）我们来听听看。播放四遍音乐。

（三）瓢虫找朋友

师：那这一次她和谁会成为好朋友呢？

还有好多好多的好朋友，我们一起来找找好朋友吧。（播放音乐）

请身上点点一样多的瓢虫找朋友。（音乐和教师的语句同时停；音乐一停找到朋友）你们都找到朋友啦，快亲亲你的好朋友，和他握握手、抱一抱吧。和好朋友说再见，我们要飞去找其他的好朋友啦。

例 2：喜羊羊与灰太狼（小·班）[①]

一、设计思路

动画片《喜羊羊与灰太狼》是小班孩子们的最爱，孩子们对它可谓是百看不厌。他们会自

---

① 此活动设计由上海市荷花池幼儿园周文君提供.

然地投入动画情景,伴随情节忽而紧张、忽而雀跃。我觉得动态的画面很适宜于小班孩子的感知和体验,并由此引起共鸣。

于是我结合这次小班开展的主题活动"小司机",同步选取《喜羊羊与灰太狼》系列动画片中"环山自行车赛"这一集的内容,希望能够借助这样一个小班孩子都喜欢的动画片,创设相应的游戏情景,让孩子们在音乐情景游戏中感知旋律的节奏,听辨音乐旋律的快慢,并能够在游戏情境中自然而有兴趣地听信号行动和表现。

二、活动目标

① 感知、听辨音乐节奏的快和慢,听信号动作,能跟随节拍骑车前进。
② 喜欢融入动画情景,快乐地和喜羊羊们一起做游戏。

三、活动准备

孩子对动画片的已有经验、视频剪辑、羊的图片、自行车图片。

图 13-1　喜羊羊与灰太狼

四、活动过程

(一)音乐律动导入——灰太狼来啦

目的:引出游戏情景,使幼儿融入到情景游戏中。

① 音乐律动——喜羊羊和灰太狼。

师:来来来,让我们都变成一只小羊快乐地跳舞吧。

② 小羊游戏——石头人。

③ 播放动画片段"灰太狼来了",引出游戏情境。

师:灰太狼来啦,大家快逃啊!

(二)音乐情景游戏——自行车逃生记

目的:使幼儿简单回忆动画片中的内容,能分辨和听清前奏,跟准音乐的节拍踏步前进。

1. 找车

① 动画多媒体介入——村长造的自行车。

师:村长造了几辆自行车送给喜羊羊他们呢?

重点:引导幼儿回忆动画片中自行车的颜色和数量。

② 小结:小二班的宝宝们看动画片真仔细,记得真牢。

2. 骑车

师:自行车应该怎样骑?(扶牢车把,踩稳踏板)

幼儿边听音乐旋律边骑自行车。

重点:学习分辨和听清前奏;跟准音乐的节拍踏步前进。

小结:我们一起来骑车吧。(伴随旋律教师哼唱节奏儿歌:"自行车真好玩,上面坐着一只羊,扶好车把骑一骑,自行车呀跑得快!")

3. 灰太狼来啦

① 动画情景——灰太狼也造自行车。（引出灰太狼骑车追小羊的游戏情景）

② 音乐游戏——狼追羊。

师：灰太狼骑自行车来了，我们要骑稳了。灰太狼骑得快，我们也骑得快；灰太狼骑得慢，我们也慢慢地骑。休息一下，保存一点体力，你们行吗？

难点：学习听辨音乐节奏的快和慢，根据旋律提示快快地和慢慢地骑车。

小结：小羊们骑得真好，一会儿快，一会儿慢，终于把灰太狼甩在后面了！

（三）动画情景迁移——营救美羊羊

目的：使幼儿自然地跟着音乐信号做动作，体验营救成功的快乐。

① 师：美羊羊被抓住啦，我们怎么办啊？看，喜羊羊去救美羊羊咯！（播放动画片段）

我们也去救美羊羊，带着美羊羊骑自行车爬上山顶，让灰太狼摔下山去。

（自然地跟随上行音阶 1234567 i 做爬上山顶的动作）

② 师：灰太狼摔下山啦！我们又可以骑车去玩喽！

例 3：变化的天气（中班）①

一、活动目标

① 充分感受不同音乐性质所表达的天气情况，尝试听辨 B 段刮风时的四个乐句，愿意用动作表现音乐，体验其中的快乐。

② 进一步萌发了解天气变化与生活关系的愿望。

二、活动准备

① 多媒体课件。

② 音带、录音机。

三、活动过程

（一）复习歌曲

①（演示多媒体课件）师：秋天是个怎样的季节？把我们听到的事情用歌声告诉大家。

② 仿编歌曲。

简单讨论：这首歌中能编几件事情？（4 件）

（二）听赏音乐

1. 听赏 A 段

① 师：平时你们是怎样知道今天的天气情况的？

---

① 此活动设计由上海市音乐幼儿园曹丛岭提供.

② 师:今天请大家听一段音乐,让音乐来告诉我们今天的天气情况。(听赏 A 段)

师:你从音乐中听出来今天的天气怎样?(结合音乐性质)

师:究竟是不是呢?(演示太阳的多媒体课件)

小结:音乐很欢快、轻松,告诉我们今天是个好天气。

③ 想不想出来晒晒太阳,做做运动?(多晒太阳能补充身体中的钙质,能让我们长得更高、更健康)

④ 幼儿随 A 段音乐运动。

师:你从音乐中听出有谁可能会出来和太阳做朋友?

⑤ 师:让我们扮演你从音乐中听出的朋友,听着音乐一起晒晒太阳,与太阳做游戏。(教师扮演太阳)

小结:太阳能给大家带来热量,能让我们生长得更健康。

2. 听赏 B 段

① 师:当大家在休息的时候发生了一件事情,请音乐来告诉我们。(听赏 B 段)

你们从音乐里听到发生了什么事情?(边听边放风声)是呀,秋风刮起来了。

提问:音乐中是怎样的风?为什么?(音乐性质)

② 师:秋风吹到了谁的身上?会发生什么事情?(再次听赏)

让我们一起用动作把从音乐中听到秋风吹起后发生的事情表演出来。(边表演边听音乐中共刮了几次风)

③ 幼儿仔细地听赏 B 段音乐。

师:音乐中刮了几次风?你们怎么知道的?

④ 边看多媒体课件 Flash,边证实刮了几次风。

小结:刮了四次风吹走树叶,这段音乐有四句话。

(三)游戏——大风吹走树叶

听到音乐里刮风了,就飘走一些"树叶"。(由幼儿扮演树叶)提醒幼儿想好:你是被第几次风吹走的树叶。

例 4：狮王进行曲（大班）

一、活动目标

① 通过故事和音像、图片等辅助手段感受并了解乐曲的结构、音乐形象及内容。

② 探索用嗓音和身体动作创造性地表现音乐。

③ 积极参与欣赏活动,大胆地交流和表现,体验集体欣赏活动的乐趣。

二、活动准备

① 自编故事一个。

②《狮子王》的 VCD 一盘、录音机及音带。

三、活动过程

(一)初步欣赏音乐

① 教师播放《狮子王》的 VCD,并配上《狮王进行曲》的音乐,引导儿童进行完整倾听并欣赏,初步感受乐曲的形象。

② 教师讲述自编的故事:清晨,阳光照进了寂静的森林,和煦的春风吹拂着树梢上的小鸟,小动物们渐渐地醒来了。远处隐约传来了狮王的吼叫声,小猴子第一个听到,机灵地从树枝上"哧溜"一下滑下来,报告说:"狮王驾到!"(引导儿童边欣赏音乐边听故事,初步感受音乐的结构)

③ 引导儿童分段欣赏音乐,进一步感受不同乐段表现的不同音乐形象。

(二)用动作表现音乐

① 教师引导儿童回忆音乐作品中的主要形象:吹号、狮王行进、狮王吼叫、小动物奏乐等。

② 启发儿童边听音乐,边用自己的动作来表现吹号、狮王行进、狮王吼叫、小动物奏乐等。

③ 教师对儿童的动作稍加整理和指导,并带领儿童跟随音乐用创造性的动作进行表演,加深儿童对乐曲形象、内容以及结构的理解和表达。

(三)音乐游戏表演

① 教师与儿童共同商量,以游戏的形式来表现音乐。

② 分角色表演:由教师担任狮王,全体儿童各自担任自己喜欢的小动物,跟随音乐进行游戏。(角色可根据儿童的意愿进行交换,游戏可重复进行)

附:欣赏作品《狮王进行曲》

狮王进行曲

(法)圣桑曲

B

① 3456 7123 4321 7654 | 3 33 33 3̄ 3 | ② 3456 7123 4321 7654 |

3 33 33 3̄ 3 | ③ 6712 3456 7654 3217 | 6 33 33 4̄ 4 |

④ 6712 3456 7654 3217 | 6 33 #3 4̄ 4 | **A'** ① 6 3 33 4.3 23 |

1767 1 2 7 — | ② 6 3 33 4.3 23 | 1232 1 7 1 — |

③ 1232 1 7 1 — ‖: ④⑤ 6717 65 3454 32 | 1232 17 67 13 :‖

⑥ 6 7 1 3 ⑦ 3 4 #45 #56 #6 71 #12 #2 | ⑧ 3 3̄ 6 ⑨ 0 ‖

例5：猫和老鼠（大班）①

一、设计思路

　　"艺术是实施美育的主要途径，而音乐欣赏正是能充分发挥艺术的情感传递与表达的功能。借助音乐的旋律和情境的烘托，让幼儿在大胆想象和表现的过程中逐渐发展起来。"本次教学活动中，我借用了"猫和老鼠"的卡通形象，引导幼儿在音乐欣赏、操作体验的过程中逐步感受音乐中的强弱变化和整体音乐的特点，体验欣赏和探索的乐趣。

二、活动目标

　　① 感知《猫和老鼠》乐曲的旋律和节奏，借助图谱感受乐曲的强弱变化。
　　② 欣赏音乐，尝试根据音乐的变化排列故事图片的顺序。

---

① 此活动设计由上海市虹口区白玉兰幼儿园袁梦佳提供.

三、活动准备

① PPT 课件《猫和老鼠》、剪辑制成的《猫和老鼠》活动音乐 MP3 版本。
② 幼儿 4 人一组操作材料一份、教师操作材料大图一份。

四、活动过程

（一）倾听与欣赏，感知乐曲的内容

① 初步欣赏音乐。

师：老师带来一首很有意思的音乐，大家一起来听听，等下请你们分享听完音乐的感受。

幼（用语言表达对音乐的初步感觉）：这个音乐听着让我有点紧张。

师：请大家再仔细听听，猜猜音乐中出现了什么小动物。

幼（通过倾听，大胆猜测）："我听了音乐，感觉是小乌龟出来了，还有大老虎……"

师：你们说得很棒。其实，这是一个关于一只猫和一只老鼠的音乐故事。一只老鼠趁猫在睡觉，小心翼翼、轻手轻脚去找东西吃，走呀走，走呀走，好几次差点把猫吵醒。

（教师在大致讲述故事内容的同时，很轻地播放音乐）

② 进一步欣赏音乐。

师：我们再来听一遍音乐，听一听音乐有什么变化。

幼：音乐有时候轻轻的，有时很响。

师：是吗？那我们试一试边听音乐边用动作来表现音乐中的变化。

③ 播放音乐，幼儿与老师一同用肢体动作感知音乐中的强弱变化。

（二）使用图谱，进一步理解音乐

① 出示音乐图谱。

师：小朋友们用肢体表现得很不错。现在，老师听着音乐把音乐中强和弱的变化画出来。

② 分析图谱。

师：图谱中哪里是音乐弱弱的？哪里又是音乐强而有力的？

幼：图谱中弯弯的小曲线是音乐弱的地方，像小山一样的是音乐强的地方。（图 13 - 2）

③ 幼儿和老师一起听音乐划图谱。

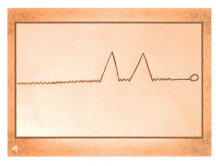

图 13 - 2

（三）探索与验证

① 老师出示五张图片（图 13 - 3）

师：猫和老鼠的音乐故事究竟是怎么发展的呢？我们来看下图片，一共有几张图片？

幼：一共有 5 张图片，老鼠走路的有 3 张，猫醒了的图片 2 张。

师：小朋友们观察得很仔细。请大家等一下分组，根据音乐和图谱的变化商量一下，在图谱的下方依次摆放

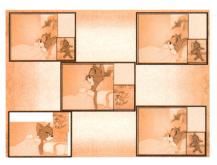

图 13 - 3

图 13 - 4

这 5 张图片,看哪一组能根据对音乐的理解摆放得最好!(图 13 - 4)

② 幼儿边听音乐,边分组商量操作。

(此环节可播放 2 遍音乐)

③ 听音乐验证幼儿图片摆放的结果。

师:这 5 张图片应该放在图谱的哪里呢? 我们来看看大家是怎样摆放的。

(此环节中,教师与幼儿边听音乐边判别每组幼儿的操作成果,在大家多次欣赏与感知中不断调整,得到最后的结果)

(四)音乐游戏,巩固对音乐的理解

师:你们想玩猫和老鼠这个游戏吗? 我们一起听着音乐来做游戏吧。

(此环节中,让幼儿自由选择猫或是老鼠的角色,老师一同参与。再次感知音乐的同时体验游戏带来的快乐)

(五)观看《猫和老鼠》的音乐视频

1. 猜测

师:大家猜一猜,小老鼠最终拿到美味的食物了吗? 你们觉得会是什么好吃的呢?

幼:小老鼠拿到了,我猜是蛋糕。(也有幼儿表示小老鼠没有成功)

2. 观看音乐视频,揭晓答案

小结:幼儿在猜想和期待中开心满足地知道了结果,原来小老鼠最终成功地获得了一块美味的奶酪。

第十四章
整合式音乐活动案例选编

例 1：神秘的礼物（小·班）①

一、设计思路

小班现阶段进行的主题是"好听的声音"。幼儿接触了很多生活中的声音，也对此有了一定的兴趣。因此此次活动的设计围绕着声音的话题继续展开。让孩子听辨不同的音乐讯号，在要求孩子仔细聆听的同时，也对其自身肢体动作的把控有了新的要求。活动以游戏环节的进行贯穿始终，具有一定的趣味性。

二、活动目标

在取礼物的游戏情境中，尝试听辨不同的音乐信号，并乐意用肢体动作表现。

三、活动准备

① Flash 动画课件、经编辑整合的音乐。
② 礼物一袋。

四、活动过程

（一）引出角色"小精灵"——导入"取礼物"游戏情境

● 展示人物"小精灵"，并与幼儿打招呼

师：今天陈老师请来了一位可爱的小精灵，你们想不想认识他？让我们一起来把他叫出来。（师幼一起说：小精灵，快出来！）

师：咦！小精灵出来了！我们赶快和他打打招呼——小精灵，你好！

师（模仿小精灵说话）：小朋友们好！今天，我给小班的小朋友准备了一份神秘的礼物，就藏在大森林里，你们愿意跟我一起去寻找礼物吗？

师：那我们赶快出发吧！

（二）快乐游戏——听辨音乐，动作表现

"取礼物"的游戏情境贯穿活动始终。

---

① 此活动设计由上海市荷花池幼儿园陈幸儿提供.

1. 踩气球游戏

（1）听信号，踩爆气球

师：好多圆圆的东西飞了过来，挡在了我们的面前，是什么呀？（气球）

我们过不去了怎么办呢？赶快来想想办法！

可是，你们东一脚，西一脚的，气球有没有爆掉？（没有……）

气球这么大，一个人的力气太小了，这次我们大家试试一起用力踩下去。

（带领幼儿尝试几次）1……2……3……咚；1……2……3……咚……

你们的力气够大了，可以跟着小精灵一起去踩气球咯！这回气球肯定能被我们踩爆的。

你们踩得真准，气球越来越少了，我们再走到前面去踩踩。

你们真厉害！只剩下四个气球了，我们先休息一下，擦擦汗，喝口水，一会儿才有更多的力气。

太好了，太好了！气球都被我们踩爆咯！

（2）拿到钥匙，打开大门，继续前进

师：气球是不见了，可这又是什么呢？（钥匙）

钥匙有什么用？（打开大门）

那我们赶快握紧钥匙，去打开大门……准备好哦！1……2……3……咔嚓。

好棒好棒！（鼓掌）门打开了，我们继续出发！

2. 跳木棍游戏

（1）仔细观看动画示范，说说"如何走过滚动的木棍"

师：呀！小路上滚来了几根木头，我们怎么样才能不被它碰到？（往后退）

那我们赶快往后退一退，别让木头碰伤了脚。

虽然木头挡住了我们前进的路，但是聪明的小精灵已经想到了躲过木棍的办法了，张大眼睛仔细看……（Flash 动画演示，精灵跳过两根木棍）

小精灵是怎么躲过去的？（跳过去的）

你们行不行？我们也在原地试着跳一跳……要跳得高一点哦，这样才不会被木棍碰痛。

（2）幼儿跟随音乐跳过六根木棍，继续前进

师：前面的路有点危险的，我们要比刚才在原地跳的时候更加当心。

3. 躲铁锤游戏

（1）铁锤出现，引发幼儿关注

师：大铁锤飞过来了。（幼儿一旁观看，警告音响）

这可怎么办呀？（赶快跑……）

要想个最快又最方便的办法！我们要怎么样啊？赶快蹲下来躲一躲。（同时配合蹲下的动作……）

这次，老师先来做大铁锤，看看我们小班的孩子会不会马上蹲下来，保护好自己。

（2）说说、做做，分段练习

师：老师的大铁锤来喽！都蹲下来了吗？

大铁锤又从那边飞过来了……

（3）连续尝试，继续前进——来到大森林

师：你们本领真大，知道要快快地蹲下来保护好自己。

前面的小路上有比这更厉害的大铁锤会出现，你们要更加当心哦！被那个浑身长满刺的大铁锤砸到可不得了。

我们继续前进！

4. 揭秘礼物，快乐分享

师：这是什么地方呀？（森林）

森林里有什么呀？（有花、叶子、蘑菇房子，我还看见礼物了……）

礼物在哪里呀？我们一起擦亮小眼睛，仔细找找！（礼物在这里）

你们都找到礼物了呀！用你们的小手指，指给老师看看，我还没找到。

师幼一起：礼物礼物是你么？礼物礼物快出来！

师：神秘的礼物出现咯！你们高兴吗？想知道盒子里有什么吗？我们赶快把礼物带回教室，和其他小朋友一起分享吧！

例 2：快快慢慢（小·班）

一、设计思路

此活动是在"马路上"这一主题背景下生成的活动，通过让幼儿体验马路上各种不同的车辆，引导幼儿用动作表现快慢的变化，启发幼儿在生活经验的基础上大胆地参与表达和表现。

二、活动目标

① 体验物体运动的快慢。

② 尝试用不同速度的声音、肢体动作表现快慢。

三、活动准备

① 有关马路上的车的 VCD。

② 音乐楼梯：1－7。

③ 指偶——小熊、小兔、小老鼠。

四、活动过程

（一）经验交流——车的快慢

1. 回忆经验

师：如果爸爸妈妈要带你们到很远的地方去玩，走路的话又会很累，那我们要坐什么去？

老师用摄像机拍了很多的车，你们看看到底有些什么车？

2. 观看 VCD

3. 集体交流

师：你看到了哪些车？哪些车开得慢慢的？哪些车开得快快的？

4. 奏乐曲（快、慢两种速度交替）

师：你们喜欢开车吗？那我要请小朋友来做小司机，来跟着音乐开车。小司机找个空地方准备好。

你们可要注意我的音乐是会变的，当你们听到音乐快快的时候，是什么车开来了？当你们听到音乐慢慢的时候，又是什么车开来了？

5. 音乐游戏"小司机"

师：小司机下班了，把你们的车开回停车场吧！

（二）经验迁移——生活中的快慢

师：在我们的生活中，不但车子有开得快的和慢的，还有很多事也有快、慢。请你想一想，小朋友们做什么事情的时候是快快的？做什么事情的时候是慢慢的？

（三）感受音乐中的快慢

1. 展示玩具，引发讨论

师：人跑的时候是快快的，走路的时候是慢慢的，那小动物做事情的时候有快有慢吗？

老师今天就请来了一位小动物，你们看，这是谁啊？（展示小老鼠）小老鼠做什么事情的时候是快快的？做什么事情的时候是慢慢的？

2. 情景表演，让幼儿感受

师：有一只小老鼠，在黑黑的老鼠洞里，它可寂寞了。它快快地钻出了老鼠洞，来到了大森林里。走啊走，小老鼠发现了一幢漂亮的小木屋。小老鼠轻轻地推开门。哇！小木屋里有一座金光闪闪的楼梯，小老鼠轻轻地踩上去，音乐楼梯发出美妙的声音"1"，小老鼠继续往上走，音乐楼梯连续地发出神奇的声音"2、3、4、5、6、7"。小老鼠感觉有趣极了，它又转身爬下楼梯，音乐楼梯又发出好听的声音"7、6、5、4、3、2、1"。这些美妙的声音把小老鼠逗乐了，它一个劲不停地爬上、爬下，而且越来越快，"1……7……"一边爬，小老鼠还一边高兴地唱了起来。（教师范唱）

3. 感受小老鼠的音乐

师：小老鼠玩得开心吗？你们想不想做这只快乐的老鼠呢？那我们一起和小老鼠来走这个有趣的音乐楼梯吧。

4. 感受慢的音乐

师：小老鼠爬累了，它觉得一个人好孤单，它想请森林里的动物们也来小木屋玩。它会请谁来呢？请你听一听音乐楼梯发出的声音再来猜一猜。（弹奏慢而低沉的音阶）

你感觉是谁来了？为什么？（展示小熊，教师与幼儿一起创编小熊的歌曲）

小熊走音乐楼梯发出了什么声音？它也高兴地唱了起来。（教师范唱）

小熊要请它的熊弟弟和熊妹妹们一起来玩这个音乐楼梯，我们小朋友来做它的弟弟妹妹好吗？

5. 感受快的音乐

师：小老鼠还想请其他小动物来。你们听，这次音乐楼梯告诉我们是谁来了？

你觉得这回又是谁来了呢？为什么？（教师展示小兔，师幼共同创编小兔的歌曲）

师：你们觉得小白兔走楼梯的声音和小熊走楼梯的声音有什么不一样？小白兔是这样走的……小白兔也要唱歌了，小朋友们来帮帮它一起唱好吗？

6. 根据音乐的快慢，幼儿选择不同的角色，随音乐愉快地演唱

师：小动物们都来玩音乐楼梯了，我们和小动物一起玩音乐楼梯好吗？你们希望谁先来走这个音乐楼梯？它是快快的，还是慢慢的？

例 3：青蛙唱歌（中班）

一、设计思路

此活动设计是关于"春天"这一主题背景而引申出的音乐活动。活动中，教师利用幼儿熟悉、感兴趣的物体——荷叶，引发幼儿根据音乐的变化进行联想和游戏，使幼儿的已有经验与音乐知识相整合，既获得强弱、快慢这一特有的音乐语汇，体验了音乐变化与肢体动作之间的联系，更在表达、表现中获得并加深了对轻和响概念的理解。

二、活动目标

① 区分音乐强弱、高低的不同，感受音乐变化与身体动作之间的联系。
② 尝试用不同的声音表现小青蛙和老青蛙的叫声，初步体验同声合唱的乐趣。

三、活动准备

① "大荷叶"一张（能容纳进行活动的幼儿）。
② 指偶——小青蛙和老青蛙。
③ 幼儿自画害虫若干条。

四、活动过程

（一）感受音乐的强弱变化，尝试合作游戏"荷叶和风"

1. 引出荷叶

师：小朋友，你们看，这会是什么？我们一起把它打开吧！
荷叶长在什么地方？如果一阵风吹来，荷叶会怎样？

2. 倾听轻柔缓慢的音乐——游戏"小风和荷叶"

师：听！风来了，你觉得这是一阵怎样的风呢？
当轻轻的风吹来，荷叶会怎么样呢？

3. 倾听强烈快速的音乐——游戏"大风和荷叶"

师：又有一阵风吹来了。听！这又是一阵怎样的风呢？
当大风吹来时，荷叶又会怎么样呢？

4. 强弱不同的音乐交替进行——游戏"会变的风和荷叶"

师：风会变吗？仔细听音乐里的风是怎么变的？
风停了，荷叶怎么样了？

（二）感受音乐的高低变化，学唱小青蛙和老青蛙的歌

1. 引出荷叶上的青蛙

师：谁最喜欢荷叶？（青蛙）

小青蛙们，我们一起跳到荷叶上吧！（轻轻跳）

2. 想象青蛙的各种叫声

师：青蛙在荷叶上喜欢干什么？它是怎么叫的呢？（不同节奏的叫声）

交流讨论：原来青蛙有那么多不同的叫声，它就像我们人一样，不一样的叫声就好像在说不一样的话。

"呱呱！呱呱！"（你好！你好！）

"呱呱，呱呱，呱呱，呱！"（今天我呀真高兴！）

"呱呱，呱！呱呱，呱！"（真热啊！真热啊！）

3. 倾听两段高、低变化的音乐，感受小青蛙和老青蛙不同的声音

师：有一只老青蛙和一只小青蛙正在荷叶上唱着歌。听！哪段音乐是老青蛙在唱歌？哪段音乐是小青蛙在唱歌？（鼓励个别幼儿用高低不同的声音模仿小青蛙和老青蛙叫）

4. 情景表演"青蛙唱歌"，欣赏范唱

师：原来老青蛙和小青蛙的叫声是不一样的，那它们究竟在唱些什么呢？

指偶表演：在平静的湖面上，有一片绿绿的荷叶，一只小青蛙和一只老青蛙跳上了这片大大的荷叶。小青蛙见了老青蛙，赶忙热情地打招呼："呱呱！"老青蛙见了小青蛙连忙说："呱呱！"小青蛙很想和老青蛙交朋友，就用它那清脆的声音介绍自己："我是一只小青蛙！"老青蛙觉得一个人很孤单，也很想和小青蛙做伴，它就用那低沉的声音介绍自己："我是一只老青蛙！"说着说着，它们就高兴地唱了起来……

5. 学习用清脆、低沉的声音分别表现小青蛙和老青蛙的歌

师：小青蛙是怎么唱的？老青蛙是怎么唱的呢？

6. 初步尝试同声合唱

师：你喜欢小青蛙还是老青蛙的歌声呢？为什么？（幼儿自由选择演唱）

虽然小青蛙和老青蛙的声音不同，一个尖，一个粗，但它们很喜欢在一起唱，因为它们觉得那样很快乐，你们想试试吗？（幼儿选择自己喜欢的角色尝试同声合唱）

老青蛙和小青蛙们，你们快乐吗？

（三）音乐游戏"青蛙捉害虫"

1. 引出青蛙捉害虫，用动作交流表现

师：青蛙除了喜欢唱歌还喜欢干什么？它是怎么捉害虫的？（鼓励个别幼儿大胆表现捉害虫的动作）

2. 倾听高低变化的音乐，探索青蛙捉害虫的方法

① 师：青蛙们，你们捉到害虫了吗？有些青蛙捉到了，可有些青蛙捉得很辛苦，因为这些害虫非常狡猾，它们拼命地跳上跳下，请你们听听它们是怎么跳的。

② 师：害虫一会儿跳得高，一会儿跳得低，那我们青蛙怎么样才能抓住它们呢？

3. 随音乐的变化进行游戏

师：你们真是捉虫能手，想的办法真棒！青蛙们，抓害虫了！

青蛙们，来来来！捉到几条害虫？你们吃饱了吗？我们回到荷叶上去休息喽！

例 4：春姑娘的歌（大班）①

一、 设计思路

此活动是在"春天"这一主题系列下进行的。"春天来了，春天在哪儿呢？"孩子们带着这个疑问和爸爸妈妈、爷爷奶奶们一起，在大自然中又看、又摸、又闻，发现了许多春天的显著季节特征，拥有了一定的知识经验。《春姑娘的歌》把优美的音乐与抒情的诗歌整合起来，把音乐活动与探索活动整合起来，让孩子们在体验和感受美的意境中自由地想象，自由地表达自己对音乐的看法，从而在分段欣赏的过程中进一步感受和理解音乐的内涵。

二、 活动目标

在感受音乐的基础上，尝试用不同的材料为诗歌配乐，感受春天的美。

三、 活动准备

① 音乐音带和诗歌一首。
② 马夹袋、雨披、筷子等发出响声的废旧材料及沙球、钹、手铃等乐器。

四、 活动过程

（一）教师用柔美舒缓的声音朗诵诗歌

师：听，春姑娘唱着歌来了。
提问：听了诗歌有什么感觉？

（二）完整欣赏音乐

师：诗歌真美呀，让我们走进更美的音乐听一听。
提问：你听见了什么，看见了什么？

（三）分段欣赏

师：音乐里究竟讲了什么事情，我们来仔细听听。

1. 欣赏第一段

师：这段音乐告诉了我们什么？（用肢体动作表现春风吹拂的感受）

2. 欣赏第二段

师：这是什么声音？（试一试让身体的不同地方发出打雷的声音）

3. 欣赏第三段

师：春雷响了，发生了什么事？（用语言节奏表现下春雨）

---

① 以下几则活动设计由上海市荷花池幼儿园黄颖岚提供.

（四）完整配乐朗诵诗歌

师：这么美的音乐，就是春姑娘唱的歌呀！

（五）操作实物为诗歌配乐

师：今天我们来做小小配乐师，为春姑娘唱的歌伴奏。

① 孩子探索各种材料发出的声音，教师倾听与指导。

② 个别交流：你刚才用了什么？听上去像什么声音？

③ 选取一种实物为诗歌配乐：教师朗诵诗歌，孩子配乐，然后教师引导他们辨别个别物品的性质，再进行第二次配乐。

附：诗歌《春姑娘的歌》

春姑娘的歌

春姑娘来了，她带着风儿，
轻轻地轻轻地唱着：
"呼呼呼，呼呼呼"，
吹绿了柳条，吹红了桃花。

春姑娘来了，她带着响雷，
重重地重重地唱着：
"轰隆隆，轰隆隆"，
唤醒了种子，唤醒了青蛙。

春姑娘来了，她带着雨点儿，
细细地细细地唱着：
"沙沙沙，滴滴答"，
洗绿了大树，洗青了小草。

春姑娘唱的歌多美呀！

例5：蔬菜汤（大班）

一、 设计思路

此活动设计是围绕着"蔬菜"这一主题而展开的，它将音乐、语言、科学等领域的内容有机而自然地整合在了一起，活动中，既有幼儿的自主表现、大胆探索，也有教师的启发引导、即时鼓励。

二、 活动目标

① 区分音乐的不同性质，感知作品中特有的音乐形象，丰富对蔬菜的认识。

② 尝试用肢体、编唱等多种方式表现蔬菜的特征。

三、活动准备

① 幼儿对蔬菜种类、生长等方面的知识已有初步的了解。
② 已学会歌曲《买菜》。
③ 代表不同特征蔬菜形象的四段音乐和"煮"蔬菜汤的音乐。
④ 各类蔬菜图片、自制蔬菜汤匙一把、厨房服一件。

四、活动过程

(一)讲讲、说说——我喜欢的蔬菜

师:每一种蔬菜都有自己漂亮的颜色和形状,你最喜欢哪种蔬菜宝宝呢? 为什么? (教师尽可能鼓励幼儿用多种方法介绍自己喜欢的蔬菜,如:顺口溜、谜语、图画……在同伴的交流中,丰富幼儿关于蔬菜特征的知识)

(二)做做、变变——蔬菜长长长

师:每一种蔬菜宝宝有不同的生长过程,你知道它们是怎么生长出来的吗? (引导幼儿在用语言表达的基础上,尝试用肢体动作展现不同蔬菜的生长过程,并让同伴根据其动作的变化进行猜测讨论:这可能是哪种蔬菜?)

(三)编编、唱唱——蔬菜拼盘

师:瞧! 猜猜我是谁? 我这棵蔬菜长得怎么样? (教师在与幼儿的互动中引出语言节奏,如:刀豆细又长呀! 苦瓜苦又爽呀……)

每一种蔬菜都有丰富的营养和不同的味道,如果我们把几种蔬菜宝宝合在一起做个蔬菜拼盘,一定会更美味、更有营养。谁愿意一起来做蔬菜拼盘呢? (幼儿自由结伴,一边用肢体动作合作展现蔬菜造型,一边随《买菜》的背景音乐进行编唱。如:"蔬菜宝宝真呀真正多,我们一起来做蔬菜拼盘。辣椒辣又辣呀,萝卜水分多呀……哎呀呀,哎呀呀,味道真正好!")

(四)听听、玩玩——蔬菜汤

1. 完整听赏:听听、猜猜它们是谁

师:蔬菜除了可以做拼盘,还能做什么呢?

妈妈今天买了许多蔬菜,准备煮一锅蔬菜汤,请你听听妈妈煮的汤里可能有哪些蔬菜呢?

2. 分段听赏:我是一棵蔬菜宝宝

第一段:轻柔舒缓——青菜、菠菜、香菜、荠菜、芹菜……

第二段:低沉缓慢——土豆、冬瓜、南瓜、芋艿、洋葱……

第三段:跳跃轻快——黄豆、绿豆、毛豆、豌豆、蚕豆……

(幼儿将不同乐段所表现的音乐形象与蔬菜的外形特征相结合展开类比联想,并大胆想象不同的蔬菜形象随音乐进入汤锅时的动作姿态)

3. 游戏"蔬菜汤"

玩法:幼儿扮演自己喜爱的蔬菜形象,随不同乐段依次进入"汤锅"(能容纳全体幼儿的空间)。教师扮"妈妈",拿着大汤勺随"煮汤"音乐的变化,注水——加热——升温——沸腾——小火慢煮——加调料——熄火,进行"煮汤"。幼儿想象表现蔬菜在煮汤过程中的各种动作姿态:下沉、漂浮、旋转、翻滚……

第十五章
绘画活动案例选编

例1：热闹的花草地（小·班）

一、活动目标

① 感受春天花草地上春花烂漫、生机勃勃的景象。
② 探索用手指不同部位点画的方法表现色彩丰富的花草地。

二、活动准备

教学课件、水粉颜料、有蓝天的背景图、背景音乐、抹布。

三、活动过程

（一）谈话导入，引起幼儿对花草地的回忆

① 师：小朋友们，你们有去过草地上玩耍吗？
② 师：在草地上玩，你有什么感觉？

（二）欣赏花草地图片，感受丰富的色彩

① 师（出示图15-1）：这是一片美丽的花草地，草地上有些什么颜色的花？

图 15-1

小结：草地上有各种颜色的花，有黄色的、红色的、紫色的、白色的，真是美极了。

② 师（出示图15－2、图15－3）：有个画家爷爷像变魔术一样，在纸上变出了漂亮的花草地。你们在花草地上看到了什么？（引导幼儿从形状和颜色进行感知）

图 15－2

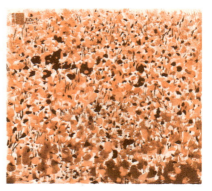
图 15－3

③ 师：再仔细看，在密密的花草地中你还发现了什么？

小结：春天里，在一片绿油油的草地上，盛开着五颜六色的花，花儿草儿你挨着我，我挨着你，热热闹闹真开心。

（三）探索用手指点画表现花草地的方法

① 师（播放背景音乐，引导幼儿感受）：你听，它们在干什么？小花小草也想穿上漂亮的衣服，跳到纸上变成一幅美丽的花草地呢！

② 教师引导幼儿用指尖、指腹、侧指在背景图上点画表现不同的花朵。

③ 幼儿创作，教师指导。

● 鼓励幼儿用手指蘸取颜料，大胆表现小花小草。

● 提醒幼儿换色时先用抹布把手指擦干净。

（四）展示、分享作品

① 展示幼儿作品并分享，说说花草地上有些什么颜色的花朵。

② 师（播放音乐）：让我们变成小花小草跟着音乐一起跳舞吧！

例 2：宁静的蓝色（小·班）

一、 活动目标

① 欣赏画面中的蓝色，感受蓝色的宁静。

② 找找生活中的蓝色，体验蓝色在生活中的运用。

二、 活动准备

课件。铅画纸。深浅不同蓝色颜料（2—3种），各色手工纸，小鸟、小船、椰树、游泳的人等粘纸,胶棒。

三、活动过程

(一)欣赏宁静的蓝色

① 师(出示图 15-4—图 15-7):这些是什么? 它们都是什么颜色的?

图 15-4

图 15-5

图 15-6

图 15-7

② 师:你知道还有什么东西是蓝色的?

③ 师:找一找小朋友身上穿的、教室里的摆设,哪些是蓝色的?

④ 师:原来我们生活中有很多东西都是蓝色的,有些画家也很喜欢蓝颜色。(教师出示图 15-8)这是画家杜菲,他喜欢用线条和单纯的蓝色进行绘画。我们一起来看看他的画。

⑤ 师(出示图 15-9、图 15-10):你看到了什么? 画里哪些是蓝色的?

图 15-8

图 15-9

图 15-10

小结：画家在一幅画里画了停了很多帆船的港口。另一幅画画的是海边，人们在钓鱼。画里的海港、大海、房子都是蓝色的。

（二）制作蓝色的作品

① 师：我们和杜菲爷爷一起去海边，一边看海，一边画蓝蓝的海水、蓝蓝的天，好吗？

② 师：我们来到了海边，看到了蓝蓝的海水。（引导幼儿用蓝色将底纸涂满）

师：海面上有什么？有帆船。（引导幼儿撕几片各种颜色的纸贴在底纸上）

师：有海鸥在飞。（引导幼儿撕小片白纸贴在底纸上）

③ 完成上述操作后，幼儿可以根据自己的想象进行粘贴（如在水里游泳的人、海边的椰树等）。

（三）欣赏和交流作品

师（展示幼儿的作品）：小朋友们，你们在海边看到了什么？（引导幼儿说说自己作品的内容）

例 3：独一无二的我（中班）

一、活动目标

① 感受自己与同伴在外貌上的不同，知道自己是独一无二的。

② 乐意用绘画的形式来表现自己与同伴的不同。

二、活动准备

每人一面镜子、各种纸（黑色卡纸、彩色纸、铅画纸、刮画纸等）、各种笔（炫彩棒、记号笔、刮画笔等）、画家自画像、大班幼儿自画像作品。

三、活动过程

（一）照镜子，了解自己与别人的不同之处

① 师（发给每名幼儿一面镜子）：请你照一照镜子，仔细观察镜子中的自己。

② 教师引导幼儿观察五官，说说自己的五官有何特点。

师：看看你的眉毛是粗粗的还是细细的？眼睛是大大的还是小小的？眼睛的中间有眼珠、眼睛上面的睫毛是长长的还是短短的？

师：看看你的鼻子，鼻子中间有鼻梁，还有两个鼻孔。

师：看看你的嘴巴，有两片嘴唇。张开嘴巴，看看里面的牙齿，有没有掉牙？

③ 教师引导幼儿观察自己的发型，并说说发型有何特点。

小结：有的小朋友是短发，有的小朋友梳着小辫子，有马尾辫、长辫，有的还有发夹。每个小朋友都长得不一样，所以，我们每个小朋友都是独一无二的。

（二）欣赏大师的自画像，感受不同的表现风格

师（出示图15-11—图15-14）：这些是画家画的自画像，你们觉得他们哪里看上去与别人是不同的？

图15-11

图15-12

图15-13

图15-14

小结：世界上有许多画家也喜欢画自画像，他们的五官各有不相同，即使都画了胡子，但是胡子的造型也是各不相同的。他们的发型也是各有各的特色，每个画家都画出了自己与众不同的地方，让人一看就知道他是谁。

（三）幼儿选择不同的绘画工具和材料进行表现

① 师：今天我们也来学学大画家给自己画张自画像，要把自己与众不同的特点画出来，让别人一看就知道你是谁。

② 幼儿根据自己的需要选择画纸和笔并画画。

③ 幼儿作画，教师巡回指导。

- 提醒幼儿边照镜子边画，注意画出自己与众不同的地方。
- 提醒幼儿纸的颜色与笔的颜色的差别要大，否则画像会不够鲜明。

（四）展示自画像，说说自己的与众不同之处

① 教师把幼儿的作品贴到展示板上，大家共同欣赏。

② 请幼儿猜猜不同的自画像的作者是谁，说说是从哪里看出来的。

例 4：机器人（中班）

一、活动目标

① 初步了解机器人的各种功能，知道机器人是人类的好帮手。

② 尝试用各种废旧材料制作机器人，体验制作的快乐。

二、活动准备

教学课件、制作材料（如盒子、卫生纸芯、扭扭棒、保利绒球、雪糕棒、纽扣、吸管等）、记号笔、胶棒、玻璃纸、手工纸、炫彩棒、白胶。

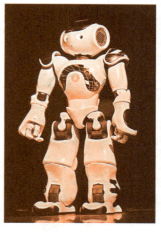

三、活动过程

（一）谈话导入，了解机器人是如何帮助人类的

① 师（出示图 15 - 15）：这是谁？它能帮助我们做些什么事？

小结：机器人是专门设计出来代替或者帮助人类工作的好帮手。机器人有各种各样的外形，可以帮助人类做很多事情。

② 师（出示图 15 - 16—图 15 - 19）：你觉得这些不同外形的机器人可以做什么？

图 15 - 15

图 15 - 16

图 15 - 17

图 15－18　　　　　　　　图 15－19

小结：鱼形机器人可以帮助科学家完成水下的研究工作；机器狗可以通过特殊装置帮助没人照顾的老人判断身体健康状况，并在需要时呼叫医生；人形机器人会做各种表情，帮助我们做家务、娱乐；送药机器人可以帮助医生把药送到各个病房。机器人真是人类的好帮手！

（二）幼儿尝试制作机器人，教师巡回指导

① 师：未来我们可以发明更多的机器人。你们想发明什么样的机器人？

② 师（出示图 15－20—图 15－22）：根据图片分析机器人特征。机器人的头部和身体可以是各种形状的，手臂和腿可以分成几节，手上有手指。

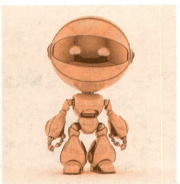

图 15－20　　　　　　图 15－21　　　　　　图 15－22

③ 制作步骤：先选取制作机器人头部和身体的材料，如小的保利绒球做头部，大的做身体；小方盒做头部，大盒子做身体。然后在头部和身体上画上按钮或是其他部件。接着选择制作手和脚的材料，如吸管、扭扭棒、雪糕棒等，也可以用纸卷成长条形做手和脚。然后将头部、身体和四肢连接起来。可以用胶棒、白胶等。最后根据需要装饰机器人，完成制作。

（三）交流分享，进一步引发探索兴趣

① 展示幼儿作品并分享，说说做的机器人可以帮助人类做什么。

② 播放《出彩中国人》节目中 108 台机器人的表演。

例 5：梦里的江南水乡（大班）

一、活动目标

① 欣赏吴冠中的水墨作品，感受水墨画浓淡、留白的美。
② 尝试运用浓墨和淡墨，以及不同的点、线、面，表现中国的江南民名居。

二、活动准备

课件、毛笔、宣纸、彩墨、洗笔桶。

三、活动过程

（一）欣赏吴冠中作品，体验作品中的黑、白、灰色调

① 教师出示图 15－23、图 15－24。
师：这幅画里的房子你见过吗？在哪里见过？
师：这些房子你觉得美吗？美在哪里？为什么？

图 15－23 　　　　　　　　　　　图 15－24

小结：画中画了江南水乡，那里有黑瓦白墙的房子，房子有近有远，很有层次感。有小桥、流水，还有在欣赏风景的人。
② 师：你们看，这些黑色的屋顶看上去像哪个字？（幼儿讨论）
小结：房子的屋顶类似于汉字中的"人"字，江南一带有很多这样的房子，人们称它为"人字房"。
③ 这些漂亮的房子是著名的画家吴冠中爷爷画的，他用浓墨和淡墨画出了江南民居古朴的美。（教师播放吴冠中的相关视频，幼儿进一步了解画家的作品）

(二)幼儿用水墨画表现江南水乡,教师巡回指导

① 师:水墨画有着独特的魅力,我们今天用水墨来画一幅梦里的江南水乡。

② 师:刚才我们看到江南水乡有民居、小桥、乌篷船、柳树、游人等等,你梦里的江南水乡是什么样的?

③ 师幼共同探讨绘画步骤。

师:先想好梦里的江南水乡有些什么。

师:想好以后,我们先画主要的内容,如民居、小桥,然后画水面、小船,最后点缀人物、树木、花朵等。用粗笔画房子,用细笔画人字房顶、窗、门。

师:换色时注意先将毛笔洗干净,然后再画另一种颜色。

(三)幼儿创作表现,教师巡回指导

① 提示材料的使用常规:换笔时要将不用的笔放在笔架上。使用颜料时,要将笔洗干净后再蘸颜料。

② 提示毛笔使用方法,注意表现人字房的绘画步骤。

③ 鼓励幼儿在房子周围用其他颜色添画花草树木,使画面内容更加丰富。

(四)展示幼儿作品,交流讲评

将幼儿的作品贴在展示板上,说说自己梦里的江南水乡是什么样的。

例 6：谁是第一名（大班）

一、活动目标

① 欣赏绘本,知道用自己喜欢的方式表现的作品都是好作品。
② 尝试用不同的方法进行意愿表现,感受绘画表现的多元化。

二、活动准备

绘本《谁是第一名》、每桌一本绘本、铅画纸、黑色卡纸、炫彩棒、印章、棉签、平头笔、手工纸、颜料、塑料马赛克、珠片、胶棒、白胶等。

三、活动过程

(一)欣赏绘本,引起兴趣

① 师:今天我们要去参加一次奇妙的绘画比赛,看一看谁能得第一名。

② 师(出示图 15-25):先来看看有哪些评审?名字叫大饼的小朋友、从高更画里走出来的评审、从毕加索画里走出来的评审、从蒙克画中走出来的评审。

③ 师(出示图 15-26):参加比赛的有谁?(小狗、蜜蜂、蜻蜓、鱼儿、蚂蚁和毛毛虫)

图 15-25

图 15-26

④ 师（讲述绘本内容）：比赛开始了，猜猜动物们画出来的画是什么样子的呢？（幼儿讨论，引导幼儿从动物眼睛特征来解释它们所画的不同内容）

⑤ 看完所有的画，大家明白了虽然动物们画的不是我们平时喜欢的红红的太阳、绿绿的草地，但是每个人都画出了自己认为的最美的图画，所以主持人宣布：这次比赛，每个人都是第一名！

（二）幼儿说说自己要表现的内容和方法

① 师：我们班上今天也来进行一次绘画比赛，你们可以用不同的工具画自己喜爱的东西。

② 幼儿选择自己喜欢的工具材料表现自己喜欢的内容。

（三）幼儿操作，教师巡回指导

① 鼓励幼儿选择不同的工具和材料进行表现。

② 引导幼儿感受不同媒材表现的不同效果。

（四）展示作品，欣赏交流

① 教师将幼儿的作品贴在展示板上，相互欣赏。

② 教师引导幼儿说说自己用了什么工具和材料进行表现，表现的内容是什么。

③ 教师宣布：今天比赛的结果，每个人都是第一名！

第十六章
美术欣赏活动案例选编

例 1：波点南瓜（小·班）

一、活动目标

① 欣赏草间弥生的作品，感受波点的变化美。
② 尝试用大小不同的波点装饰南瓜。

二、活动准备

课件、各色大小的圆点、南瓜轮廓的画纸、放置圆点的塑料盒、胶棒。

三、活动过程

（一）欣赏南瓜图片，初步认识南瓜

① 师（出示图 16-1）：这是什么？你吃过吗？
② 师：你吃过什么颜色的南瓜呢？
③ 师（出示图 16-2）：南瓜有各种颜色和形状，一起来说说你知道有哪些形状、颜色的南瓜。

图 16-1　　　　　　　　　　　　图 16-2

（二）欣赏草间弥生的作品，感受波点的美

① 师（出示图 16-3）：有位叫草间弥生的日本奶奶特别喜欢画南瓜，有时候她可以盯着南瓜看很长的时间，她画的南瓜很特别，我们一起来看看吧。
② 师（出示图 16-4）：你们看到了什么？ 这只南瓜有什么特别的地方？（重点欣赏大小不

同的波点）

③ 师（出示图 16-5、图 16-6）：草间弥生奶奶除了画黄色的南瓜，还画了其他不同颜色的南瓜。有些什么颜色呢？

图 16-3

图 16-4

图 16-5

图 16-6

（三）学习用波点装饰南瓜

① 师：菜园里还有很多南瓜等着我们去帮它们打扮得漂亮一点，一会儿还要去参加舞会呢！

② 师：小朋友们每人拿一张南瓜图，塑料盒里有各种不同颜色的波点，用固体胶在波点上涂一下，然后贴到南瓜上，给南瓜穿上漂亮的波点装。

③ 幼儿操作，教师巡回指导。

● 选择一种或多种颜色装扮南瓜。

● 引导幼儿正确使用胶棒。

（四）欣赏作品

① 师（将幼儿作品贴在展示板上）：你们真能干，给南瓜穿上了这么漂亮的波点装，南瓜说谢谢你们。现在我们一起去参加南瓜舞会吧。

② 教师播放音乐，幼儿和着音乐跳舞。

例2：灿烂向日葵（中班）

一、活动目标

欣赏梵·高笔下的向日葵，感受作品中丰富的色彩美和构图美。

二、活动准备

教学课件、可食用葵花籽、塑料盘、每组一套画家梵·高向日葵作品的拼图。

三、活动过程

（一）品尝葵花籽，了解葵花籽的来源

幼儿吃葵花籽，说说葵花籽是哪里来的。

小结：我们吃的葵花籽就是向日葵的果实。

（二）欣赏向日葵图片，了解向日葵的结构

教师出示图16-7、图16-8。

图16-7

图16-8

① 师：这么大一片向日葵美不美啊？美在哪里？（讨论）

② 师（根据特写的向日葵图片提问）：我们仔细来看看它长什么样子。

重点：引导幼儿仔细观察图片中向日葵的花瓣、花盘、茎和叶子。

小结：向日葵的花盘大大的，上面有很多的花蕊；花瓣是椭圆形的、黄颜色的；它的茎是粗粗的、直直的；向日葵的叶子也是大大的。

（三）玩拼图游戏，体验成功的快乐

① 教师提供每组一套拼板，幼儿合作完成拼图。

② 师：大家看一看，你们拼出来的是什么？（向日葵）这些向日葵作品是一个非常有名的

画家——梵·高爷爷画的。

（四）欣赏梵·高的作品

① 师（出示图 16-9）：他就是著名的画家，叫梵·高，他最喜欢画的植物就是向日葵。

图 16-9

图 16-10

图 16-11

② 师（出示图 16-10）：你们看画上有几朵向日葵？这三朵向日葵是怎么排列的？

小结：画上有三朵向日葵，三朵向日葵的排列有高有低，真好看！

③ 师（出示图 16-11）：你们数一数这幅画上有几朵向日葵？能找出两朵一样的向日葵吗？为什么？（幼儿讨论）

小结：画上有十二朵向日葵，找不出两朵一样的向日葵，因为每朵向日葵都有自己的心情，有的像在唱歌，有的像在一起说悄悄话，有的像在思考问题，有的好像很害羞的样子。说明画家在画向日葵的时候观察得很仔细，所以每一朵向日葵都是不一样的。我们小朋友画画时也要向大师学习。

例 3：彩色梦（中班）

一、活动目标

① 欣赏毕加索的作品，感受作品中简练的线条和鲜艳的颜色。
② 尝试用自己喜欢的颜色表现梦境，体验想象的乐趣。

二、活动准备

课件、轻音乐、铅画纸、炫彩棒、勾线笔。

三、活动过程

（一）欣赏作品,感受作品的内容与色彩

① 师(出示图 16-12):你看到了什么? 你觉得画中的少女在做什么?（引导幼儿学学少女的姿势）

图 16-12

图 16-13

小结:画中有一个美丽的少女,她躺在红色的沙发上,闭着眼睛,好像在做梦。

② 师:你觉得美丽的少女会做一个什么样的梦呢?（幼儿讨论）

③ 师:画面中有些什么颜色? 你觉得这些颜色搭配在一起好看吗?

小结:画面中有红色的沙发,少女有着金黄色的头发,背景是有着红色花朵图案的窗帘与绿色的墙壁,画面颜色非常鲜艳。

④ 师(出示图 16-13):这幅画是由一个非常著名的西班牙大画家毕加索画的。毕加索一生画画非常勤奋,画了近四万幅画。他十几岁的时候就已经画得非常好,后来他的画在颜色和线条上变得越来越简单,所以,他说他十几岁时就能像一些大画家那样画画,但是他花了很长时间在向小朋友们学习如何画画。

（二）引导幼儿说说自己的梦境

① 师:你有做过梦吗? 梦见了什么?

② 师:如果让你用一种颜色来表现自己的梦境,你会用什么颜色呢?（幼儿讨论）

（三）幼儿操作,教师巡回指导

① 师:这么多五颜六色的梦,真美! 让我们也一起来做美梦吧!（播放轻音乐）

② 幼儿操作,教师指导。

● 鼓励幼儿画出具有不同颜色的梦境。

● 用深浅不同的颜色表现梦境,如蓝蓝的梦,就用不同深浅的蓝色作画。

（四）展示作品,欣赏交流

① 展示幼儿作品,请幼儿说说自己做了什么样的梦。

② 师:有个叫爱丽丝的小女孩,她做了一个非常奇妙的梦,我们一起去看看吧。（教师课

后可以播放《爱丽丝梦游仙境》给幼儿观赏）

例 4：春之圆舞曲（大班）

一、活动目的

① 欣赏康定斯基的作品，感受作品中圆形和长方形的奇妙构成。
② 尝试用拼贴的方式表现舞曲，体验色彩和形状的变化。

二、活动准备

课件、不同材质和大小的圆、三角形和长方形、固体胶、底纸。

三、活动过程

（一）欣赏康定斯基的作品

① 师（分别出示圆形和长方形）：小朋友，你们看，这是什么形状？
如果用很多圆形和长方形来拼成一幅画会是什么样子的呢？
② 师（出示图 16－14）：你在这幅画里看到了哪些形状？它们是什么颜色的？

图 16－14

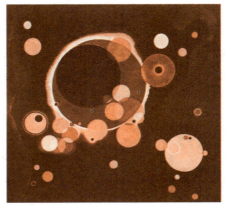

图 16－15

③ 教师播放与画面意境相似的音乐让幼儿欣赏：你觉得自己在一个什么样的地方？看到了什么？

小结：画家在画中使用了鲜艳明快的色彩，将简单的圆形、长方形交织在一起，让画面极富动感，感觉整副画仿佛是一个个跳动的音符，既有节奏，又有动感。画家在画中变成了一位用色彩弹奏音乐的音乐家。

④ 师（出示图 16－15）：你在这幅画里看到了哪些形状？它们是什么颜色的？

小结：这幅画以黑色作为背景，中间则有一个蓝色的圆形，周围有大小与色彩各不相同的

图 16 - 16

圆圈图案,或重叠、或并排、或围绕,好像是跳舞的人都化为了圆圈,在一个圆形的舞台上旋转跳跃。

⑤ 师:如果让你选择一首乐曲,你会选择什么样的音乐呢?(教师播放 3 首乐曲,让幼儿选择一首与画面意境最接近的)你觉得自己在一个什么样的地方? 看到了什么?

(二)教师介绍画家

① 师(出示图 16 - 16):这些画是俄罗斯的画家康定斯基画的,他觉得绘画和音乐是相通的,就像弹钢琴一样,绘画中的颜料好比是钢琴琴键,画家的眼睛就像敲响琴键的锤子,而画家自己则是钢琴家的手,奏响乐谱里的歌曲,就像画家用各种颜色在画纸上画出美丽的图画。

② 师:如果给这两幅画取名字,你们会起什么名字呢?(幼儿讨论)

③ 师:康定斯基给它们取的名字叫《粉色的音调》《圆之舞》,你们觉得好听吗?

(三)引导幼儿尝试用各种材料进行创作

① 师(播放《春之圆舞曲》):如果要拼贴一幅《春之圆舞曲》,你会用什么形状、什么颜色的纸来拼贴呢?

② 幼儿操作,教师巡回指导。

● 注意引导幼儿用各种不同颜色的圆形、长方形拼贴。

● 拼贴完后也可用炫彩棒在圆形周围勾边。

③ 幼儿操作,教师播放背景音乐《春之圆舞曲》。

(四)作品展示与欣赏

① 展示幼儿作品,引导幼儿说说自己的作品。

② 教师播放《春之圆舞曲》,幼儿翩翩起舞。

例 5: 京剧脸谱(大班)

一、活动目标

① 欣赏各式京剧脸谱,初步了解中国京剧脸谱艺术的特点。

② 感受京剧脸谱的色彩美、对称美。

二、活动准备

课件、素色脸谱、丙烯颜料、毛笔、洗笔桶、抹布。

三、 活动过程

(一) 情景导入,激发幼儿对脸谱的兴趣

① 教师播放视频《说唱脸谱》,幼儿欣赏。

② 师:刚才你看到了什么? 听到了什么? 有什么感受?

小结:这首《说唱脸谱》,我们有的小朋友也会唱,可见京剧已经融入了我们的生活中。京剧是中华民族的瑰宝,而京剧中不可缺少的就是脸谱。今天就让我们一起走进《京剧脸谱》的世界,一起来感受它的独特魅力吧!

(二) 欣赏京剧脸谱,感受京剧脸谱的对称美

① 京剧脸谱有各种颜色,浓重的色彩便于观众了解京剧中人物的性格,因为脸谱的每种色彩就代表一种人物性格。

② 师(出示图 16 - 17—图 16 - 20):你知道这些不同颜色的脸谱分别代表什么性格吗? (幼儿讨论)

| 图 16 - 17 | 图 16 - 18 | 图 16 - 19 | 图 16 - 20 |

小结:京剧脸谱中不同的色彩有不同表示:红色代表忠诚勇敢,白色代表奸诈狡猾,黑色代表了刚强公正,黄色代表神仙。除了这些主要的颜色,当然还有其他不同颜色的脸谱。

③ 教师引导幼儿欣赏脸谱上的图案。

● 师:看看脸谱上有哪些不同的线条?(螺旋线、波浪线、弧线等)

● 师:看看脸谱上有些什么形状的图案?(圆形、树叶形、月亮形等)

小结:脸谱上有各种不同的线条、不同的图案,这样让每个脸谱都变得很有特色。

④ 师:京剧脸谱上有许多不同的线条、图案,但是它们还有一个共同的特点,你们发现了吗? 看看脸的左边右边一样吗?

小结:京剧脸谱最大的特点就是左边和右边的颜色、图案是一样的,这叫对称。

(三) 师幼共同探讨脸谱的制作方法

① 师:今天我们一起来为自己做一个京剧脸谱,想一想,你想画什么颜色、什么图案的脸谱。

② 幼儿操作,教师巡回指导。

● 用自己喜欢的颜色进行脸谱装饰,注意图案与色彩的对称。

● 鼓励幼儿画出与同伴不同的图案。

(四) 展示作品,共同欣赏

① 教师将幼儿的作品展示在展示台上,请幼儿说说自己画的是什么脸谱。

② 教师再次播放《说唱脸谱》，幼儿戴上自己制作的脸谱，跟着音乐做京剧动作。

例 6：欧姬芙的花（大班）

一、活动目标

① 感受画家作品中花卉明亮的色彩和独特的造型。

② 能大胆地进行创意临摹，选择自己喜欢的相近色画出花朵的渐变效果。

二、活动准备

油画棒、粉画笔、铅画纸、PPT。

三、活动过程

（一）初步欣赏欧姬芙的作品，引起幼儿欣赏的兴趣

① 师（出示玩偶小蜜蜂做飞行状）：有只小蜜蜂飞呀飞到了美丽的花丛中，它停在了一朵漂亮的花上。

② 师（出示图 16-21）：大家仔细看这朵花是什么颜色的？（白色、红色、黄色）这朵花和我们平时看到的花有什么不同？（花朵很大）小蜜蜂说，我要来采这朵花的花蜜，因为它又大又漂亮。

（二）进一步感受作品中花卉的造型和渐变色

① 师：小蜜蜂飞进了花朵中，它要仔细看看这朵花长得什么样。

● 师：这朵花的花瓣是什么样的？

● 师：花的颜色有什么特别的地方？（深浅渐变）

② 师（出示图 16-22、图 16-23）：小蜜蜂飞呀飞，它飞到了其他花朵上，我们一起来看一看。

图 16-21

图 16-22

图 16-23

③ 师：这些花是什么颜色的？它的花瓣和花蕊是什么样的？这些花给你什么样的感觉？（幼儿讨论）

④ 师：小蜜蜂要告诉你一个小秘密，这些花是画家欧姬芙画的，她喜欢画大朵的花，花瓣用了相近色的渐变，有深有浅。

（三）幼儿创意表现，教师巡回指导

① 鼓励幼儿大胆作画，花瓣可以通过层叠式的方法画大。

② 提示幼儿选用恰当的相近色画渐变色。

③ 鼓励幼儿按意愿添画树叶和花枝。

（四）展示作品，分享交流

师（小蜜蜂飞到小朋友的画上）：请大家猜猜我会飞到哪朵花上采蜜呢？（小蜜蜂飞到那些花朵大的、颜色明亮的花上，请幼儿说说这朵花的形状和颜色）

第十七章
手工制作活动案例选编

例1：好吃的蛋筒冰淇淋（小·班）

一、 活动目标

① 欣赏、感知冰淇淋的色彩和形状，了解冰淇淋的基本特征。

② 尝试用超轻土制作冰淇淋，体验成功的喜悦。

二、 活动准备

冷饮店背景图、超轻土、底纸、事先做好的"蛋筒"。

三、 活动过程

（一）以开冷饮店导入，激发幼儿兴趣

① 师：夏天到了，天气真热呀！小朋友们喜欢吃冰淇淋吗？我的"炫彩"冰淇淋店开张啦！（教师出示背景图）

② 可是店里面什么都没有，我要请小朋友们来帮忙制作冰淇淋。

（二）欣赏冰淇淋图片，感知特点

① 师（出示图 17-1—图 17-3）：你最喜欢吃什么味道的冰淇淋？它是什么颜色的？

图 17-1　　　　　　　　　　图 17-2　　　　　　　　　　图 17-3

小结：冰淇淋有各种口味的,我们把各种口味的冰淇淋装在蛋筒里,就可以慢慢地品尝了!

② 师(出示图 17-4):除了刚才大家讲的几个味道,还有其他各种味道。你觉得这些是什么味道的冰淇淋呢?

图 17-4

（三）幼儿制作冰淇淋,教师巡视指导

① 师:冰淇淋店要开张了,我们一起来做冰淇淋吧。

② 师幼共同谈谈制作方法。

● 师:我们先来准备蛋筒。（幼儿将蛋筒纸型贴到底纸上）

● 师:然后来做冰淇淋球,找一种你喜欢的口味的冰淇淋。（选择一种喜欢的颜色的超轻土）

● 师:做成球状的冰淇淋。（将超轻土团圆,再压成球状）

● 师:然后装入"蛋筒"。（将球状超轻土粘贴到蛋筒纸型上）

③ 幼儿操作,教师巡回指导。

● 鼓励幼儿做出与别人不同味道的冰淇淋。

● 引导幼儿在冰淇淋上撒上"彩虹碎糖"、"果仁"等来装饰冰淇淋。

（四）展示作品,交流分享

① 教师将幼儿的作品贴到"炫彩"冰淇淋店的背景图上。

② 师:我们的"炫彩"冰淇淋店终于开张了,你要买哪个冰淇淋?（然后教师把冰淇淋卖给这个小朋友）

例 2：妈妈的包包（小·班）

一、活动目标

① 欣赏各种款式的包包,尝试为妈妈的包包进行装饰。

② 用粘贴和添画的方法装饰包包,体验装饰的快乐。

二、活动准备

各款包包若干个、三种包形的铅画纸、花形彩色纸、各色圆片、炫彩棒、胶棒。

三、活动过程

（一）欣赏美丽的包包,激发幼儿的兴趣

① 教师出示几款漂亮的包包,幼儿欣赏。

② 请幼儿说说这些包包是谁用的？它们有什么不同？（引导幼儿从花纹、颜色来欣赏）

小结：这些包包是妈妈用的，包包上有各种花纹，有的是圆形图案，有的是方块图案，有的是各种各样的花，还有好看的颜色，真漂亮！

③ 师：再过几天就是妈妈的节日——"三八"妇女节，我们做一个漂亮的包包送给妈妈吧！

（二）讲解制作步骤，幼儿进行粘贴与添画

① 师（出示装饰好的包包）：这个包包上有些什么颜色？有哪些图案？

小结：包包上贴着各种颜色的花形纸，花心贴在花的中间，花朵有大有小。

② 师：为妈妈做包包时要用心，想想妈妈喜欢什么颜色的花，在花的旁边还可画上其他漂亮的花纹。

（三）幼儿装饰包包，教师巡回指导

① 提醒幼儿选择大小不同、颜色不同的花朵进行粘贴。

② 鼓励幼儿在装饰的花卉旁添画其他花纹。

（四）幼儿作品交流分享

师：说说你为妈妈做的包包上贴了几朵花？是什么颜色的？

例 3：这是什么形状（中班）

一、活动目标

① 欣赏各种图形，通过组合与添画变成另一种物品，感受图形的不同组合。

② 尝试对生活中的物品进行形状概括，并对图形进行组合粘贴与添画。

二、活动准备

绘本《这是什么形状》、各种彩色几何图形纸、十六开纸、记号笔、油画棒。

三、活动过程

（一）欣赏绘本《这是什么形状》，引起幼儿对图形的兴趣

① 欣赏绘本《这是什么形状》，说说故事中的小酷和小马在做什么？（在纸上画画）

② 师：小酷和小马在纸上画了哪些图形？这些图形变成了什么？

小结：小酷和小马在纸上画了各种图形，圆形变成了太阳，三角形变成了苹果树，正方形加三角形变成了房子。各种图形添画以后可以变成另一种东西。

（二）了解添画的方法，体验对图形添画后变成另一样东西的乐趣

① 教师出示三角形，演示三角形变成鱼的过程：老师把三角形变成了什么？我是怎么变的？

② 教师出示正方形，请一位幼儿添画，使其变成另一样东西。

小结：我们生活中有很多东西都可以概括成几何图形，再添画几笔就可以把它变成另一样东西。

③ 请幼儿选择自己喜欢的图形贴在白纸上，然后用记号笔添画使其成为另一样东西，并涂色。

④ 可以尝试选择两种图形进行组合变形，但变出的东西要和故事里的不一样。

（三）幼儿作画，教师巡回指导

① 鼓励幼儿选择自己喜欢的图形进行粘贴并大胆添画。

② 鼓励幼儿尝试组合两种图形进行添画。

（四）展示作品，交流分享

① 师：你选择了哪种图形？添画后使其变成了什么？

② 师：找一找有没有用两种图形组合起来进行添画的？

四、活动延伸

在美术区角里投放更多不同形状、大小和颜色的几何图形，让幼儿组合添画出更多的物品。

例4：秋天的菊花（中班）

一、活动目标

① 观赏美丽的菊花，激发幼儿制作菊花的兴趣。

② 尝试用折剪的方法剪出菊花条状的花瓣并粘贴成一瓶菊花。

二、活动准备

课件、各色长条形手工纸、长方形彩色纸、制作好的圆形菊花、胶棒、铅笔。

三、活动过程

（一）欣赏菊花，观察菊花的特征

① 师（出示菊花盆花）：这是什么花？它的花瓣是什么样的？

小结：菊花品种不同，它的花型和颜色就不同。菊花的花瓣有的是长条形的，有的是短短的，有的花瓣卷卷的，有的花瓣直直的。

② 师（出示图17-5—图17-8）：除了刚才看到的，菊花还有很多其他品种。我们一起来看看吧！

图 17-5

图 17-6

图 17-7

图 17-8

③ 师：这些菊花有些什么颜色？它们的花瓣是什么样的？

小结：图片上有各种颜色的菊花，有的一朵菊花上就有好几种颜色。花瓣有的短短的，看上去像只乒乓球；有的长长的，一丝丝的，像绽放的烟花。

（二）讲解菊花制作步骤

① 师：秋天来了，美丽的菊花盛开了，让我们一起来做菊花，把我们的教室布置得更好看。

② 教师出示做好的一朵菊花，并讲解折剪菊花的步骤。

步骤一：沿着长方形纸的长边折三下，并对齐，然后用手抹平。

步骤二：用剪刀沿着折痕剪，但不要剪断，在一条边上抹上糨糊捏拢。

步骤三：用铅笔将剪开的长条形纸卷起来，再抽出，这样卷卷的菊花花瓣便做好了。

步骤四：将做好的菊花贴在自己喜欢的长方形的色纸上。

③ 除了做卷卷花瓣的菊花，也可以做直直花瓣的菊花。直直花瓣的菊花只要从头沿着圆形的边往中心剪，剪到中间画的圆心即可。

④ 将剪好的菊花贴到色纸上，再添画上菊花的叶子、茎就可以了。

（三）幼儿创作，教师巡回指导

① 提醒幼儿在折卷时要抹平，剪条状时，不能碰到双面胶。

② 鼓励幼儿剪贴出不同大小、颜色的菊花，并添画上叶子和茎。

（四）幼儿作品展示交流

教师将幼儿的作品贴在展示板上，幼儿共同欣赏，说说这些菊花是什么样的。

例 5：克里奥尔的舞者（大班）

一、 活动目标

① 欣赏马蒂斯的剪纸作品，感受画面中图形拼贴的美感。

② 尝试拼贴出跳舞的人的动态，体验剪纸拼贴带来的乐趣。

二、 活动准备

教学课件、色纸、铅画纸、剪刀、胶棒。

三、 活动过程

（一）幼儿欣赏芭蕾舞，感受舞蹈动作的美

① 教师播放一段芭蕾舞，幼儿欣赏，重点关注跳芭蕾舞演员的动作。

② 师：刚才你们在这段舞蹈中看到了哪些动作？（请幼儿做做这些舞蹈动作）

③ 师：有个画家把芭蕾舞演员的动作用剪纸的方式表现了出来，我们一起来看看吧。

（二）幼儿欣赏马蒂斯的《舞蹈》，感受剪纸作品的美

图 17-9

① 师（出示图 17-9）：你觉得这幅作品剪的是什么？（幼儿讨论）这个人在做什么？

小结：原来画中是一个跳舞的人，她穿着白色芭蕾舞裙子，头上戴着王冠，两条手臂平举着，两条腿弯着，我们一起来学学这个舞蹈动作。

② 师（引导幼儿观察）：你们看这个跳舞的人，她的头部是什么形状？手臂和腿可以剪成什么形状？身体是什么形状的？

（三）了解画家的故事，激发剪纸的兴趣

① 教师讲述马蒂斯创作剪纸作品的故事。

② 师：今天我们也来学学马蒂斯，用剪纸的方式来表现一个跳舞的人。

③ 教师提问幼儿想表现怎样的舞蹈动作，并请幼儿用肢体来表现。

（四）幼儿剪纸，教师巡回指导

① 提示幼儿先想好舞蹈动作再剪，可以先用肢体表现一下这个动作。

② 鼓励幼儿利用剪下的零碎纸作为作品的一部分。

③ 提醒幼儿将剪下的废纸放在塑料框内,以便再利用。

(五) 展示作品,交流评析

① 教师将幼儿的作品贴在展示板上,幼儿说说作品中人物的动作,并用肢体加以表现。

② 教师播放芭蕾舞曲,幼儿随舞曲翩翩起舞。

第十八章
综合美术活动案例选编

例 1：秋天的树（小·班）

一、活动目标

① 了解秋天树木颜色的变化，感受秋天色彩的美。
② 尝试用纸团装饰秋天的树，锻炼小手肌肉动作的协调性。

二、活动准备

树木图片若干、铅画纸、牛皮纸、皱纹纸、胶棒。

三、活动过程

（一）教师讲述故事，幼儿感受树叶色彩的变化

① 师（出示图 18-1）：我是一棵树，夏天的时候，我穿着绿色的衣服，太阳公公照在身上暖洋洋的，可是太阳公公照在小朋友身上时，他们觉得可热啦，所以他们可以躲在我衣服下。

② 师：夏天的时候，树穿着什么颜色的衣服？

③ 师（出示图 18-2）：慢慢地，天气变凉了，我要加一件厚一点的衣服，这是一件五彩衣，有绿色的、黄色的、橙色的，还有红色的，大家都说真漂亮！

图 18-1

图 18-2

④ 师：大家为什么说树的这件衣服很漂亮？

⑤ 师（出示图 18－3）：天气变得越来越冷，我还要再加一件衣服，这是一件黄色的衣服。黄色是一种非常明亮的衣服，所以在秋天里大家远远地就能看到我，还非常高兴地和我一起拍照呢！（教师出示图 18－4）

图 18－3　　　　　　　　　　　　　图 18－4

⑥ 师：秋天里，树穿上了什么颜色的衣服？

（二）制作秋天的树

① 师：秋天的树好美啊，我们一起来制作一棵秋天的树吧。

② 教师引导幼儿用牛皮纸做树干和树枝。牛皮纸的上半部分由上往下撕成几条，然后揉成几根树枝；纸的下半部揉一揉，使它成为树干。

③ 幼儿将皱纹纸撕成碎片，或是将皱纹纸揉成团粘贴到树枝上。

（三）欣赏作品

师（展示幼儿作品）：你们做的树真漂亮，让我们一起和树合张影吧。

例 2：云朵面包（小班）

一、活动目标

① 欣赏绘本，尝试运用多种材料制作云朵面包。

② 运用撕贴的方法进行创作，体验手工制作的快乐。

二、活动准备

《云朵面包》课件、面包店照片、棉花、各色彩纸、一次性纸盘。

三、活动过程

（一）教师出示面包店的照片，幼儿回忆生活经验

① 师：这是什么商店？里面卖些什么东西？

② 师：你平时吃过哪些面包？味道怎样？

（二）欣赏绘本《云朵面包》，使幼儿对做面包感兴趣

① 教师播放《云朵面包》课件，幼儿欣赏。

② 师：猫妈妈把小云朵做成了什么？

③ 我们也来一起来做神奇的云朵面包吧。

（三）大家一起制作云朵面包

① 师：大家看，小云朵飘到了我们教室的桌上啦，下面请大家跟着猫妈妈一起来做面包吧！

② 教师带领幼儿一起来揉棉花，做面包。

师：我们先来学习揉面，揉一揉，放点水，再揉一揉，揉好的面可以放在盘子里。

③ 教师播放各种面包的图片，引导幼儿观察各种面包的形状、颜色。

● 师：图片上有各种面包，味道也是不一样的，有豆沙面包、火腿面包、芝士面包、菠萝面包。

● 师：想一想，你要做什么味道的面包。

● 鼓励幼儿将彩色纸根据自己需要撕成不同的形状，如火腿、豆沙、水果等，放在棉花上。

（四）烘烤和分享云朵面包

① 教师引导幼儿将面包放到"烤箱"里烘烤。

② 师：面包烤好了，说一说你的面包是什么味道的，你最喜欢谁做的面包。

例 3：翩翩蝴蝶（中班）

一、活动目标

① 了解蝴蝶的基本特性，感受蝴蝶的对称美。

② 尝试用对称的花纹装饰蝴蝶，体验手工制作的快乐。

二、活动准备

课件、炫彩棒、活动眼睛、手工纸、剪刀、纽扣、绒球、扭扭棒、吸管、蝴蝶型的底纸。

三、活动过程

（一）欣赏蝴蝶，感受蝴蝶的对称美

① 观看 BBC 纪录片《翩翩蝴蝶》片段 3 分钟。

图 18-5

② 师:片子里的蝴蝶给你什么样的感觉? 你有看到过蝴蝶吗?

③ 师(出示图 18-5):你们知道,蝴蝶是由哪几部分组成的?(幼儿说到哪个部分,教师就指向相应的部分)

小结:蝴蝶由身体和翅膀组成,身体包括触角、头部、胸部和腹部。翅膀包括前翅和后翅。

④ 师:蝴蝶翅膀上有些什么花纹? 你觉得好看吗? 为什么?

小结:蝴蝶的前翅上有橙色和白色的竖线条以及黄色和黑色的圆,后翅膀上有大圆圈和小圆圈,这些花纹都是左右对称的,所以给人一种对称美。

⑤ 师(出示图 18-6、图 18-7):这些蝴蝶翅膀上有些什么花纹?

图 18-6

图 18-7

小结:红色蝴蝶前翅的上半部是白色的大圆和红黑相间的小圆,下部是红色的。下翅的外部是黑白相间的圆,靠近身体的是褐色的,翅膀的外缘像是勾了一圈边。黑白蝴蝶的前翅和后翅的外部有排列整齐的小格子,越是靠近身体部分,颜色变成了灰色。蝴蝶身体两边的颜色、花纹都是对称的。

(二)幼儿制作蝴蝶并装饰

① 师:蝴蝶很美,今天我们一起来做一只漂亮的蝴蝶。

② 师幼共同探讨制作步骤。

● 选择一个蝴蝶型的底纸。

● 用各种材料,如手工纸、绒球、纽扣进、吸管进行蝴蝶翅膀的装饰,注意颜色、花纹的对称。

● 贴上眼睛,并用扭扭棒或手工纸做成触须。

③ 幼儿操作,教师巡回指导。

● 引导幼儿进行对称式的装饰,包括颜色、形状、材料等的对称。

● 鼓励幼儿采用与众不同的装饰。

● 完成后将边角料等放到垃圾桶里,保持桌面的清洁。

（三）作品展示，欣赏交流

将幼儿的作品展示在花园背景墙上。春天来了，花园里的花都开了，蝴蝶们也飞来了。请幼儿说说自己最喜欢哪只蝴蝶及喜欢的理由。

例 4：落叶跳舞（中班）

一、活动目标

① 欣赏绘本《落叶跳舞》，感受树叶跳舞时的欢快心情。

② 尝试为树叶添画上手脚，表现出树叶跳舞时的不同姿态。

二、活动准备

绘本《落叶跳舞》、各种形状的落叶、教学课件、记号笔、铅画纸、固体胶、抹布。

三、活动过程

（一）欣赏绘本，观察树叶跳舞时的不同姿态

① 师（出示一片树叶）：这是一片树叶，但它很神奇，这片落叶会跳舞。

② 教师播放教学课件，幼儿欣赏绘本。

③ 师：故事中的树叶会跳舞，树叶跳舞时有各种不同的动作，请你说说树叶跳舞时有哪些动作。

（二）学做小树叶跳舞，感受舞蹈时不同的姿态

① 师（幼儿跟着音乐一起学小树叶跳舞）：想想你会怎么跳，音乐停止时请摆一个你觉得最好看的动作。（播放欢快的背景音乐）

② 师：小树叶的舞蹈真优美，让大树妈妈给你们拍张照吧！（请一个孩子摆好造型，其他幼儿仔细观察该幼儿的动作）

③ 教师边引导幼儿说出小树叶的动作，边在树叶上用笔画出手和脚做相应的动作。

④ 师：还有好多小树叶的舞蹈也很好看，请你们相互拍照吧。

（三）幼儿创作，教师指导

① 鼓励幼儿选择不同形状的树叶来画出不同的树叶跳舞的动作。

② 鼓励幼儿为树叶添画上跳舞时的表情。

（四）展示幼儿作品教育，共同欣赏

① 教师将幼儿的作品展示在大树林背景图中。

② 师：你的小树叶是怎么跳舞的？（引导幼儿做做树叶跳舞的动作）

③ 教师播放音乐，小树叶们再次跳起舞来！（幼儿随音乐舞蹈）

例 5：有趣的水果面具（中班）

一、活动目标

① 了解各种水果及其切面,感受丰富多彩的颜色和肌理。
② 尝试用各种水果装饰人脸,创意表现有趣的水果脸。

二、活动准备

课件、彩色卡纸、铅画纸、记号笔、炫彩棒、剪刀、橡皮筋、各种水果、水果刀、砧板。

三、活动过程

（一）看看、认认各种水果,引发幼儿的兴趣

① 师(出示各种水果):这些是什么水果? 你吃过吗?
② 师:把它们切开来后会是什么样的呢?(教师切开水果,引导幼儿观察切面的肌理)
③ 游戏:水果对对碰。教师出示水果或切面图,幼儿找出相应的切面图或水果。

（二）用水果装饰脸

① 师(戴上水果脸的面具):我是水果王国的国王,今天我邀请大家来我们的水果王国参加舞会,但是我有一个条件,你们要把自己的脸变成一个水果脸。
② 师:想一想要把自己变成一张怎样的水果脸,五官分别用什么水果或水果切面来代替。
③ 幼儿操作,教师指导。
● 幼儿先在铅画纸上画脸及头发。
● 将画好的剪下来贴到彩色卡纸上。
● 用水果及水果切面图装饰自己的脸。
● 在卡纸两边打两个洞,穿上橡皮筋,做成水果面具。

（三）作品展示

① 师:舞会时间快到了,我先检查一下你们有没有把自己变成水果脸。
② 幼儿说说自己变成了一张怎样的水果脸。
③ 音乐响起,幼儿戴上面具翩翩起舞。

例 6：海底总动员（大班）

一、活动目标

① 了解各种鱼的外形特征,尝试用各种方法制作鱼。

② 综合运用各种材料，体验制作的乐趣。

二、活动准备

课件、水彩笔、炫彩棒、图画纸、色纸、皱纹纸、剪刀、一次性纸杯、一次性纸盘、胶棒、透明胶、海底世界背景图。

三、活动过程

（一）图片导入，引起幼儿兴趣

① 师（出示海底世界背景图）：在茫茫的大海深处，有一条孤独的小鱼在游着，它在寻找它的朋友。我们一起帮它找一找。

② 师（出示图18-8—图18-11）：这些都是它的朋友，它们长得怎么样？（教师引导幼儿从鱼的形状、身上的花纹、鱼鳍等进行观察）

图18-8   图18-9

图18-10   图18-11

小结：小鱼的朋友们都是热带鱼，它们的形状各不相同，身上的花纹、鱼鳍也不一样，有的看上去像是穿了一条美丽的裙子。

③ 师：看看小鱼朋友们有些什么颜色？

小结：有黄色、白色、黑色、蓝色、红色，它们是五颜六色的，好漂亮啊！

（二）激发幼儿兴趣，运用各种材料制作小鱼

① 师：小鱼说它还有好多朋友呢，请大家一起来帮它找一找吧。

② 师幼共同探讨制作的方法。

● 剪纸组：鼓励运用对称的方法剪鱼，并大胆镂空，剪出不同形态及花纹的鱼。

- 超轻土组:鼓励幼儿用超轻土,通过搓长、压扁、团圆、捏等技能制作出热带鱼。
- 综合材料组:鼓励幼儿运用各种综合材料在纸盘上进行装饰,制作出热带鱼。

(三)展示作品,共同欣赏

① 幼儿将自己的作品粘贴在"海底世界"背景板上。

② 幼儿介绍自己的作品是用什么方法制作的,并为热带鱼起名字。

③ 师:小鱼谢谢我们帮它找到了那么多朋友,让我们和小鱼及它的朋友们一起在水中自由自在地畅游吧。(教师播放音乐,幼儿模仿鱼的动作)

例 7: 美丽的瓶花(大班)

一、活动目标

① 欣赏雷东的作品,感受画面中丰富的色彩以及活泼的笔触。

② 尝试表现具有高低、疏密、大小变化的瓶花,体验色粉笔创作的乐趣。

二、活动准备

课件、实物插花材料、色粉笔、素描纸、抹布、剪刀、炫彩棒、胶棒、水粉颜料、调色板、平头笔。

三、活动过程

(一)图片导入,引起幼儿欣赏的兴趣

图 18 - 12

师(出示图 18 - 12):多美的一瓶花呀!仔细看看花瓶里插了什么颜色的花? 这瓶花给你什么感觉?

小结:我们看到白色的瓷瓶里插着一束五颜六色的野花,花瓶里的花一朵朵好像都争着往上长。

(二)引导幼儿欣赏《插在白瓷瓶中的花束》

① 师:画家为什么要把花插在白色的瓷瓶中? 如果把这束花插在有着各色图案的花瓶里,会是什么样的?(教师将白瓷瓶换成比较花哨的瓷瓶)

小结:这束花是五颜六色的,从色彩上来讲,鲜艳的各色花朵插在白色瓷瓶中,形成强烈的对比,让我们把注意力集中在花朵上。 如果插在有各色图案的花瓶中就会显得有些杂乱。

② 师:你们知道画家用了什么笔画吗?

③ 师(出示色粉笔并介绍画家的艺术特色):这幅画是法国画家雷东的作品,他是用色粉笔画的。很久以前,画家在各种颜色的特制画纸上用粉质的多种色彩的粉笔作画,使画面产生天鹅绒一般柔和的效果。他觉得画出来的画太美了,就像我们今

天看到的一样。而且用色粉笔作画,画家外出画画的时候就不用再携带很多画笔、调色板和水（或油）壶,使用起来非常方便,因此色粉笔很受画家的欢迎。

（三）幼儿尝试插花,体验花与花瓶的色彩搭配

① 师（出示图18-13—图18-15）：比较一下这些花朵和花瓶有什么不同?

图18-13	图18-14	图18-15

小结：这些花瓶不一样,有的是一色的,有的是有图案的。插的花也不一样,有的花瓶里是一色的花,有的是有不同颜色的花。

② 教师出示各色花朵以及各种花瓶,让幼儿尝试插花,并进行评议。（幼儿以小组为单位进行操作）

小结：插花是一门学问,插花时要注意花的高低、大小,不同的花可以配不同的花瓶。

（四）幼儿操作,教师指导

① 我们也来学学大师,用我们的画笔和剪刀来制作一瓶美丽的花。

② 师幼共同讨论操作方法。

● 先在纸上画出自己喜欢的花瓶造型,并装饰花瓶,然后剪下来贴在底纸上。

● 用色粉笔在花瓶上画出各种自己喜欢的花卉。注意花朵的大小、高低、颜色。

● 用水粉颜料涂底色,注意与花束的色彩搭配。

（五）展示作品,欣赏交流

教师将幼儿作品贴在展示板上,请幼儿说说最喜欢哪瓶花,为什么。